33-118-2

新渡戸稲造論集

鈴木範久編

岩波書店

目次

I

II

III

I

今世風の教育

私が始終青年のために憂《うれ》えていることの一つは、概して日本の青年は薄ッぺらであるということ。書物を読むにいささか文字を頭に入れるというだけに止《とど》まって、その文の精神を解することを力《つと》めないし、甚《はなはだ》しきはその意味さえも理解しないでいる者が多い。その癖に大きな書物を読みたがる。難《むつ》かしい書物を手にしている。この点に於ては、外国殊《こと》に亜米利加《あめりか》だの欧羅巴《ようろっぱ》の書生に較べて、日本書生の極《ご》く悪い癖であって、ちょっと話振《はなしぶり》を聞くと、高尚なような、また深いように聞えるけれども、モウ三分か五分話していると、己れ自からが意味を解《げ》さないで話しているものだから、直《す》ぐに襤褸《ぼろ》が出て、薄ッぺらな所が顕《あら》われる。これは青年のみならず教師が悪いのであって、教師がややもすれば半解《はんわかり》であって、教えることを自ら消化していない。その癖大きな問題を担《かつ》ぎ出す、あるいは大きな書物を引照している。

ある時中学校に行ったところが、一人の教員が文明史を教えているというから文明史はどんな書物に依《よっ》てやっておられるか、ギゾー〔Guizot, François Pierre Guillaume, 1787–1874. フランスの歴史家、政治家〕の文明史でも御用《おもち》いかと問うた、その教師がギゾーのは古くて駄目《だめ》ですから私が講義をしておりますと。ギゾーの古い事は言うまでもないが。ギゾーがかの錯雑《さくざつ》した欧羅巴の歴史の事実を巧《うま》く綾に纂《あ》んで概括した、あの力というものは非常なものである。その智識の博いことと、その考《かんがえ》の慧敏《けいびん》なことと、その論鋒の巧みなことと、その綜合的の方法、などの力に富んでいることは驚くべきものであって、今でも繰返して読むだけの価値《ねうち》はたしかにあるものである。それをギゾーが古いからといって、自分が新《あらた》に作るというような学者は、日本には未だないと思う。中学は勿論《もちろん》大学にもないと思う。ところがトンダ大風呂《おおふろ》敷《しき》を開げるのが先ず今日の常態である。スヰントン〔Swinton, William, 1833–92. イギリス生まれの教科書作者〕の万国史《ばんこくし》は中学などで使っているが、あれさえ始《はじめ》から終《しまい》までスッカリ分る中学の教師はないと思う。そういう先生に就《つい》てやるのだから、書生は同じ方向に進んで、何事も一時の間に合せであって、精々能《せいぜいよ》く行って、試験に及第すればよい位である。学理などを攻究するという考えよりも、試験及第が第一になっている故精神が大変に野卑になって来る。今後少し頭脳《あたま》の良い書生は、あるいは小理窟《こりくつ》位饒舌《しゃべ》れるようになるかも知れないが、その精神の卑しいことは一層卑しくなるだろうと心配している。

私の考えるところは試験の成績は悪くてもよい。同級生に後《おく》れてもよい。人の物笑いになってもよい。落着いて自分の心を練って、学問することを考えてもらいたい。人生は競争だとか、戦争の如きものだとか、頻《しき》りに言う。勿論《もちろん》そうである。職業に就くにも御互《たがい》に争ってやる、学校にいる時でもお互に点を余計に取ろうと思って競争する。競争には違いない。戦争には違いない。けれどもそれは小競合《こぜりあい》の競争であって小兵《こもの》の戦争であって、匹夫《ひっぷ》の争《あらそい》というものである。少しく量見を大きくすれば、試験に落第したというても、同僚の者に貴公お先きに入らっしゃい、私は悠《ゆっ》くり行くというて、気を長く学問して、こせこせしないで行くのが私は最終の勝利を得るものだと思う。ゲーテの言葉に、「急ぐなかれ休むなかれ」と、この言葉を守って、大きく悠然《ゆっく》り学問する癖を附けなければいかぬ。でなければ日本の小国民がいよいよ小国民になってしまう。

右に言うたことは独《ひと》り気を長く大きくしろというばかりでない。気を落着けて、読んだものを良く理解するように、消化するようにせねばならぬということだ。半分分っている奴《やっ》ほどおっかない者はない。しかし残念ながら今日《こんにち》の日本の社会はこういう奴が沢山にあって、小才子《こざいし》の天下になっている。しかし小才子の時代は長く続くものでない。今の青年が熟して本当に国の役に立つということは、今より三十年以後のことであろう。その時分の時代は、今日の小才子時代とは違うのであるから、長き将来を思って仕事をするものは、今からその用意をして、自分の品格を養わぬといけない。学問があっても人格の低い者は何事に附けても、人の道具となるに止《とど》まって、大事を成すものでないから、書物を読むにも、学校に行くにつけても、ただ読書にかぶれないようにして、心を養うことを力《つと》めなければならぬ。また書物を読むにしてもその精神でやらなければいかない。いよいよ薄っぺらになるばかりであって、今日の青年の書いたもの、言うことを聞いても一向駄目《だめ》じゃ、イガイガでヒョッと人のことを聞き噛《かじ》ったことが多い。己れはこう思うと、ただ思うのみならず、己れはこうやっているという確信と実行のあるものは至って少ない。心ある青年はここに眼を注がねばいかぬと思う。

それで僕は教育のことは甚だ知らぬから、今日中学の倫理科なるものがドの位進んでいるか知らぬが、私の殊《こと》に惜むことは、倫理科で教えることも、理窟を教えるに止まって、人間の行為の動機を定めることが少ないと思う。故に道徳のことに就ても、小理窟が大変に多い。親に孝をしろ、何故に親に、孝をしなければならぬかという理窟を附ける。道徳を学理的に講究する方は、頗《すこぶ》るこの方法でよかろうけれども、青年の心を養うるに小理窟で行くものでない。孝道を教えるに、孝道の理窟を説くに及ばぬと思う。孝行は理窟以外のことであって、実行にあるのである。例えば孝を論ずるというような議論を書かしたならば、「そもそも孝《こう》の文字《もんじ》は如何《いかん》」とか、「孝道の歴史」だとか、あるいは「各国の孝道の比較論」だとか、何だとかいうて難しいことを沢山並べて、つまるところは議論——ただ空論に走《わ》しってしまうことが、今日の倫理説の傾向《かたむき》である。孝道の如きは、心を落付けて、父母が己れのためにしてくれたことを顧《かえり》みて、感謝の涙を一滴流して、親を思うことが、即ち孝道であって、かくするには一瞬時間に出来ることであって、理窟を言うて論文を書くに五年間かかるよりも、一分間に両親の恩を悟る方が孝道に適《かな》う。かつこれでこそ孝道が分ったというものである。倫理的の行為は吾輩《わがはい》議論だと思わない。実行だと思う。然るに今日の倫理の教え方は議論に流れ去っている。書生なども、至大な大問題をば口の先にただ論じているに止まって、これを実行するということを力《つと》めるものは少ない。教えるものもその通り、習うものもその通りであるから、倫理的の教育の実行が挙がらないのも当然のことであって、心の極《ごく》低いところの書生を動かすということを力めないで、教師は教師で切口上《きりこうじょう》で堅苦しいことを言ている。生徒は試験及第の事ばかりに汲々《きゅうきゅう》としておって、徳を求めるなどのことは考えないのである。この風《ふう》で行たならば、人情が薄くなるとか、道徳が衰えるとかいうことも当然の事であって、よしまたいささか進歩することがあっても、外貌的《がいぼうてき》の改良で偉人の出る見込みはないと思う。デ一体普通教育の目的は、多く普通の人間を拵《こし》らえる手段となっているのであろうから、英雄豪傑を養成する目的ではあるまい。けれども英雄豪傑となる原素を含んでいる者を押潰《おしつぶ》して、平凡的普通に教育する教育は、これまた教育の目的に背《そむ》くものであって、それだけの要素を含んでいるものは、益々発達させてやる途《みち》を開て行かなければならぬのである。その途というのは、外ではない。即ち心を養うことであるのだが今日その点に於ては学校の設備が更にないようだ。また教師たる人も其処《そこ》に意を用いている人は必ずあろうけれども、先ず極《ご》く少ないと思われる。

デ一言で私の言うことを約《つづ》めれば、品性を養うことは、今日日本の教育制度に於ては更にない。ないからというてただに教育者を詰《なじ》るのではない、責むるのではない。寧《むし》ろ青年諸君に直接に訴えて、今日はその設備がない、ないからして自分でやれということである。かくの如きは教師のあるに如《し》くはない、けれども心掛けに依って自分で出来るものである。徳性を養うには自力で、或る程度まで進むことが出来るものである。他力のない以上は自分でやるに如《し》かぬのであるから、その心せんことを切《せつ》に望むのである。

〔一九〇三年八月一日『青年界』二巻一〇号〕

我が教育の欠陥

我政府が教育上に於ける施設の多大なることは否むべからず。明治年代の教育法は、維新前の教育法を継承せるものに非《あら》ずして、全く新軌道を取れるものなれば、その事業の宏大なることもまた否むべからず。この新教育制度の成功の量の大なることも、また否むべからず。されどああその成功や過ぎたり矣。今日の教育たるや、吾人をして器械たらしめ、吾人よりして厳正なる品性、正義を愛するの念を奪いぬ。一言にしていわば、これぞ我祖先が以て教育の最高目的となしたる、品格ちょうものを、吾人より奪い去りたるものなる。智識の勝利、論理の軽業、あやつり、哲学の煩瑣繊微、科学の無限なる穿究、これらはただ吾人を変えて、思考する器械たらしむるに過ぎざるものなりとせば、畢竟《ひっきょう》何の益かある。フレーベル及びヘルベルトの教育法も、もしこれらが吾人の目にある眼鏡に過ぎずして、活《い》ける器関たらずんば、果して何の利する処《ところ》かある。

吾人は智識を偶像として拝し、而《しか》して智識は情緒と提携するによりてのみ、高大なる真理を捉え得るものなることを忘る。潔くして汚れざる心は、顕微鏡よりも、はた塵塗《ちりまみ》れの書冊よりも見ること更に明《あきら》かなり。

予は信ず、人の衷心、聖の聖なる裡《うち》に、神性ありて、これのみ能《よ》く宇宙間に秘める神霊を認識し、これを悟覚するを得るものなりと。物質界に於てすらも、高尚なる真理は、たとえあるいは心が明《あきら》かにこれを覚知し、あるいは眼がこれを洞察し得るとも、その覚知認識する所を言語によりて伝えんとせば、必ずや困難なるを感ぜん。科学と哲学とは、けだし無限の長語を以て、この欠乏を補わんがために来れり。

予の見るところを以てすれば、科学上驚異すべき発見は、皆その発見の在るに先んじて、既に久しく人の心に覚知せられたるものなるが如し。語を変えていわば、科学は常に、人の預覚の後《しり》えに遅々として来たるものなりと。

その初にはソクラテスの如く、洞察眼を備え、高尚なる思想、清浄純潔なる心念を有して、霊智と親しく交る人あり。これに継ぐに、プラトーの如く、その師の胸裡に雑然として存在したるものを取りて、雄弁荘重なる言語に托するものあり。而して後、アリストートルの如き者ありて、先人が悟覚し、また感応するままに語りしものをば、形式法則に配列す。もしアリストートルにして、ソクラテスの如く、霊智に従うことに忠実ならんか、また師の心に同情すること、プラトーの如くならんか、彼の科学哲学に於ては毫も非難すべきものなけん。されど彼れは感応を犠牲としても科学的ならざるべからず、霊的省観を失うとも、哲理的ならざるべからずとするものならば、彼れたるもの果して人教――完《まった》き意義に於ての人教――の最大産物なりや、これ甚だ疑うべし。我が教育は全力を捧げ、霊性を犠牲として、アリストートルの業をなしたり。これ一椀の羹《あつもの》に、長子の権を鬻《ひさ》ぐものなり。これ我種族伝来の最善なるものに不忠なることを示すものなり。これ単に欧洲教育の猿真似なり。これ即ち、吾人が今認めて優者とする民族に対する謬見――甚だしき謬見より生ず。彼のアングロ、サクソン人種が雄大を致す所以《ゆえん》のものは何ぞや、その発達の秘義とは何ぞや。

人は、アングロ、サクソン人種に許すに、最大または最多数の哲学者を出したる事を以てせざるべし。事実は科学が彼らの中に於て、最も進歩したることを証せず。また英文学もその富を挙ぐとも、決して希臘《ギリシア》文学に優れりということ能わず。もしある点に於て、英国哲学及び英国文学が、大陸または亜細亜《アジア》の科学哲学に優れるものありとすれば、則ちこの智識顕昭の裏面には深因の存するものあるが故なり。その原因はこれを一言にして挙ぐるを得べし。曰く品性《キャラクター》なりと。

キッド〔Kidd, Benjamin, 1858–1916 イギリスの社会学者〕が、その種族の偉大なる原因は、平民的なる日常道徳を有してこれを行うことと、勤勉にして、真理を愛し、かつ正直なるとにありと主張するは正当の説にして、またデモラン〔Demolins, Joseph Edmond 1852–1907. フランスの社会学者〕がこれらを以て、アングロ、サクソン人種の雄大なる所以の主質なりと説明せることも、また大にその理あり。

一種の感情家のいわんが如くに、日本は挙げて一個の美術国たるべく、吾人は国民をして、この国土の如くに美しからしむべく、吾人は、吾人の運命をして、世界他邦の玩具ならしむべきものならんには、吾人は我が子孫を教育するに、祖先の厳正なる性格に則《のっと》らずして、典雅魂を奪い、麗美心を蕩《とろか》すべきの法を以てし、かくのごとくして、吾人をして、今や衰境に陥《おちい》れるラテン民族の如くに美しからしむるを可なりとせん。

されど今の時は夢に耽《ふけ》り、あるいは平凡なる歌を唸り、または利己的勉学を恣《ほしいまま》にすべきの時ならず。アア「北より吹き来る風は、吾らが耳に鳴り轟《とどろ》く武具の響を伝えん」〔アメリカの政治家 Patrick Henry, 1736–99. の言葉〕ものを。益荒《ますら》武夫《たけお》の雄心は吾らが父母の遺せる最も尊き賜なるぞかし。吾人は近く文相が訓示して、人格を作るを以て、我が教育策の大主旨となすべしといえるを聞く。この思想が将来、何程に発展し、幾許《いくばく》の実効を齎《もたら》し来るや、吾人は皿大の眼を張りてこれを注視せんとす。

〔一九〇七年八月一五日『随想録』〕

女子教育に就て

左は京都大学講師農学博士新渡戸氏が梅花女学校卒業式に於て演説せられしものの大要なり、文責は記者にあり。

百姓にとっては花より果《み》が大切である。何事も実用的でなければならぬ。教育に於ても実用を主とせねばならぬというは一般に人の主張するところである。私も二十年前はしか思うておった。殊《こと》に女子教育はしかあるべきものと論じた事もあった。然《しか》れど今に及んで考うれば、それは間違っておった。すべて中等の教育は実用などということは寧《むし》ろ棄てておいて、それよりは理想を高くするということが必要である。

元来日本の教育は独逸《ドイツ》に倣《なら》ったために、すべてが規則的で、学科を多くして、能《あた》う限り多くの芸術を教えようとしたのである。これは教育の方針を誤ったものである。教育はつとめて自由で、芸術を教ゆるよりは、その趣味理想の脳力を養うべきである。多くの人の経験によれば、最《もっとも》楽しい時は、学校である。ちょっと考えると学校を出《いで》て働く時の方が楽しかるべきはずのようなれど、実際はそうでない。今日《こんにち》の社会では悲しい事だが、家庭よりも学校の方が寧ろ楽しいのである。これは何故《なにゆえ》であろうか。私思うに学校時代は最《もっとも》理想の高い時であるからであろう。理想さえ高ければ、如何《いか》なる困難に遇《あ》っても楽しむ事が出来る。社会に出《い》でると実際の事実が理想のようにないために失望して失敗するものが多い。然れど常に理想を固く以《もっ》ているものは、その中に於てよく耐忍してこれに勝つことができる。

この理想を養う所は学校である。私の友人に大学を卒業して立派な官吏となっておる者がある。ある時この人が私に曰《い》うに、僕は学校に於て教《おそわ》ったことは何も役に立たなかった、しかし少しばかり学んだ哲学が僕に非常な利益を与えたと。然らば学校にいる時に最注意することは、技術芸能でなくて人生の理想を養うことである。飯をたいたり漬物をつける位は何処《ほか》でも習える。然れど理想は学校でなくば容易に得られぬ。それ故に学校にある間に善《よ》い詩や文やまたは聖書などによって大《おおい》に理想を養わねばならぬ。なお卒業して社会に出る人にすすめたきことは、事に当ってその養われた理想を思い出して、考えることである。兼ねて聞いた事、思うておった事は「ここだ」と思いかえして誤らないようにすることである。真剣の勝負をする時は、先ず一歩退《しりぞ》いて「ここだ」と心を静めてなすべきだというが、学校を出て実際の社会に立とうとするものはこの事が最必要である。

〔一九〇四年四月七日『基督教世界』一〇七五号〕

教育の目的

今日世界各国の人の学問の目的とする所には種々あるが、普通一般最も広く世界に行われている目的は、各自の職業に能く上達するにある。マア職業教育とでも言おうか。あるいはモウ一層狭くいうと、実業教育というのが、能くその趣意を貫いているようである。子弟を教育するその目的は、先ず十中の七、八まで職業を求むるに在る。殊に日本に於いては職業を得るために教育を受くる者が多い、百中の九十九まではそうかと思われる。昔はどうであったか知らぬが、近頃は各国共にこの目的を以て、教育の大目的としているようである、殊に独逸《ドイツ》などでは、最もそういう風である。

近来亜米利加《アメリカ》の教育法はどうであるか。亜米利加は何のために大いに普通教育を盛んにしているかというと、即ち良国民を拵《こしら》えることがその目的である、能く国法を遵奉《じゅんぽう》する国民を造るのである。大工左官をさせたならば独逸人に負けるかも知れぬ。大根を作り、薯を作らしたならば、愛蘭《アイルランド》の百姓に及ばぬかも知れぬが、先ず国家の組織あるいは公益ということを知り、大統領を選ぶときにも、村長を選ぶ時にも、必ず不正不潔な行為をしてはならぬ、国家のため、一地方のためだという大きな考を以て、投票するような国民を養成したいというのである。彼の料理屋で御馳走になった御礼に投票するのとは、少し違うようだ。仏蘭西《フランス》人は少しく米国人と異っている。同じ共和国ではあるかなれども、国民が投票する時に、亜米利加ほど合理的にすることはあまり聞かない。仏蘭西人は何のために子弟に教育を施すかというと、先ずお役人にしたい、月給取にしたいというのである。十歳から二十歳まで教育すると、毎月幾許《いくばく》の金を要する。合計十ケ年間に幾千法《フラン》の金がいる。これだけの金を銀行に預けて置けば、年五朱として何程の利殖になる。けれども都合好く卒業をして、文官試験にでも及第すれば、何程の俸給が取れる。あるいは何々教師の免状を取れば、これくらいの月給に有り付くというので、先ず算盤《そろばん》をせせくって、計算した上で教育する。これは職業を求むるためなのである。否職業を求むるというよりも、位地を求むるためなのである。

これに類して独逸の教育法も、職業教育とか実業教育とかを主とするのである。独逸語のヴィルトシャフトリッヘ、アインハイト(Wirtschaftliche Einheit)、英語のエコノミック、ユニット(Economic Unit)、即ち「経済上の単位」を能く有効にしようというのが目的である。即ち一国一市をして、なるたけ生産的に発達せしむるには、どうしたら宜《よ》いか、如何にせば最も国家経済のためになるかと、経済から割出した議論を立て来ると、いわゆる社会経済とか国家経済とかいって、国の生産を興さねばならぬということになる。殖産を盛んにしたならば、即ちその国その市の発達が一番に能く出来る、それがためには、先ず経済的の単位として子弟の教育をするに帰着する。ちょっと仏蘭西に似ているようではあるけれども、独逸のは子弟を職業に進めるのであり、仏蘭西のはその実位地を求めさすためである。教師になりたい、役人になりたいと、位地をチャンと狙ってやっている。かようかようの位地を得たい、それにはこれだけの学問が要《い》る。即ちこれだけの準備をするために何程の金を要するといって、チャンと算盤を弾いてやるから、これは仕事を求むるのではない、位地を求むるのである。能く考えて見ると、これは独り仏蘭西ばかりでない、世界各国とも、皆そういう傾向になっているであろうが、就中《なかんずく》仏蘭西が最も著しいのである。

これを日本の例に取ると、少しく政治論のようだが、例えば農学をやる、何故農学をやるかというと、おれは日本の農業を改良したいからだと言うであろう。されど日本の農業を改良するに就いては、種々の方法があるので、尽《ことごと》く自分一人でやらなくても宜《よ》い、それは到底出来ることでない。各個分業で農業の方法を漸次改良すれば宜いのである。けれども一つ間違うと日本の農業を改良するには、どうしても農商務大臣にでもならねばならぬ、そういう地位に達しなければ仕事が出来ないように思う人もある。然るに明治十四年に農商務省が出来てより今日に至るまで、農商務大臣が幾人変っているか知れぬ。そのお方々が日本の農業改良のために、どれだけの事を尽されたかというと、何だか知らぬが、僕の眼にはあまり大きく見えない。山高きが故に貴からず、木あるを以て貴とし、位あるがために貴からず、人格あるが故に貴しとす。位地と人格との差は大なるものである。日本の教育に於いては普通仏蘭西風に、皆おれはどういう地位を得たい、銀行の頭取になりたい、会社の重役になりたい、あるいは役人になりたい、しかも高等文官になりたいといって、初《はじめ》からその位地を狙っている。そうしてそれがために五年なり十年なり奔走している間に官制改革……ヒョイと顚《ひっく》り覆《かえ》ってしまう。職業教育を狭くやると、そういう弊に陥《おちい》って来る。それならといって、僕は決して職業教育をするなというのではない、職業を求むるために教育をすればまた宜いこともある。それは独逸の例を見れば分る。かの鈍い独逸人、あれほど国民として鈍い者はあるまいと思われ、皆が豚を喰い、ビールを飲んで、ただゴロゴロとしているので、国民としては甚だ智慧の鈍い者である。そうして愛国心なども有るのか無いのか、ようよう三十余年前に仏蘭西と戦争をして勝ったから、アアおれの国もやッぱり人並の国だわいと思って、初めて一個の邦国たる自覚が起った。かく未だ目が覚めてから四十年にもならない、それまでは熟睡しておった国である。その国民にして今日の如き進歩をなしたのは、主としてこの職業教育が盛んになった結果であることは僕が断言して憚《はばか》らぬ。故に国を強くし、殊に殖産を盛んにする国是《こくぜ》の定まった以上は、職業のために——位地のためとは言わない——教育することは誰しも大いに賛成する所である。

職業教育に就いては、ここにまた最も著しき一例がある。英国の富豪モーズレー〔Maudslay, Henry, 1771–1831. イギリスの技術者、工場経営者〕は、世界の趨勢《すうせい》を鑑《かんがみ》るに、独逸と亜米利加とは国運勃興の徴候が見えている。然るに独逸は国土に限りがあるが、亜米利加はトント限りがない。故に後来英吉利《イギリス》の最も恐るべき敵は亜米利加であるぞ。だから一つ亜米利加の経済状態を探究して見ようというので、自腹を切って数万の金を出し、これは政府より依頼されたのではない、モーズレー自身が金を出し、英吉利の有名なる数多の人々を委員に頼み、商業、工業、農業あるいは教育と、それぞれ各自の取調事項の分担を定めて、彼らを亜米利加へ派遣して取調べさせた中に教育に関した調査がある。それによって見ると、亜米利加では小学校を卒業した者、即ち十歳くらいの子供が何か詰らない仕事をして、一日に十仙《セント》か八仙くらいの賃銭を貰う。その給金が段々と年を重ぬるに従って増して行く。十五歳になれば五十仙取れる、二十歳になるとズット進んで一弗《ドル》も取れるようになる。それからなお段々と長ずるに従って進むかというと、先ず概してそれより以上は進まない。二十五歳でも一弗、三十歳でも一弗、五十歳にもなれば八十仙というような工合に下って来る。これはいわゆる小学校だけの教育を施したものであって、職業的の教育を授けたものでないからである。ところがここにやや高等な教育を受ける者がありとすれば、その子供が十歳の時分には十銭も取れない。小学校を卒業すれば引続いて中学校へ這入《はい》るのだから、むしろ十銭どころではない、なお学費を要する。マイナスくらいなものである。そうして二十歳くらいになってやや高等の学校を卒業すると、図を引くとか、機械を動かすようになる。そうすると直ぐにいくら取れるかといえば、一弗は取れない、先ず五十仙とか八十仙くらいなものである。前にいった小学校を出て、直《す》ぐに十仙の金を取る者を甲といい、後者を乙とすれば、僅か小学校を卒業した者でさえ、二十歳になって一弗の収入を得ているのに、やや高等の学校を卒業した者が、二十歳になって六十仙か八十仙しか取らない。しかもそれまでは一文の金を儲《もう》けるどころではない、常に親の脛《すね》を齧《かじ》っており、そうして学校を出てからの儲け高が少いから、双方の親が寄合って何というであろうか。甲者の親が乙者の親に向って、「お前の子供は何だ、高等の学校へ入れて金ばかりを使い、何だか小理窟のようなことばかりをいって、ようよう学校を卒業したと思ったら、僅かに五十仙か八十仙しか取らないじゃないか。して見るとおれの所の子供はエライものだ。小学校を卒業した十歳の時から金を儲け、今では一日に一弗も取っている、学問も何も要《い》らない、お前は飛んだことをしたものだ」と言うのである。

かくのごときは我国に於いても往々聞くところの言葉である。然るに乙者が二十五歳になると中々前の一弗のままでない、一弗五十仙にもなる、三十歳になれば益《ますま》す良くなって来て二弗も三弗も取り、四十歳になると益す多くの収入を得るというような傾向である。然るに今一層高等なる職業学校、あるいは大学のような所へ子弟を入れるならば、二十歳になっても未だ卒業しない、二十五歳か三十歳近くになると、どうやらこうやら四角なシャッポを廃《や》めて、当り前のシャッポを冠《かぶ》る。「お前の所の小僧は、三十になるまでも親の脛を齧り、四角なシャッポを冠っている」とこう謂《い》われる。その小僧が大学を卒業して、銀行へ出たり、文官試験に出たりして都合よく行けば、ようよう月給三十円ぐらいだ。よほど良くって六十円、日に二円しか取れぬ。その代りに三十歳から四十歳になると、その途中で放蕩をしないで真面目にやって行けば、前にシッカリ学問をしたお蔭で、ドシドシと報酬額が増して来るのである。幾十円、あるいは幾百円というようになるであろう。五十ぐらいになれば国務大臣にでもなれる人物もある。初め十歳から金を取り始めた先生は、六十歳になっても、とても国務大臣の見込はない。これはモーズレーの委員の調べて書いたものの大意である。実にこの給料増進率が巧みに出来ている。

然るに職業のために教育をするに就いて、極めて困難なることはその程度である。一体教育なるものは、各自が心に存する力を発達せしむるのが目的であるのに、それに程度を定めて、これ以上発達せしむべからずと断定したり、あるいはその程度で以って押えるのは甚だ忍びないことである。けれども職業の教育になると、これを定めねばならぬ。手近い話が大工が釿《ておの》などを使うときにでも、出来るだけウンと気張ってやれといわれて、ウーンとありとあらゆる力を出してやった時には、どんなことが出来るか。材木を損するばかりではなく、自分の手足を負傷するかも知れぬ。物事には程よい加減があるから、職業を見当にする教育の方針も、これを充分に何処までもズット伸ばすことは難かしいと思う。ある漢学者から聴いたのに、教育の字はよほど面白い字だ、育の字を解剖して見ると上の云は子という字を逆にしたのだそうで、下の月という字は肉という意味だそうである。これは小供が彼方《あっち》向いているのを、美味しい物即ち肉を喰わせてやるから、此方《こっち》へ向けといって引張込《ひっぱりこ》む意で、これがいわゆる育の字の講釈だそうである。こういう意味に取るときには、職業教育もよほど注意しなければならぬ。何故かというと職業を授けて行くに、その職業の趣味を覚えさせねばならぬし、そしてその職業以上の趣味を覚えさせぬようにもせねばならぬ。

かつて実業学校長会議の席上にて愚説を述べたことがある。その説の要点は、今日我日本に於いて、専ら職業教育を唱えるけれども、これには注意しなければならぬことがある。近頃我国には鍛冶屋のような学校もあれば、大工のような学校もある。高尚な学校は大学であるが、とにかく随分高尚な所まで、大工や左官の学問も進んで来ている。然るに実際今日職業の統計を取ったならば、必ずや日本国民の著しき多数は、車を挽《ひ》くのを渡世としている。日本国中の車夫の統計を挙げたならば、恐らくは全国の大工の数よりも、左官の数よりも余計に在りはせぬかと思われる。故に大工左官のために学校を建ててやる必要があるならば、その数の上からして、車夫のためにも学校を建てて遣ることが一層必要であろうというた。これは未だ僕がその筋に建議した訳ではないが、もし車夫学校を建てるとすると、それにはどんな学科が必要であろうかと思って、色々考えたが、先ず第一に生理学が必要と思った。彼らに取って欠くべからざるものは筋肉の労働である。車を曳く姿勢にも様々あり、また駆けるときにも、足を挙げて走る奴もあり、ヒョコヒョコと走る奴もある。これを兵式体操を教うるが如く、その筋肉を使う時分に「進めッ」といったら、こういう工合に梶棒を握り、足を挙げて駆けるのだと、一々教えてやったらドウであろうか。全国幾万という車夫が、最も経済的に筋肉を使用することが出来て、労力を多大に節約し得らるるだろう、これは大切な問題である。それに就いては一通り生理学を教えねばならぬ。生理学を教えておくことは独り車夫のためばかりでない、その車に乗るところのお客さんのためにも大なる利益がある。ちょっと車夫が客の顔を見て、「アアお客さん、あなたは脳充血でもありそうな方です」とか、あるいはちょっと脈を取って見て、このお嬢さんは心臓病があるとか分る、それで挽き加減をするようになる。また生理学ばかりでない、地質学も心得ていたらよかろう。客が彼方へ廻れといえば、すると、あそこの地質は何という地層で、雨の降る時分には中々滑る岩層であるとかいうことが分る。その他気象学も教えておけば、今は天気が晴れているけれども、これから車を挽いて三里も行けば、天気が変って来るからと、前以ってそれだけの賃銭を増して約束する。客の方でも車から降りるときに、かれこれ小言をいう必要がないというような種々な便利がある。かくのごとくに車夫学とでも言おうか、これを特殊の専門学校で教えるようにしたらどうであろう。されど一歩進んで考えると、車夫が生理学を学び、ちょっと人の脈でも取れるようになれば、やはり車を挽《ひ》いているだろうか、恐らく挽いてはいまい。脈が取れるようになると、もうパッチと半纏とを廃《や》めてしまい、今度は自分が抱車に乗って開業医になりはせぬか、それが心配である。してみると車夫なら車夫という職業で、彼らを捨て置いて、車夫以上の智識を与えてはならぬ。それと同じ事で、商業だろうが、工業だろうが、あるいは教育学であろうが、その他何の学問であろうが、人を一の定まった職業に安んじておこうと思えば、その職業以上の教育をせぬように程度を定めねばならぬ。然るにこれは甚だ圧制なやり方で、到底不可能ではあるまいか。維新以前は、左官の子供は左官、左官以外の事を習ってはならぬぞと押え附けていたかなれど、時々左官の子にして左官に満足しない奴も出て来た。あるいはお医者さんから政治家が出たり、左官から慷慨《こうがい》悲憤の志士が出たりした。これは何かというと、教育というものは程度を定め、これ以上進んではならぬといって、チャンと人の脳髄を押え附けることの出来ないものであるからだ。

少年が大工になろうと思って工業学校へ這入《はい》るとする。然《しか》るに彼らは工業学校を卒業した暁に大工を廃《や》めてしまい、海軍を志願する、かかる生徒が続々出来るとする。すると県知事さんが校長を呼んで、この工業学校は、文部省から補助金を受けているとか、あるいは県会で可決して経費を出しているのであるとかいい、その学校の卒業生にして海軍志願者の多いのは誠に困ると、知事さんらしい小言をいう時には何《ど》うであるか。「お前は海軍の方へ這入り、海の上の大工になろうというのでもソレはいかぬ。大工をやるは宜《よ》いが、海上へ行ってはいかぬ、陸上の大工に限る」とチャンと押へ附ける事が出来るか、それは決して出来ない。日露戦争に日本の海軍が大勝利を博し、東郷大将が大名誉を得られた。明治の歴史にこれほどエライ人はないということをば、大工の子供も聞いている。それに倫理の講堂では、一旦緩急あらば、義勇公に奉じ云々《うんぬん》と毎々聞いている。それで彼らが、これは陸上におったて詰らない。小屋だの料理屋だのを建てているよりも、おれも一つ海軍に入って、第二の東郷に成ろうという野心を起すことがありとしても、それは無理がない。そこで育の字だ、この上の方の子が美味の肉を喰おうと思い、此方《こちら》へ向いて来るのもまた当り前である。それをこちらへ向かせまいと思ったら、あちらの方にも一つ美味しい肉を附けて、大工は東郷さんよりもモウ一際エライぞということを示さねばならぬ。ところが大工が東郷大将よりもエライということはちょっと議論が立ちにくい。ヨシ立ったところで子供の頭には中々這入らない。止むを得ない、社会の趨勢《すうせい》で、青年がドウしても海軍に行きたがるようになった時には、これを押え附けることは出来ない。けれどもその局に当る教育者が、なるたけ生徒をその職業の方に留めたいなら、その職業の愉快なること、利益あること、しかもただ個人のためのみの利益でない、一県下、一国のための利益だ、公に奉ずる道だということを能《よ》く教えねばならぬ。ナニ大工学だ、左官学だ、そんなものは詰らぬといって、馬鹿にするようではいかぬ。けれども世人が軍人軍人といっている間は、皆軍人に成りたいのは無理でないから、それで我々はお互いに注意して、職業に優劣を附けないようにせねばならぬ。

一体子供は賞《ほ》められる方へ行きたい者である。小さい奴は銭勘定で動くものでない。日本人は賞められるのを最も重く思うことは、日本古来の書物を読んでも分る。日本人と西洋人との区別はその点に在るので、日本人は悪くいえばオダテの利く人間である、良くいえば非常に名誉心の強い人間である。譬えば日本の子供に対しては、このコップを見せて、「お前がこのコップを弄《もてあそ》んではならぬ、もし過《あやま》って壊したら、人に笑われるぞ」というのであるが、西洋の子供に対してはそうでない。七、八歳あるいは十歳くらいの子供に対して、「このコップは一個二十銭だ、もしもお前がこのコップを弄んで壊したら、二十銭を償わねばならぬ、損だぞ」というと、その子供はそうかなと思って手を触れない。日本の子供には損得の問題をいっても、中々頭に這入《はい》るものでない。殊《こと》にお武士さんの血統を引いている人たちはそうだ。「損だぞ。」「そんならやってしまえ」といって、ポーンと毀《こわ》してしまう。それで日本人の子供に向って、「このコップは他人から委ねられた品物だ、一旦他人から保管を頼まれたコップを壊すというのは、実に恥かしい次第だ、大切にしておけ」とこういうのも宜《よ》いが、それよりは「お前がそんな事をすると、あのおじさんに笑われるぞ」というと直ぐに廃《や》めてしまう。人に笑われるほど恐ろしいものはないというのが、今日のところでは日本人の一つの天性だ。日本では名誉心――栄誉心が一番に尊い。であるから今いう職業のことでも同し道理である。大工や左官が卑しい者だといっていると、誰もそれになるのを嫌がる。軍人ばかりを褒《ほ》めると、皆軍人になりたがる、いわゆるオダテが利くのである。それでどんなに必要な職業でもそちらに向かない。しかし政府のいうことなら大概な事は聴く。いわゆる法律を能く遵奉《じゅんぽう》し、国家という字を頗《すこぶ》る難有《ありがた》がる国民であるから、法律を以て職業の順序を定めるも宜かろう。しかし県令や告諭ぐらいでは覚束《おぼつか》ない。内閣会議にでも出し、それから貴衆両議院で決めて、かなり人の嫌うような職業を重んずるようにする法令でも発布したら、あるいは利目《ききめ》があるかも知れぬ。けれども日本人はオダテの利く人間だから、そんなことをするよりも、遊ばせとかさんの字をモット余計に使うようにすれば、大分利目があろうかと思う。「車屋さん、どうぞこれから新橋まで乗せて往《い》って戴きたいものです、お挽《ひ》きあそばせ。」「車屋さん、これは甚だ軽少ですが差上げましょう。」サアこうなって来ると車夫というものはエライものだ、尊敬を受くるものだとなって、車夫の位地もズット高まるし、また子供も悦《よろこ》んで車夫になるであろう。皆それぞれ高尚な資格を備えた人が車夫になる。今日では窃盗《せっとう》でもあるとか、あるいは喧嘩でもしたという と、その犯人としては車夫仲間へ一番に目を付けるという話だが、そんな事もなくなってしまい、一朝天下の大事でも起れば、新聞屋が車夫の所へ御高説を承わりたいといって往くようになろう。マア世の中はそんなものである。要するに一方に於て職業を軽蔑する観念が大いに除かれなければ、どれほど職業教育に力《つと》めたところで効能が薄かろう。

以上教育を施す第一の目的が職業であることを述べて来たが、然るに第二にはまたそれと反対の目的がある。それは即ち道楽である。道楽のために教育をする、道楽のために学問をすることがある。これはちょっと聞くと耳障りだ。けれども能くこれを味《あじわ》ってみると、また頗る面白い、高尚な趣味があろうと思う。人が学問をするのもこう行きたいものだ。来月は月給が昇るだろうと、職業的勘定ずくめの学問をすると、まるで頭を押えられるようなものだ。けれども道楽に学問をすると、そういうことがない。譬えば育の字の上の子が、何だか芳しい香気がするぞ、美味《うま》そうだ、ちょっと舐《な》めてみようと思って、段々肉の方へ向って来る、即ち楽《たのし》みを望んでクルリと廻って来るのであるから、これほど結構なことはない。道楽のために学問することは、一方から考えると非常に高尚な事である。然るに日本人には道楽に学問するという余裕が未だないといっても宜い。

日本人は頭に余裕がない。西洋人には余裕があることに就いていえば、かの英吉利の政治家を見るに、大概の政治家は何か著書を出すとか、あるいは種々の学術を研究している。今の首相も、せんだっての新聞に載せてあるところを見ると、何とかいう高尚な書物を著《あら》わしている。グラッドストーンの如きは、あれほど多端な生涯を送ったにもかかわらず、常にホーマアの研究をしていた。故《もと》の首相ソールズベリー侯は自宅に化学実験室を設けておいて、役所から帰ると、暇さえあれば化学の研究をしていた。前首相バルフォアの如きは二、三種の哲学書を著している。然るに日本の国務大臣方にはどういう御道楽があるか。学者の読む真面目な書物などをお著わしになったことは一切ないという話である。それならどんな事をしてお出《い》でになるか、能くは分らぬ。酒席で漢詩でも作らるるが関の山であろう。してみると道楽のために学問をすることは、日本では未だ中々高尚過ぎるのである。その一つの証拠には、『女道楽』、『酒道楽』、『食道楽』というような書物は出ているけれど、『学問道楽』という本は未だ出ていない。そういうものが出ねばいかぬ。村井さん〔村井弦斎。一八六三―一九二七。著書に『食道楽』など〕ももう少し世の中が進んだならば、『学問道楽』というものを書くだろうか。私は村井さんの存命中に、そういう日の来《きた》らんことを希望するのである。

学問の一つの目的として道楽を数えることも、決して差支えなかろうと思う。ちょっと聞くと差支えるように思われるけれども、意味の取りように由っては実際差支えがない。あるいは道楽を目的として教育するのは、おかしいという人があるかもしれぬが、しかし華族さんの如きは別に職業を求むる必要がない。そういう人は道楽に学問するのが大《おお》いに必要であろうと思う。否、華族さんでなくても、一般に道楽に学問をしたら宜い。即ち学問の研究を好むようにならねばいかぬ。それのみならず、我々が家庭に在《あ》って子弟を養育する際にも、学問道楽を奨励したい。然るに今日では、学問は中々楽《たのし》みどころでない、道楽どころではない、よほどうるさい、頗る苦しいもののように思われている。それというのは、昔は雪の光で書物を読んだとか、蛍を集めて手習をしたとか、いわゆる学問は蛍雪の功を積まねばならぬ、よほど辛いものであるという教になっているからである。しかし僕とても、学問は骨を折らずに出来るものだとはいわない。ただ面白半分にやったら、その内に飛び上って行くものだとはいわない。学問や研究は中々頭脳を費さねばならぬ、眠い時にも睡《ねむ》らずに励まねばならぬ。けれどそれと同時に学問は面白い、道楽のようなものであるという観念を一般の人に与えたい。家庭に於いても、アハハハと笑う間に、子弟をして学問の趣味を覚《さと》らせることが必要である。

今日小学ではどういう風に教育しているかというと、大体小学校の教授法が面白くない。子供は低い腰掛をズラリと並べ、其所《そこ》に腰をかけている。先生は高い所に立っている。子供が腰掛の上に立って、先生が下に坐っていても、まだ子供の方が低いのに、先生が高い所に立つのだから、先生ばかり高く見える。即ち学問は高台より命令的に天降《あまくだ》る、生徒は威圧されて学問を受ける。それもマア宜いが、そうしてただ窮屈に儀式的に教えているので、面白おかしく智識を与えることがない。一体日本の子供ほど可哀相《かわいそう》なものはあるまいかと思う。我国には憲法があって、国民は自由である。あるいは種々の法律があって、生命財産の安全を保っているけれど、教育の遣り方を見ると実に情ない。先ず子供が生れる、脊に負われる、足を縛られる、血の循環が悪くなる、あるいは首が曲る。太陽の光線が直接に頭を射て脳充血が起る、またその光線が眼の中に入って眼を痛める。あるいは乳を無暗に哺《ふく》ませ過ぎて胃腸病を多くする。日本に眼病や胃腸病の多いのは幼児の養育法を過《あやま》っているからである。また足を縛るから足の発育が出来ないで、皆短い足になってしまう。生れたときからそういう養育法をやり、そうして小学校へ入学してからでも、何か面白いことをいって笑う間に学問をさせるとか、あるいは筋肉を動かして、身体の発達を促がせば宜いが、そういうことはない。もっとも近来は小学校の教授法も大分に改良が出来たけれど、とにかく子供の心中には、学問は苦しいものだ、辛いものだという観念が注入されている。その筆法で大学まで来るが、その間子供が何か書くときでも、面白いと思って書きはしない、いやだいやだと思って書いている。即ち智識を得るのはなるほど蛍雪の功だと思うようになるはずだ。

もし学校に於ける教育法の改良が急に出来ぬならば、せめて子供が家庭にいる間でも、智識が面白くその頭脳に注入されるようにしたい。父母が面白おかしく不知不識《しらずしらず》、子供に智識を与えるようにしたい。僕は子供の時に頭髪を結うてもらった、八歳の頃までは髪を結ったのであるが、時々他人から髪を梳《す》いてもらうと実に痛くて堪らない。その痛さ加減は今でも忘れられない。あれが今日の教授法である。けれどもお母さんが梳くと痛くない、どんなに髪が縺《もつ》れていても痛くも何ともなかった。家庭の教育とはこういうものではなかろうかと思う。同じ事でも母親は柔かくやるから痛くない、まるでお乳でも哺んでいる心地がした。ところが母親でない人、即ち今日の先生がやると、無暗に酷くグウーッとやる。……そういう訳で学問は辛いものだという観念があるから、学校を卒業すればもう学問は御免だ、真平《まっぴら》御免を蒙《こうむ》りたいという考が起る。ましてや道楽のために学問をするなどという考は毛頭《もうとう》起る理由がない。僕の望む事は家庭に於て、女子供に雑誌でも見せる折には、譬えば「ラヂューム」というものは、仏蘭西《フランス》のこういう人が発明したもので、これは著しい放射性の元素であるということでも書いてあったなら、それを平易に説いて聞かせ、なお挿画《さしえ》でもあれば見せて皆で楽しむようにしたい。その間に子供は学問の趣味を味《あじわ》うのであるが、今日のところではその教え方を無理に難かしくしている。即ち小学校などでは儀式的に教育するから、子供があちらを向いているのを、こちらへ向かせる真の教育の趣旨に適《かな》うまいと思う。前にいう通り育の字は肉の字の上に、子供の子が転倒しているのであるから、その子供の向き方を変更させるのには大いに手加減がいる。その手加減を過《あや》まれば教育の方が転倒してしまう。願くは教育は面白いものであるという観念を持たせ、道楽に学問をする人の増加するようにありたいものだ。

第三の目的は、道楽とやや関聯している、やや類似していると思うが、少し違うので即ち装飾のために学問をすることで、これも則を越えない程度で、目的としたら宜いと思う。教育を飾りにする、これはちょっと聞くと甚だおかしい。なるほどこれは過ぎるといかぬ。総じて物は過ぎるといかぬのである、殊に飾りの如きはそうだ。婦人が髪でも飾るとか、あるいはお白粉を付けるとか、衣類を美麗にするとか、それにしても度を越えると堪らない。されど程好くやっておくなら、益《ます》すその美色を発揮して、誠に見宜い者である。ナニ婦人に限った事はない、男子でもそうだ、やはり装飾が必要である。男は何のために洋服の襟飾を掛けるか。やはりいくらか装飾を重んずる故だ。フロックコートの背にいくつもボタンが付いているが、彼所《あそこ》へあんな物を付けたのはどういう訳であろうか、前には臍《へそ》があるから、平均を保つため後に付けたのか、あるいは乳として付けたのか。乳なら前の方へ付けそうなものだが、後の方に付けるのはどういうものであろうか、何しろこんなものは無用の長物だと思える。けれども一は縫目を隠すため、一は装飾のためだと聞くとなるほどと合点が往く。もっともこれは、昔、剣を吊った時分、帯を止めるためにボタンが必要であったのが、今では飾となったのだ。およそ天下の物に装飾の交らぬはなかろうと思う。してみればやはり教育なるものも、一種の飾としてやっても宜い。

学問が一の装飾となると、例えば同じ議論をしても、ちょっと昔の歌を入れてみたり、あるいは古人の言行を挙げてみたりすると、議論その者が別にどうなるものではなくとも、ちょっと装飾が附いて、耳で聞き、目で見て甚だ面白くなるのである。その装飾がなくして、初から要点ばかりいっては心に入りようが悪い。世間の人が朝出会って「お早う」というのも、一種の飾のようなものだ。朝早いときには早いのであるから、別に「お早う」という必要がない、黙っておれば宜かろうに、そうではない。「お早う」という一言で以って双方の間がズット和《やわら》ぐ。今まで何だか変な面《つら》だと思った人の顔が、「お早う」を言ってからは、急に何となく打解けて、莞爾《にこや》かなように異《ちが》って来る、即ちその人の顔に飾が附いたようになる。そうするとお互いの交際が誠に滑かに行くのである。

露国の聖彼得堡《サンクトペテルブルグ》に一人の有名な学者がある。その人は波斯《ペルシア》教（ゾロアスター教のこと）の経典『ゼンダ、アヴェスタ』に通じ、波斯古代の文学に精しく、しかして年齢は八十ばかりになっているそうだ。この人が聖彼得堡の大学では一番に俸給が高い、ところが波斯の古代文学の事だから研究希望者がない。それで先生は教場に出て講義をするけれど、これを聴く学生が一人もないために、近頃は大学に出ないで、自分の家にばかりいるそうだ。それなら月給はどうするかというと、それは満遍なく取っているそうだ。愛媛県知事安藤謙介君は露西亜《ロシア》学者で、あの人が露国の日本公使館にいた時分、露国の文部大臣であったか、とにかく位地の高い役人に会った時に、「かの某はエライ学者だとかいうけれども、その講義を聴く者が少しもないそうだ。然るにその俸給は一番高い、幾千という年俸を取っているそうだが、随分無駄な話で、国の費《つい》えではないか」と言った。そうするとその役人の曰く、「どうして、あれは安いものである。波斯の古代文学を研究している者は、欧羅巴《ヨーロッパ》に彼一人しかない。ところで偶々《たまたま》十年に一度とか、五年に一度とか、波斯古代の文学に就いて取調べる事があり、研究を要したり、あるいは学者の間で議論でも起るとなると、その事に精通したものが他にないから、直ぐに先生の判断で定まる。して見れば一ケ年何千円の年俸を遣《や》っておいたところで安いものだ」といったそうであるが、その某という学者はただそれだけの御用だ。これは何のためであるか、乃《すなわ》ち謂《い》わば国家の飾りだ。「こういう学者はおれの国にしかない、他に何処《どこ》にもあるまい」と世界に誇れる。即ち波斯の古代文学に就いて、この人が専売特許を得ているのである。そういう飾りの人物だから、一ケ年三万円くらいの俸給を遣っても安いものだ。日本では利休の古茶碗を五千円、六千円というような金を出して買求め、これを装飾にしているものがある。これは国の風習だから仕方がないけれど、これよりも学者を国家の装飾としている方が宜《よ》かろうかと思う。学問というものは国の飾とでも言うべきものである。また個人より言えば、各自日常の談話に於ても、自然其所《そこ》に装飾が出来て万事円滑に行くのである。故に教育、あるいは学問の目的としてこの装飾を重んずることは、至当な事であろうと思う。

第四の目的は一見したところ、道楽あるいは装飾にやや似ているが、大分にその主眼が違うのである。即ち第四の目的は真理の研究である。ちょっと難かしいようであるが、別に説明の要もない。無論先きに言った職業とは違う。職業を目的とする者ならば、これは果して真理だか何だか、そんなことはどうでも構わぬ、金にさえなれば宜いのである。けれども学者と称するものが学問をする時分に、これが果して真理であるかないかということを研究するのは、これは高尚な……最も高尚とは言われぬけれども、マア今まで述べたところのものよりは遥かに高尚であろうと思う。しかしこれもよほど余裕がなければ出来ぬことである。日本で言おうならば、大学という所は、学理を攻究する最高の場所である。然るに実際はどうかというと、それは随分学理の攻究も怠らないが、学理の攻究ばかりするには何分俸給が足らない。学問するには根気が大切である、根気を養うには食物も美味なる物を食わねばならぬ、衣服も相当なるものを着ねばならぬ。冬は寒い目をしてはならぬ、夏は暑い目をしてはならぬ。なるたけ身体を壮健にしておかねば学問が出来るものではない、それには金が入る。然るに今日の有様ではいわゆる学者の俸給は、漸《ようや》く生命を継ぐだけに過ぎぬ。かかる訳であるから、学問の攻究、真理の研究などということは、学問の真個の目的とでもいうべきものであるけれども、実はあまり日本に行われていない。ドウかその真理の攻究の行われるようにしたいものだ。

先に車夫を鄭重に待遇するようにならば、世人は好んで車夫になるだろう、さすれば車夫に学問を授けても、車夫たるを厭《いと》うものが決してないようになるだろうと言ったが、学者もまたその通りで、とにかく学者を鄭重にすることをせねばならぬ。日本に於ては、或る事に就いては、いくらか学者を鄭重にする風があるけれども、概して鄭重にはしない。ちょっと鄭重にするのはどういうことかというと、先ずあの人は学者であるといえば、ちょっと何かの会へ行っても、上席に座らせるような形式的のことをする。けれどもまた一方に於ては、どんな学問をしていても、学問にはそれぞれ専門のあるものだが、それを専門に研究することを許さない。少しく専門に毛が生えて来ると、こちらからもあちらからも引張りに来て、「おれの所へ来てくれ」という。「イヤおれはこういう学問をするつもりだから行けない」というと、「目下天下多事だ、是非君の手腕に拠《よ》らなければならぬ。君のような人はもうその上学問をする必要がない、俸給はこれだけやるから」などといって誘い出すのである。そうすると本人もツイその気になって、折角《せっかく》やり掛けた専門の学問を打捨ててしまい、ノコノコとその招聘《しょうへい》に応じて、事務官とか、教育家とかいう者になってしまうのである。これは学者の方でも、意思が少しく薄弱であるか知れぬが、また一方からいえば、学者をちょっと鄭重にするようでその実虐待するのである。果して鄭重にするならば、「月給は沢山にやろう、寝ていて本を読むなりどうなり、勝手にするが宜い、お前の思う存分に専門の学問を研究しろ」といわねばならぬ。彼の露西亜の学者みたようにあってこそ、初《はじめ》て真の専門学者が出来るのであるが、今日の日本では中々そうは行かない。

最後の目的、即ち教育の第五の目的に就いて一言せん。これは少しく異端説かも知れないが、僕の考うるところに拠れば、教育はいうに及ばず、また学問とは、人格を高尚にすることを以て最上の目的とすべきものではないかと思う。然るに専門学者にいわせると、「学問と人格とは別なものであれば、学問は人格を高むることを目的とする必要がない。他人より借金をして蹈倒そうが、人を欺《だま》そうが、のんだくれになってゴロゴロしていようが、己れの学術研究にさえ忠義を尽したら宜いじゃないか」という者もある。あるいはまた、「自分のやっている職務に忠勤する以上は、ナニ何所へ行って遊ぼうが、飲もうが、喰おうが、それは論外の話だ」という議論もある。学問の目的は、第四に述べたところのもの、即ち真理の研究を最も重しとすればそれで宜い。人間はただ真理を攻究する一の道具である、それでもう学問の目的を達したものである、人格などはどうでも宜いという議論が立つならば、即ち何か発明でもしてエライ真理の攻究さえすれば、人より排斥されるようなことをしても構わぬということになるが、人間即ち器ならず、真理を研究する道具ではない。君子は器ならずということを考えたならば、学問の最大かつ最高の目的は、恐らくこの人格を養うことではないかと思う。それに就いては、ただ専門の学に汲々としているばかりで、世間の事は何も知らず、他の事には一切不案内で、また変屈で、いわゆる学者めいた人間を造るのではなくて、総ての点に円満なる人間を造ることを第一の目的としなければならぬ。英国人の諺《ことわざ》に"Something of everything."(各事に就いてのある事)というがある。ある人はこれを以て教育の目的を説明したものだと言うた。これは何事に就いても何かを知っているという意味である。専門以外の事は何も知らないといって誇るのとは違う。然るに今この語の順序を変えてみれば、"Everything of something."(ある事に就いての各事)ということになる。即ち一事を悉く知るのである。何か一事に就いては何でも知っているという意である。世には菊花の栽培法に就いて、如何なる秘密でも知っているという者がある。あるいは亀の卵を研究するに三十年も掛った人がある。そういう人は、人間の智恵の及ぶ限り亀の卵の事を知っているであろう。その他文法に於ける一の語尾の変化に就いて二十余年間も研究した人がある。そうするとそれらの事柄に就いてはよほど精通しているが、それ以外のことは知らぬ。これは宇宙の真理の攻究であるから、第四に述べたところの目的に適《かな》っている。されど人間としてはそれだけで済むまい。人間は菊の花や、亀の卵を研究するだけの器械なら宜いけれども、決してそうではない。人間には智識あり、愛情あり、その他何から何まで具備しているを見れば、必ずそれだけでは人生を完《まっと》うしたということが出来ぬ。してみれば専門の事は無論充分に研究しなければならぬが、それと同時に、一般の事物にも多少通暁しなければ人生の真味を解し得ない。今日の急務はあまり専門に傾き過ぎる傾向をいくらか逆戻しをして、何事でも一通りは知っているようにしなければならぬ。即ち菊の花のことに就いていえば、おれは菊花栽培に最も精通している、それと同時にちょっと大工の手斧ぐらいは使える、ちょっと左官の壁ぐらいは塗れる、ちょっと百姓の芋くらいは掘れる。政治問題が起れば、ちょっと政治談も出来る、ちょっと歌も読める、笛も吹ける、何でもやれるという人間でなければならぬ。これは随分難かしい注文で、何でも悉くやれる訳にも行くまいが、なるべくそれに近付きたい。いわゆる何事に就いても何か知ることが必要である。これは教育の最大目的であって、かくてこそ円満なる教育の事業が出来るのである。ここに至って人格もまた初て備わって来るのであろうと思う。

然るに今日では妙に窮窟なることになっていて、世の中に一種偏窟な人があれば、「あれはちょっと学者風だ」というが、実は人を馬鹿にした話である。また自分も一種の偏窟な人間であるのを、「おれは学者風だ」と喜んでいる人もあるが、僕の理想とするところはそうでない。「あれはちょっと学者みたような、百姓みたような、役人みたような、弁護士みたような、また商人のような所もある」という、何だか訳の分らぬ奴が、僕の理想とする人間だ。然るにそれを形の上に現わして、縞の前垂を掛けているから商人だ。穢《きたな》い眼鏡を鼻の先きに掛け、髭《ひげ》も剃らず、頭髪を蓬々としていれば学者だといい、その上傲然として構えていれば、いよいよ以てエライ学者だというように、円満なる発達の出来なかった者を以て学者風というのは、そもそも間違った話だと思う。けだし学問の最大目的は人間を円満に発達せしむることである。

今日は学問の弊として、往々社会に孤立する人間を造り出す。彼のギッヂングス〔Giddings, Franklin Henry, 1855–1931. アメリカの社会学者〕の社会学に「ソシアス」(Socius)という語があるが、これは「社会に立って、社会にいる人」の意である。実にその通りで、いやしくも人間がこの世に在る以上は、決して孤立していられるものでない。人という字を見ても、或る説文学者の説には、倒れかける棒が二本相互に支うるの姿勢で、双方相持になっているのが人だということだ。我々は社交的の動物であって、決して社会以外に棲息の出来ないものである。だから吾人人類が円満に社会に立って行けるようにするのが教育の目的でなければならぬ。されど軽卒にあちらへ行ってはお追従《ついしょう》をいい、こちらへ来ては体裁能くやっている小才子を以て、教育の目的を遂げた者とはいわぬ。先ず己れの修むべきところのものは充分にこれを修め、そうして誰とでも相応に談話が出来て、円満に人々と交際をして行けることが教育、即ち学問の最大目的だと思う。

我々は決して孤立の人間になってはならぬ。あくまでもこの社会の活《い》ける一部分とならねばならぬ。然るに今まではややもすれば学問に偏してしまい、学者というと、何だか世の中を去り、山の中にでも隠れて、仙人のようになってしまうのであるが、これは大なる間違である。けだし相持ちにして持ちつ持たれつするが人間最上の天職である。かの戦国の時、楚の名士屈原が讒《ざん》せられて放たるるや、「挙世皆濁れり、我独り清めり」と歎息し、江の浜にいたりて懐沙の賦を作り、石を抱いて汨羅《べきら》（中国湖南省の洞庭湖近くの川の流れ）に投ぜんとした。彼が蒼い顔をして沢畔に行吟していると、其所《そこ》へやって来た漁父が、「滄浪之水清兮、可㆔以濯㆓吾纓㆒。滄浪之水濁兮、可㆔以濯㆓我足㆒」と歌って諷刺した。この歌の意味は、「お前が厭世家になって河に飛込み、あたら一命を捨つるのは馬鹿なことだ。聖人というものは、世と共に歩調を進めて行かねばならぬ、今死ぬる馬鹿があるか」という意味であろう。してみると屈原よりも、漁父の方に達見がある。またかの伯夷《はくい》叔斉《しゅくせい》は、天下が周の世となるや、首陽山に隠れ、蕨《わらび》を採って食った。その蕨は実に美味《おい》しかったろうが、我輩の伯夷叔斉に望みたいことは、蕨が美味しかったなら、何故その蕨を八百屋へでも持って来て、皆の人にも食わせるようにしてくれなかったか、また蕨粉の製造場でも拵《こしら》えて、世間の人と共にこれを分ち食するようにしなかったかということだ。自分ばかり甘い甘いと食っているのでは、本当の人間といえない。故に我々は孤立的動物でない、人間をソシアスとして考えねばならぬ。即ち人間は社会に生存すべき者であって、決して社会以外に棲息の出来ないものであることを自覚せねばならぬ。また人間はただの動物とは異っている。また単に道徳的万物の霊長というのみでもない。人間は社会的の活物である、故に人間をソシアスとして教育することが、最も必要なりと確信するのである。

我日本に於いては、封建割拠《かっきょ》の制度からも、自然と地方地方の人の間に隔壁を生じ、互に妙な感情を持つに至った。近頃は大分に矯正されたけれども、なお大分残っている。なおまた人怖がらせをするような、妙に根性の悪いことがある。折々書生仲間の中には、頭髪を蓬々とし、肩を怒らし、短い衣服を着て、怖い顔付をし、四辺を睥睨《へいげい》しながら、「衣至二于肝一、袖至二于腕一」などと謳《うた》って、太い棒を持って歩いている。そうしてなるたけ世間の人に不愉快な観念を与える。それを世間の人が避けると、「おれの威厳に恐れて皆逃げてしまう」などといって悦んでいる。女小供は度々そういう書生に逢うと、「また山犬が来たナ、噛附きそうだから避けよう」と思って避ける。しかし犬なら犬除《いぬよけ》の呪もあるけれど、四本足ではなくて、二本足で歩いている奴だから、「何だか気味の悪い奴だ」と思って避けるまでである。これは決してその書生らが悪いばかりでない、今までの教育法の結果、すべて他人を敵と視《み》る考から産出されている。この考は封建時代の遺物である。僕の生国は今日の巌手《いわて》県、昔の南部藩であるが、国隣りに津軽藩があった。南部と津軽とは、昔《むか》しからあたかも犬猫のように仲が悪かった。それがために南部の方から津軽の国境に向って道路を造れば、津軽の方はそれとはまるで方角の異った所へ道路を造るというような訳で、少しも道路の連絡が付かない。また津軽の方で頻りに流行《はや》っているものは、南部の方では決してこれを用いぬというような妙な根性があった。今までもなおその風がいくらか存している。この双方の間に隔壁を作ることが、即ちソシアスの性格のない証拠だ。然るに今日の日本は、露国と戦って世界列強の一に加わり、欧米文明国と同等の地位を占めたのである。されば今後の人間を教育せんとするに当っては、最早かかる孤立的観念、即ち偏頗《へんぱ》なる心を全く取去り、その大目的として、必ずや円満なる人間を造るよう、即ち何所《どこ》までもソシアスとして子弟を薫陶するようにありたい。これがまた一面に於ては、人格修養の最良手段であろうと思う。

以上に述べたところのものを一言にしていわば、即ち教育の目的とは、第一職業、第二道楽、第三装飾、第四真理研究、第五人格修養の五目に岐《わか》れるのであるが、これを煎じ詰めていわば、教育とは人間の製造である。しかしてその人間の製造法に就いては、更にこれを三大別することが出来ようと思う。例を取って説明すれば、その一はかの左甚五郎《ひだりじんごろう》式である。甚五郎が美人の木像を刻《きざ》んで、その懐中に鏡を入れておいたら、その美人が動き出したので、甚五郎は大《おおい》に悦び、我が魂がこの木像に這入《はい》ったのだと、なおもその美人を踊らして自ら楽しんだということは、芝居や踊にある。これは自分の娯楽のために人間を造るのである。第二例は、英吉利《イギリス》のシェレー〔Shelley, Mary Wollstonecraft, 1797-1851〕という婦人の著《あら》わした、『フランケンスタイン』という小説にある話だ。その大体の趣意を一言に撮《つま》めば、ある医学生が墓場へ行って、骨や肉を拾い集め、また解剖室から血液を取り来り、これらを組合せて一個の人間を造った。しかしそれではただ死骸同然で動かない。それに電気を仕掛けたら動き出した。もとより脳髄も入れたのであるから、人間としての思想がある。こちらから談話を仕掛けると、哲学の話でも学術の話でもする。されどただ一つ困ったことには、電気で働くものに過ぎぬので、人間に最も大切なる情愛というものがない、いわゆる人情がない。それがためにその人間は甚だしくこれが欠乏を感じ、「お前が私を拵《こしら》えたのは宜《よ》い、しかしこれほどの巧妙な脳髄を与え、これほど完全なる身体を造ったにもかかわらず、何故肝腎の人情を入れてくれなかった」といって、大いに怨言を放ち、その医学生に憑《よ》り付くという随分ゾットする小説である。この寓意小説はただ理窟ばかりを詰込んで、少しも人間の柔かい所のない、温い情のない、少しも人格の養成などをしないところの教育法を責めるものである。かのカーライルは、「学者は論理学を刻み出す器械だ」と罵《ののし》ったが、実にその通りである。ただ論理ばかりを吹込んで、人間として最も重んずるところの、温い情と、高き人格とを養成しなかったならば、如何にも論理学を刻み出す器械に相違ない。そういう教育法を施すと、教育された人が成長の後に、何故おれみたような者を造ったかと、教師に向って小言をいい、先生を先生とも思わぬようになり、延《ひ》いては社会を敵視するに至る。故にかかる教育法は、即ち先生を敵と思えと教うるに等しいものである。

それから第三の教育法を説明する例話は、ゲーテの著わしたる『ファウスト』である。この戯曲の中に、ファウストなる大学者が老年に及び、人生の趣味を悉く味《あじわ》ったところで、一つ己れの理想とする人間を造ってみたいと思い、終に「ホムンキルス」という一個の小さい人間を造った話がある。その人間は徳利の中に這入っているので、その徳利の中からこれを取出してみると、種々の事を演説したり、議論したりする。しかしてファウストは自分で深く味い来って、人間に最も必要なるものと認めたる温き情愛をも、その「ホムンキルス」の胸の中に吹込んだのである。そこでその「ホムンキルス」は能く人情を解し、あっぱれ人間の亀鑑とすべき言行をするので、これを見る人ごとに讃歎して措《お》かず、またこれを造ったるファウストも、自分よりも遥かに高尚な人間が出来たことを非常に感じ、かつ悦んだということである。これは出藍《しゅつらん》の誉《ほまれ》ある者が出来たので、即ち教育家その人よりも立派な者が作られたことの寓説である。

今日我国に於て、育英の任に当る教育家は、果して如何なる人間を造らんとしているか。予は教育の目的を五目に分けたけれども、人間を造る大体の方法としては、今いうた三種の内のいずれかを取らねばならぬ。彼らは第一の左甚五郎の如く、ただ唯々諾々《いいだくだく》として己れを造った人間に弄《もてあそ》ばれ、その人の娯楽のために動くような人間を造るのであろうか。あるいは第二の『フランケンスタイン』の如く、ただ理窟ばかりを知った、利己主義の我利我利亡者で、親爺の手にも、先生の手にも合わぬようなものを造り、かえって自分がその者より恨まれる如き人間を養成するのであろうか。はたまた第三のファウストの如く、自分よりも一層優れて、かつ高尚なる人物を造り、世人よりも尊敬を払われ、またこれを造った人自身が敬服するような人間を造るのであろうか。この三者中いずれを選ぶべきかは、敢て討究を要すまい。しかしてこれらの点に深く思慮を錬ったならば、教育の目的、学問の目的はどれまで進んで行くべきか、我々はその目的を何所《どこ》まで進ませねばならぬかということも自から明瞭になるであろうと思う。

〔一九〇七年八月一五日『随想録』〕

教育家の教育

今日は教育家の大会を御催しなされたに付きまして御招待に預り出席致しましたが、私は普通いわゆる教育家という方々の仲間入を致しましたのが昨年の暮でありまして〔一九〇六年第一高等学校校長就任〕、まだ十分に教育家たるの資格も具えておらずまたその心得も持ちませぬので、諸君の前に立って教育に関する意見を述べる期節にはまだ至りませぬ。然るにいわゆる教育界に身を投じましたに付いてはどういう心掛けをせねばならぬか、どういう責任があるか、また一体教育家なるものは如何なるものなるか、段々考えました。然るに未熟の考であって何にも未だ判断致しかねまするが、幸に今日は教育に経験のあられる、あるいは知識のあられる方々の御集合であるから、いささか未熟な考を述べて教を受けたいと思う。その教を受けたいというのが私の本意で此処《ここ》に参ったのであります。

就きましては題が教育家の教育、ちょっと題だけを御覧になりますと甚だ無礼に聞えましょうが、私自分が今日は教育家の一人になった積りであるから、私自身の教育は今後どうしようと考えたのである。付けては教育家の教育とは即ち私自分で今後どういう教育を我が身に施そうかと大きな声で自分を誡《いまし》めるに当るので、もしこの中に無礼なことを言いましたならば、大きな声で自分を叱り付けるのであると思召あらんことを偏《ひとえ》に希望致します。(喝采)

一体私には教育家という文字がハッキリしないのです。どういう人を教育家と名付るか、世間では教育屋などという者があるやに聞いている。こういう人は学校を造って銭を儲《もう》け、あるいは卒業証書を売って自分の生計を営む、あるいは少しばかり覚えたことに勿体《もったい》を付けてこれを他の一層未熟な人に売付けるのが教育屋であるということを度々聞きました。然るに教育家というものはそういう者ではあるまい。私の謂《い》う教育家の定義第一教育の定義を広く取るか狭く取るかに依て定まると思う。そこで教育なるものを広い意味に取れば人類殊に人類の若い者、児童を養成する、彼らの身体なり精神なり知識なりの発達を助くるものが何物でも教育である。これを為す者は何者に限らず教育者、あるいは教育家と称する価値がある。そう広く取った日には宇宙にあるものは何事でも教育を授けないものはないので、菩提樹の下で坐禅を組まれた御釈迦様が彼の樹のために教を受けたかどうかは知りませぬが、とにかく菩提樹という樹が何か御釈迦様の悟道に入らるることを手伝をしたものと見えて、今日なお仏教に於てはこの木を有難いものとしている。果して彼の樹が御釈迦様に教育を授けたならば樹も教育家の一つである。

また半夜何ということなく宇宙を観じて浩然の気を養うた孟子に取っては森羅万象悉く教育家であろう。またテニソンの如く、花を一つ取ってもしこの花の研究が出来、花、葉、根までスッカリ分ったならば宇宙の原理も悉く理解し得るであろうと歌うた如きは、即ちテニソンに取っては花が一つの教育家であった。エマソンがオー星よ我れに汝の教訓を与えよと呼んだ如きは、エマソンに取っては星が教育家である。かくのごとく広意に解すれば勧善懲悪の資料に供するものは皆教育である。懲役人も犯罪の恐るべきを教ゆる一つの教育家になってしまう。まして善人を賞し悪人を罵《ののし》る講釈師、落語家、デロレン（人情物などの祭文語り）などが教導職と称せられ、下層社会の教育を掌《つかさど》った観がある。こういう広い意味に取れば、教育家なるものあまり漠然となって話が結ばらなくなりましょう。

けれども私の謂う教育家はさほど広い意味ではない。ズッと狭くして児童の精神あるいは知識あるいは身体を発育せしむる事に志し、かつ尽力する輩をいうのである。これはあるいは普通一般に用いらる解釈とは少し違うかも知れませぬ。世の教育家と称するのは志と尽力の有無は問わず、あるいは文部省あるいは地方庁なり何んなり相応の官憲等から免状を受けている者を教育家というので、免状あるいは辞令書が教育家と否との標準となる。志の有無は別問題。もっとも、何《いず》れ誰でも教えて見よう位の志が有ればこそ免状を得ようが、しかし能く探ると実際真に必しもそういう志が有る訳ではなくして外に飯を食う道がないから教育を一の飯食う手段とするので、志は教育にあらずして飯に存する。故にかくの如き人は如何に免状を貰っても教育家の中には入れられない。これはいわゆる教育屋の側に属する。故に私の教育家と申しますのは飯を食うために教育を手段とするのでなくして児童の身体知識精神を発達せしめる志と力のある者をいうのである。即ち今日此処《ここ》に御会合になった方々を教育家というのであります。（拍手）

そこでこの教育家が然らばどんな教育をしなければならぬかと申せば、人あるいはそんなことは余計な話だ、貴様は教育界に昨年始めて足を入れ未だ何も知らないようだが、日本には師範学校のあることを知っているか、日本には各県に師範学校というものがあるし、その上高等師範学校もある、これが教育家を教育する所である、明治の初年頃から師範学校が出来ているのに今更明治四十年に教育家の教育を論ずる如きは怪しからぬ、とこう言う方々があろう。然るに私はここに疑問がある。甚だ過言を吐いて時々叱られるから、また今日もお叱りを受けるか知れませぬが（笑）、なるほど師範学校という所は教育家——私の謂う教育に志す者を養成する所ではあるが、果してこの志を堅める所であるかということに付いて少し疑わざるを得ぬ（拍手）、なるほど教育の歴史も方法も教えるだろう。教授法の如きは大変精しい。また学校の衛生、あるいは試験の方法点数の採り方、あるいは児童の心理、あるいは学校の構造など大分精しいであろう。けれどもそれは志を堅めるものではない。それは或る人がいうたように教育の機関を教えるのである。即ち教育学の技術を授けるので教育家を作るとは違うように思われる。そこで我輩の教育家なるものの教育に就ては、或る英人の書いた本に教育のやり方を二つに別《わ》けて一つを実益的学問(Utility studies)、第二を修養的学問(Culture studies)とし、実益的学問とは私の訳が悪いか知れませぬが詰り実利を主とするもので、今の実業教育などの如くこれを応用すれば直ぐ銭に交換出来るいわば現金的教育である(笑)、もう一つの修養的と仮に訳しました方は活きた物精神なら精神を養い、成《ツク》る即ち修養するので、これは習った事を直ぐにそのまま現金と引替に出来ぬ方で、あるいは十年も二十年も役に立たず、物によっては一生に一度より用に立たぬもあり、丁度種子が土の中に埋められているように、天気の作用に依ってあるいは場合に依ると五年か十年経って漸く発芽するような学問を修養的教育というのです。

今日本で普通に行われる教育は、小中学を除いては現金的の学問、今直ぐに銭に引替え得る技術的学問である。私も農学を少しやったが、学校を出ると県の技師になると一年に千円とかいくらかの俸給が貰える。あるいは試験場の技師になるとか、そうでなければ何か本でも書くといくらでこれを買ってくれるかという相談が出来る。また工学をやっても商業学も同じことである。全体技術の学問は言うまでもなく現金的であるが、今日我邦の現況を見まするると現金主義が独り技術的学問ばかりに限らぬ、法学も文学も皆現金的ではないか、たしかに修養的ではないと思う。あるいは修養的にやっている者があれば、その結果は先きに申した通り五年も十年ないし五十年も経て顕われるだろう。ただ果してやっているや如何の点が疑わしい。

寧ろ明治以前に教育された人々、御維新の当時にウンと練修練磨をした人達が、そんな文字などは知らずに「カルチュア」の学問をやって来たが如く思われます。

先刻も戦争の話を承《うけたまわ》って思いましたが、今後また戦が起るかも知れない、その時には奉天旅順の戦争よりも一層危険であろう、一層惨酷であろうと思う。その場合にそれに応ずるだけの精神の練磨が必要だと言われましたが、この精神の練磨即ち修養的学問とは総ての方面から今日の急務になっている。ここに於て教育に従事する者、教育に志す諸君と我輩は一層修養的教育に力を注いでやらねばならぬと思うのであります。（拍手）

この頃能く人が言うことで、日本人は大変に強い、と。この前に旅順で虜になった露西亜《ロシア》の士官でヴイレンという人が名古屋に収容されておりました。中々学問のある男で哲学を研究したということですが、役目は陸軍の大尉に過ぎんが露西亜の将校には珍らしい学問を修めた人であるということでこの人が日本の大和魂を研究したいということから妙な縁で私も交際をしまして、名古屋を通過する時にこの人を訪問した。その時にヴィレンの言うには、私が旅順に籠城した時日本の軍隊が進んで来る、日本軍といっても旅順のことだからバラバラに殆んど一人ずつもしくは二人三人ずつ日本兵が来襲した、上からドンとやると斃《たお》れる、斃れると直ぐにまた外の兵がやって来て、戦友の骸を踏んで進む、いくら倒しても後からやって来る、実に恐ろしい人間だと思ったその後俘虜になって松山にいる間に夜、日本の兵士が戦友の骸を踏んで進んで来る有様が幻のように脳髄に浮んだ、奇態のことだ、かくのごときはただの命令で出来るものでないこれは何か日本人の教育の然らしむる所があるに相違ないと思って日本人の心理学に付いて研究を始めたが、一体どういう訳だろうと言うて頻に尋ねました。その時に私は頗る御同感だと答えましたが、そもそもこの日本の今日までの教は学校で児童に吹き込んだ精神だといって教育家が自認している、今度の戦争に勝ったのは教育家の賜物《たまもの》であるなどと褒《ほ》められるけれども果してそうであろうか、私はチト怪しく思っている。甚だ失敬なことながら、能く日本の兵士が就学中受けた教育が不完全なるにもかかわらずこんな精神が出たものだと感心しております。能くも今日の教育で日本の大和魂なるものを悉く消滅させなかったことを感心している位のことで(拍手)、今日の教育で大和魂を益々盛に惹起することは僕はあまり見受けないのであって、寧ろ消滅させる傾が余計あると思っている(ノゥノゥ)、有難い、それでこそ我輩も満足するところである、けれどもノウノウという声はまだ低いと思う(ノゥノゥ)、恐らくは今日此処におらるるところの満場の諸君がノウノウと言われるならば我輩も誠にこれから将来を楽しく思うところであるが、千人の中で僅に十人やそこらのノウノウでは私は不足に思う。大和魂に加うるに、ただ今御話のあった日本人が一致協力してやるという美風を益々盛にしたい。そこでなお露西亜の俘虜の言うたことで思い出したのは、ヴィレンを訪問した時に私が氏に尋ねたのに、あなたが名古屋や松山を御覧になって日本の家屋が大層露西亜の家屋に比べて弱くって窓もなく開けッ放しになっているのがさぞおかしく見えるであろうと言うた時に、ヴィレン大尉の言うたことが面白い。名古屋を散歩して見ると家が皆開いている、台所の隅までも能く見える、そこで私はこういう感情が起る、日本人は天子様がお父さんであって皆兄弟分で喧嘩もしなければ泥棒もなし、開けッ放しで皆一家族の風なり、と言うた。なるほど良い所へ気が付いた、これも今後さようにありたい。そこで今後国民としては、一方には大和魂の粋を発揮すると同時に挙国一致の精神を児童に吹込むことが肝要で、吾々教育の任に当る者がその精神で自らも協同して修養的教育を受けなければならぬと思う。

私はこの教育家が教育をするには第一先刻から申上げまする如く修養的教育を自分で

務める必要が専らあると感じます。何時も生徒に対して話をする際にも、自身にまだ足らぬ足らぬと思うことが始終あります。とかく生徒に何か教える気になっていけない、教場に往くと何か面白い説か新い学理でも頭に入れてやりたくなる。かなり実用的学問を授けたくなって、それより大事な心底に潜伏してある精力を開発してやろう修養を扶《たす》けようという心が疎《おろそ》かになり易い。私の話が小さくなったり大きくなったりするようですが、小中学では生徒にモッと自ら動く自ら働くという気象を養成することは出来まいか。今日の有様では、小学も中学も、また高等学校から大学に至るまで生徒がただ受働的、受け身にばかりなる。先生が何か言うとハイハイといって受けるだけで、考えて疑を出すことも出来ぬ。知識といえどもそういう風になると前に進まぬ。地球が円いといわるれば何の証拠なしにもそうですかといって、あるいは自分が四角ではないかと思っても質問さえ出来ない。自ら動く自ら働く気質を奨励するには、モット生徒に質問をさせたり、疑があったならこれを吐かせる工風が必要と思う。これはこの間もある独逸の教育家が自国の教育法の欠点だと嘆じましたが、この独逸風を日本では一層やって、教育は単に押込になっているようです。教育の教に重を置き育の方を怠る風が行われる。教育とは心気を引延ばす意である。殊に少しく一風変った児童であれば、色々脳髄に浮ぶ疑もあろうから、その疑を言い出して質問をして討議するような方法が何かしなければ、とても普通の教育の受け身にばかりでは足らん。そういうことをやり出すと他の児童の邪魔になって教室で我も我もと質問するようになっては規律がなくなるから、そういう一風変った児童は特別な学校を造って教えたならばよかろうという説もありましたが、果してそう出来るなら面白い。亜米利加《アメリカ》に於ては天才を教育する学校を設立したと、独逸でも特別学校を開くと聞きましたが、その辺のことはかえって諸君の方が精しいでしょう。私の願うところは、とにかく自ら働き出す力の養成をお互に務めたいと思うのであります。

それに付けて一の方法は、師弟の間柄を好くする事である。教師と生徒が個人個人に交際《つきあ》うことがどうであろうか、これに付てもなお御教を受けたい。今日の小学校では大変以前よりは能く進んだが、中学校になるとモウ生徒と教師の間が大に遠ざかる。殊に高等学校、大学に至ればなおさらその間が隔って来ますが、せめて中学程度の学校では生徒と教師の間柄を深くすることは出来まいか。即ち人としての感化力を与うる余地を造りたい。ある人はそういうことは行われぬ、中学校の先生は時間も多いし到底そんな余裕はないという説も聞きましたけれども、心掛けがあるとないとに依っては、時間配置の具合にも関係して来るでありましょうから、一体そのことは善いか悪いかということを一つの疑問として諸君の御教を受けたいのであります。またその他に学校に於てただ学問を上から押込めるのみでなく、またただ今申上げたように銘々の心にある疑問を引出すばかりでなく、殊に中学生徒の如きに於ては静粛に黙座してジッと心を養う方法等に付ても御教を受けたいのであります。王陽明毎朝自分の弟子を皆集めて端座して暫く黙って、それから大きな声で詩を吟じて、そうして今日の言葉でいえば課業に就いたと申します。また近頃或る外国の学校では、時間を極《き》めて、例えば何時何分に鐘を打くと十分ばかりの間寄宿舎にいる生徒が動きもせず物も言わず、ヨシ話をしておってもその鐘を聞くと黙って本を伏せて、あるいは目を瞑《つむ》り、あるいは動かないでジッとする、即ちこの間学校中皆な悉くシーンとしてしまう規則を実行するそうです。かくの如きはジッとしていられない活潑な児童には頗る精神の鍛練になると聞きましたが、かくのごときは最も精神鍛練に効力があるまいか(拍手)。もしあるならば吾々教育に従事する者は生徒に勧むるに先立ってやらねばならぬと思いますが、一体生徒に教える、あるいは生徒を養成する方法は色々あろうが、それを授くる前に必ず我身に応用してからでなければいくまいと思います。(拍手)

例えば私は自分に顧て感じますが、意志の修養は我邦の教育に大変少いと思う西洋でもこれは弱点だと申しますが、教育者は皆なこのことを慨嘆せぬ者はなかろうが、他国のことは姑《しばら》く措《お》いて、間近い我邦に於て御互が預かる子弟を育てるに当りてただ口で言うだけではいけませぬ。自分率先していくらなり実行して、子弟にこれを及ぼす事を努めたい。即ち他人を教育する前に己を教育する必要がある。意志の鍛練はどうしてやるか、これを如何に説いたところが感服するばかりであって実行しなければ殆ど体育と同然、どれほど生理学や解剖学を教えたところが直ぐ身体が良くなる訳ではない。意志の鍛練は何程心理学倫理道徳論を説いても実行しなければ効果皆無、故に小なる事でも実地の鍛練に如《し》く方法はないと思う。必ず長い経験のあられる諸君はそれぞれ御実行であろうとは思いますが、なお私が述べて御教を受けたいのは、なお己も実行し生徒にも教ゆるにはさほど難くない事を撰んでこれを何遍となく繰返して練習することでございます。例えば冷水浴の如き私も生徒に接するごとに能くそう言うのですが、君らは水を浴《や》りたまえ、殊に五月六月頃は丁度好い時節である、一つ思い切ってやりたまえ。初めの中三日位は随分辛抱して皆やるけれども十日廿日となると撓《たゆ》んで来るが、それを奮張ってやるのが意志の修養である。かくの如く容易なる事を毎日撓まずやらせるので、私が自分の経験上から能く話すのですが、恐らく水浴が身体を益することは牛乳三合位飲むに優ると思う。それから小さなことながら生徒に日記を書かせる。毎日一行でも二行でも宜《よ》いから撓まなく書かせる。私の愚論では少し厭《あ》き易いことを繰返すということが意思の練磨になると思うので、一年一回する事より毎月一度、毎月一度より日に三度やることがよかろうと思う。飯を食うたびに思出さしむるのが最も練磨になる。大抵日常起る事物に就ては子供心にも善悪の弁別は付いているに、悪と知りつつ為すのは子供に限らず吾々でも意志の弱き故である。故に此処《ここ》だぞ、此処が悪人と善人となる界だぞ、と分別のつき次第善を取る意志と勇気を実行するが即ち実践教育の粋である。そこで日に三度飯を食う時に、此処《ここ》だぞ此処で行儀を直さなければならぬ、姿勢を直すのは此処だぞ、疲《つか》れた時には安座《あぐら》をかいて飯を食いたい、寝て物を食たいが此処だぞ、飯を食う時に急かず落付いて食べる。これに付いてちょっと御話申しておきますが、私が一つ大切にして持っているものは真鍮《しんちゅう》の小さな人形ですが、百姓が笠を持って稲叢の側に休んでいるところを彫んだ像です。これは水戸黄門卿が数多《あまた》拵《こしら》えられて一族に悉く分けてお遣りになったのである。今でも水戸家の御方は、若い御方はどうか知れませんが、年寄の御方は大抵この人形を持っておられる。その所以はこの人形を食事ごとにお膳の上に置き、御飯粒を三粒なり四粒なり取って百姓の笠の上に載せて暫く黙念する、この御飯は百姓の作ったのである。粒々皆辛苦、実にこれは勿体ないものである。決して粗忽にしてはならぬ、また美味いの不味いのと叱言《こごと》を言うな、有難いと思うて喫べろ、というのである。かくのごとき練習が日に三度ずつあるがため、講釈も何もしないでこの民を念《おも》う心が養われ、遺伝的にズッと続いて来るかと思う。そういうような訳で、善いことならば日に何遍でも繰返して習いとなし、遂に性とするのが頗る良法でなかろうか。まだこの外に意志の練磨の方法、また吾々教育家として大切な児童を預るに付けて己自ら先きに修むべき点は沢山あると思われます。言うまでもなく諸君の方は一層我輩よりも感じていらっしゃるであろうが、私はホンの時のある限り三つ四つの点だけを述べたに過ぎません。私の要点は、どうか教育に志す以上は吾々が教育家たるの資格を具えたい。その資格とは即ち免状の有無ではない、志と力の資格を具えたい。実益的教育と修養的教育とは謂わば有限責任と無限責任の差があるように思われる。技術的の教育(現金的教育)は有限的の責任で、これだけあればよいと数に定まりがありますが、修養的教育は無限責任であくまでも児童が後日死ぬるまで人生観を誤まらないように、正しき人生観の材料を与うるのが即ち教育家の最も務むべき所であって、専門学で以て技術を授くるのとは大層違う所であります。

私は昔の歌を能くは知りませぬが、少しばかり聞いた中に感じた一首がある。『古今集』に「白露の色は一つをいかにして秋の木の葉を千々に染むらん」という歌があります。なるほど白露は色があるかないか知りませぬが、あっても一つである。その白露が如何にして秋になれば紅葉は紅に銀杏は黄色に染むるであろう。自ら何んの色なきに種々に木の葉を染めるとは実に奇妙な力である。学術より論ずれば木の葉を染めるのは露の作用ではないけれども、この歌に面白い意味があるように思われます。専門学者ならば己れは法学、己れは農学、己れは工学と明かに露の色が着いているが、教育家なるものは専門的色なき人格である。児童に触れるに当り、これを紅に彼を黄色に化するというのは児童の銘々の力を発揮せしめるのであって、天賦の力を啓発せしめるのが即ち吾々教育家の任務である。戦後経営として今日国力を増すとか富源開発と称し、あるいは隠れたる金山なり不毛の土地なり開いて国力増進を計るに就け、その国力の中に就いて吾々が最も務めて開かねばならぬ、今日まであまり未だ十分開かれざりしものは、児童の天賦の力である。水力の利用もよし、風力応用もよし、あらゆる天然の力を利用して工業の発達を計り富源開発には国民挙げて計画しつつあるが、まだまだ深く潜める無限の精神を開発することは吾々教育家も未だ力を込めんように私は感ずる。それ故に今後は一層無限に働くべき国民精神の開発に務めんことが、吾々教育家の最も注意すべき事業にして、これに当る吾々の最も要するものは自己の精神的教育であろうと思います。いささか感ずるところを述べて諸君の御教を請う次第でございます。(拍手喝采)

〔一九〇七年一〇月七日『帝国六大教育家』〕

教育の最大目的

各種生産物が時代の需用《じゅよう》に応じて、供給せらるると同じく、教育もまた時代に適応して、その方針を樹立せざるべからず。予は教育に於ては素人《しろうと》なれど、日本国民を如何《いか》に教育すべきか、換言せば教育の最大目的は如何《いかん》との題下《だいか》に一言述《げん》べてみようと思う。教育とは「活《い》ける人間を造る」との一言に包含することが出来よう。予のいわゆる活《い》ける人間とは、死せる人間に対する言辞《ことば》にあらずして、死せる智識や活用されざる学問を有する者に対して言うのみ。専門の学者に在《あっ》ては活用し得ざる智識また必要ならんも、普通教育に於ては然《しか》らず、世間往々学者の常識欠乏せるを言う。実際学問のために常識を弱めらることがあろう。然れども常識のみが智識にあらず、常識以外に智識あり。殊に学問は常識以外の智識にして、学問の蘊奥《うんおう》を極むれば、それだけ常識以外の常識を発達せしむ。これ学問上の智識が常識を圧迫して、その領地を縮小せしむる故に、予は常識のみを養うべしとは言わず、英国の一学者は学術は常識を広むるものなりといえるも、これ常識を甚《はなは》だ広き意味に解せるものである。とにかく学問は常識以外の智識を養うものにして、原《もと》より教育を受けたる者にて、偉人物輩出することがある。けれども教育足りて常識を失い、活《い》ける人間を死せしむるものなしとも限らぬ。故に教育の目的は如何《いか》に深淵なる学理の攻究研鑽を積むも、常識圏外に逸する事なく、研学の歩《ほ》を進むると同時に、活社会を離れず、いわゆる世と推移《おしうつ》り時世の進歩傾向を知ると共に、活社会に処して活動するの能力を養うこそ教育の最大目的なるべけれ。然《しか》るに学校に在《あ》りて多年蒐集《しゅうしゅう》したる智識をば一旦業を了《お》え校門を出《い》ずると同時に、そのすべてを失却するもの甚だ多い。仏国《ふっこく》の如きこの例に漏《も》れざるものと言うべきである。吾人は教育上の施設に関し、幾多上官の訓示に接しておる。予は教育制度に対して何ら論評を加うるものではないが、その活用に関しては、不満なる能わざるものである。帝国議会は徳育の効果を云為《うんい》して、文部当局を攻撃するが常なるも、これ甚だ無理の注文である。予が文部に属する一官吏たる小役故、敢て弁護を為《な》すにあらざるも、いずれの処《ところ》にかよく徳育の効果を収め得たるものなるか、我国が取て以て模範とせる独逸を見よ。彼に犯罪ある、自然主義あるにあらずや、ビスマーク、ビューロー〔Bülow, Bernhard, Fürst von, 1849–1929. ドイツの政治家〕を以てするも現カイゼルを以てするも、到底徳育の効果を全《まっと》うするは不可能の事たるや、明《あきら》かである。家庭に於ては夫婦喧嘩をなし、一杯機嫌で打擲《ちょうちゃく》をなして憚《はばか》らず、而《しか》してその子弟を聖人たらしめよとは矛盾の甚しきものである。さりとて教育者が最善手段《ベスト》を尽せりとして現状に甘んずるの不可なることというまでもない。

教育界に唱道せらるるところの教育の統一なるものは、我邦《わがくに》に於て果して能《よ》く行われつつあるか、何故に統一の目的たる効果は完全に収められ得《え》られざるかは、思うに教育者がこれを活用するの余裕に乏しきためならざるか、語を換えて曰《い》えば、教育者が社会より優遇せられざる間は充分に教育の精神を咀嚼《そしゃく》すること不可能である。仏国《ふっこく》にては能く統一せられおりてギゾーは仏国の学校に在《あ》る総ての生徒が一定の時間に某教科書の何頁《ページ》を読みつつあるかを容易に知り得らると言えるにても知るべく、統一もここに至りて極端なりというべきである。仏国の統一は徒《いたず》らに形式のみに偏し、彼らは卒業証書を受くる瞬間に於て、多年学校に於て修習せしすべてを失却《しっきゃく》して卒業証書は只一片の反古《ほんご》同然たるの弊に陥《おちい》っておる。英国はこれに反し学校の卒業証書を得るものは、一定の教養訓練を経たる事を証するだけの実質を有し、一たび学校を出《い》ずれば直ちに活社会に立て活動し得るの人たるを備えておる。我邦《わがくに》の教育は英国式か仏国式かはた独逸式か、独逸に於てはフレーベルの著書に見るも修身教育の挙《あが》らざるを知るべくして、品格品行等遥《はる》かに英米の生徒に及ばず、独逸、仏国の教育に於て確かにその欠点なるものあるを見る。

要するに教育者が注意すべきは、活《い》ける社会に立ち万国《ばんこく》に共通し得べく厳正にして自国自己及び自己の思想に恥じず、実際の人生に接して進み、世界人類に貢献する底《てい》の人物を造る事に在《あ》るなり。世才《せさい》ある風の任意漂《まにまにただよ》い行く意味にあらずして、世界の大勢に応じ、なお個人性を失わず、而《しこう》して世界の潮流に先《さきだ》ちて進むを以て教育の最大目的とせねばならぬ。換言すれば実行的活動的の人物を造ることである。伊勢鈴鹿川の琴の橋がその流下する水量に依《より》て音響を異《こと》にし、希臘《ぎりしゃ》イオリヤの琴の音調が樹《き》の間を吹く風に伴うが如く、教育の目的も世界の大勢に適応せしむることである。天下事《こと》あれば矛《ほこ》を執《とり》て立《たち》、事なければ田畝《でんぽ》に帰耕す、要は只時代の要求に応ずることである。切言《せつげん》すれば宇宙の言《い》うべからざる一種異様なる力と交わり、時の要求と共に推移《おしうつ》り活社会に活動するの人格を養《やしなう》を教育の最大目的とせねばならぬ。

〔一九一一年八月一日『精神修養』二巻八号〕

教育の基礎は広かるべし

教育の基礎は広く考えると、個性を発揮し、人の衷《うち》にある最上のものを抽出《ひきだ》すということは疑いを要さない。謂わばその人の有《も》っている潜在能力を悉く顕わして、これを社会のために有用なものとすることである。語を換えていえば、教育の主要なる目的は、次代の国民をその天職に相応《ふさわ》しきものとなすことである。

さて、個人が社会のために尽す仕事は、自己の生活のために執《と》る職務と合致するものであるから、個人の衣食に対する要求と社会の個人に対する要求とは、完全に調和しているような観がある。随って、「働く者は衣食に乏しきことなかるべし」という法則の他面にはまた「働かざる者は食を得ること能わず」という真理があることを知るのである。

然し、この社会に対する奉仕と生計のためにする勤労とを合致せしむるということはしばしば甚しい誤謬の原因をなしている。社会に有益なる任務に適応した人を造るに最も有効な方法は、その人の執る職業の如何にかかわらず、先ずその個性を発揮するにあることは何人も否定しないところであろう。例えば青年には後日如何なる職業に就くかということは顧みずに、これに広い教育を与えるとする、もし、その人が豪邁な資質を有っておれば、英傑となるように教育する。また聖者となる希望を有し、なおその方面の適性を多く具えている女子があれば、その望むところに従って教育し、半途にして他に転ぜしむるようなことをせない。かく英傑となり、聖者となるのは、何《いず》れも社会の深大な要求に原《もと》づいているので、その場合これに代るものを得ることは不可能である。然し、通常人はここで一の重大な問題に出逢う。即ち英雄といい聖者といい、果して十分生活の資を得ることが出来るであろうか、あるいはまた社会はこれら非凡の人物に快く報酬を与えることが出来ようか、また、社会が了解し得る程度を卓越した人物を出すような教育は果して可能であろうかという問題である。

この問題は今いったような特異の天職でなくとも、現在の社会の要求より一歩上に出《い》でた広い教育を受ける者にも適用することが出来る。目前の必要だけを念頭に懸ける教育家は、現下の生活に要するだけの極《ごく》狭隘な教育を授けて足れりとしている。例えば政府の或る官職に就くにはかくかくしかじかの資格を要するといえば、彼らは直ちに、法科大学は単にその種の職業に直接関係ある学科を存するだけで十分だと妄断するし、鉄道院で狭軌鉄道を運転管理することの出来る技師が入用だといえば、忽ち、工科大学は単に、機関の模型や、倭小な汽車の製作に熟練した者を養成すれば足ると思うのである。教育が形式的で生命を失っているいわゆる教育学の束縛を受けて居るとすれば、師範学校で養成された教育者は悉く権柄とか束縛というようなことしか頭脳にない至極偏屈なものとなりうるのは必定である。現下の状態では、我国教育の範囲は社界の極卑近な要求に限られているので、職業の選択もまたその影響を蒙っている。恐らく我国ほどかくの如き悪風に染んで居るものは他にあるまい、仏国でもこれほどではなかろうと思われる。我国では或る職業に従事するには、幾層となく試験の階級を経なければならぬ。しかも共に狭い、常規の生活の範囲に限られているから、到底自ら新職業を興すということは望まれないのである。大概は文書の保管法や簿記に多少の改善を加えたり、法律書中の語句を改正したりする位が関の山である。それ以上には何らの創始的活動も、偉大なる事業も起そうとする望みはない。また、前に述べた通り新しい思想を構成することすら出来ない頭脳だから、何らの新計画を案出することは無論出来ない。随って雄大なる思想や、創始的意志はいつまでも遠き将来に求むべきものとなっている。

年々学年の終末になると高等教育を施す各学校の卒業生の就職難やそれに対する不平苦情というようなものが続々新聞紙上に現われる。中には我国の学生は多きに過ぐることはないかとの疑いを抱く者があり、また学校が青年を収容することが多過ぎるといって政府に非難の鋒先を向ける者もあり、また高等教育を受けた人々を用うる途を知らないといって社会を攻撃する者もあるが、一体我国の社会というものはなお甚だ漠然たるもので、殆んど組織立っていないようである。真に非難すべきものはそれらの何れでもなくて、教育の方法そのものにあると余は信ずるのである。余が教育の理想は、先ず個性を充分に発揮し、社会の要求に応じて如何なる職務にも適応する人を造ることである。一定の型に人をそっくり当て嵌《は》めようとするのは誤りである。社会の「空所」は円形であろうと方形であろうと能くこれに適応して行くような教育を施さねばならぬ。もしまた、目前の社会に自分の入る所を発見せなければ、自らの努力で働くべき場所を造り出すだけの実力を備えるように教育せなければならぬ。かくの如くすれば自ら活動の場所を発見し、また前人未発の方法を考案して社会に貢献することが出来るであろう。かくの如く自ら発展し得る人にして、始めて徒《いたず》らに就職難を喞《かこ》ち、もしくは自身の活計や社会上の位地が得られぬといって、嗟歎の声の裡に貴重の光陰を潰すようなことがなかろうと思う。

〔一九一二年五月二五日『現代世界思潮』〕

人本位の教育

私は唯今参ったばかりであります。私が話をしようという大体は、多分中島さん（中島徳蔵。一八六四―一九五八。倫理学者）の一言を以てお尽し下されたことだと思います。私の述べたいことは、今も別室で話しておったのでありますが、決していわゆる危険な思想ではない。また私如き平凡なる者は危険人物とも看做《みな》してくれまいと思います。しかし生れは奥州であって――それも殊更《ことさら》注文して其所《そこ》で生れた訳ではなかった（笑）。――とにかく饑饉《ききん》地方の勢《せい》か言語が甚だ粗雑であるために、私の最良なる動機もとかく言語に尽そうとすると、不充分に現われて、ともすると、危ないことを言う奴であるなどとお叱りをお上から頂戴したり、あるいは友人からして注意などされることがあります。しかし今日のところでは教育界に席を置く訳でもなし、少しは遠慮する程度が少なくなったような気がします。とは言いながら充分に述べることは私も少し憚《はばか》るような気もする。それならば充分述べれば危険があるかというと決してそういう訳ではない。ただ聴く方々のお耳さえ危険でなければ私の説は甚だ穏当な説であろうと自分じゃ信じている。これは外でもない人本位ということでありますが、私は自分の国でありながら現今の日本社会に対して非常に不満な点が一ッある。それは何かというと、人をして人と看做《みな》されていない一条である。人を評価するに人その者以外、寧ろ以下の標準を以て評価することは甚だ不愉快に思っている。今チョッと這入口《はいりくち》で承わったが、あるいは誤解かも知らぬけれども、裏長屋にいる車挽《くるまひき》というと、車は挽くけれども、犬が挽いているのじゃない、犬車じゃない、馬車でもない、自働車でもない、人間が挽いている、車挽とはいうけれども、挽く者は人間である。既に人力車といっている。ところが車挽というと、人間以下のようにアア車挽かと人間並みの取扱をチョッと受けておらぬ。また反対に侯爵とか伯爵とかいうと泥棒をしてもさほど尊敬を失わぬ。こんなことをいうのが僕がお叱りを受ける所以である。しかし侯爵伯爵といえども決して手癖の悪い人が一人もおらぬと断言は出来ない。日本の事は能く知らぬが西洋じゃ随分大きな顔をして泥棒をしている人が伯爵とか侯爵とかいう人に在ります。日本は君子国で礼儀を重んずるからそういう位の高い人になるとお泥棒様とでも呼ぶであろう。如何なる事をしても人間として悪い事は悪いはずなるに、道を踏み間違っても位が高いと、その人のすることは善い事になってしまう風がある。近頃この危険は少しは止んだようで結構だけれども、まだまだ残っている。それに反して位地が低ければどのような善い人でも、アア車挽だ、裏長屋、下宿屋に生活している人だ、こういうことになる。日本でも西洋でもそういうことはあろう。けれども殊に日本では天才という者がとかく認められておらぬ。恐らく聴衆諸君の中にも己ほどの腕があるのに下宿屋にブラ付てと不満を抱いておいでになる方があろう。何故僕を充分用いてくれないと憤る方もあろう(笑)。世間では高等官何等などになると、よほどあれは出世したと言っている。折々予約書などを申込む人がいわゆる成功家の中に僕らをもやはり入れて来る。僕などを成功したというが違う。五十面をして月給の二百円も貰っていると、偉い成功だと思って賞める。僕らの知っている者には大臣もいる。後輩と見做した者にも大臣がある、銀行の総裁がある、僕よりも二十倍位月給を取っている人が沢山ある。月給で標準を立てられたならば僕らなどは実に失敗者の一人である。位を以て計られても僕らは失敗の一人である。何を以て我輩を成功者の中に入れるか分らぬ。中にはまた我輩を成功者で得意になっているという人もある。得意どころではない。もう少し根性が小さければ不満を言う男だけれども敢えて不満も言わぬ。しかしながら此所《ここ》で日本の社会は人という者を標準に置かぬで、位だの銭だのそんなことを標準にしているのが、甚だ不満だというのである。これは俗界を離れない証拠で、僕も俗たるところを免がれぬところであろう。とにかくこういう風が日本の国に盛んに行われている。西洋より盛んだということは皆さん御異議ないだろうと思う。どうですか諸君、ここに常識で考えてもらいたい。僕が新しい説を述べるじゃない。実に不愉快極まる。何処へ行っても、何処へ行ってもその通りだ。決して位は賤しいものではない貴ぶべきものであるが、位より高きもののあるを忘れてはならぬ。然るに位階が偉いことになって、人間その者は低くなるのは困る。位置もその通り、任用令とかいうものがあって立派な人はズンズン進むようになっているけれども、必ずしもそういう訳に行かぬ。やはり高等官何等とか、勲何等とかいうものを振《ぶ》ら下げておらねば、その人は如何に思想は高くてもその人は尊敬を受けぬという風に、人の標準が世の中に金と位だけで定まるようなのは、人が標準になっておらぬ故である。

それで教育はどうかといえば、教育も人としての教育でなく、何か人工的にある資格を定めてその資格を以て標準にする教育法である。例えばこれです。大きに間違なきよう我輩奥州弁をなるたけ東京弁に翻訳する(笑)。誤解を避けるつもりでありますが、例えば忠君愛国ということがある。これに対して誰も異論を言う者はない。私共も忠君愛国を唱えている。しかも実行しているつもりである。忠君というのは無論これに付てただ一人異論を出す者はないが、徳育の根本主義としてそれだけでは足りないと思う。例えば羽織という物がある。羽織に何も異論を言う人はない。けれども羽織だけでは事足らぬ。真裸身で羽織を著て歩いてはいけまい。やはり袴を穿《は》いて羽織を著けねばならぬ。

ただただ袴だけ穿いて麗々と歩く者は剣術家のような者ならばいざ知らずそれではいけないように、忠君とか、愛国とかいうことの外にまだ要るものはないか、まだ要るものを今日の教育が、教を怠ってはいないか、ということを問題にしたい。この点に於て誤解はなかろうと思う。これがために忠君愛国が天から悪いというのではない。これはもう難有《ありがた》く頂戴する。あくまでも頂戴するのみならず、実際実行する。この点に於ては私は不忠なことをした覚えもない。御料林から薪一本取ったこともない。また外国に知己も沢山あるけれども、コンミッション一銭貰ったこともない(ヒヤヒヤ)。私は実行している積りである。だがこの二ツの大事な点を誤解すると大変な事になる。忠君とは君主に対する義務ということは言うまでもない。愛国とは国というものが、国に対する愛情と義務を言うのである。これに異論を言う人はない。けれども、誤解をすると他のことは悉く怠っても一方に君に忠を尽し、一方に国を愛しておればその間は我儘の勝手をする余地があるように考える人がありはしないか。これを我輩は心配する。忠をどれ位な範囲で言うか知らぬけれども、我が　至尊に対して最敬礼を行って、御不例のことでも承わったならば、日参でもして御全快を祈る。常に日々　玉体の御安全ならんことを祈るというのが忠の主な点であるならば、それだけのことは万遍なく尽しておっても、一方にコンミッションを取ろうが、何をしようが、忠の心は別に変らぬでしょう、ということになることを心配する。また愛国といえば一度鉄砲の音がしたならば直ぐ軍艦へでも乗って出よう、生命掛けです。その勇敢なる武官の中には生命など惜まぬ人は沢山ある。恐らく皆惜まないだろう。それは旅順の時でも、対馬海の戦争でも分っている。この点に於てちっとも僕は疑わない。愛国の念が我が軍人、国民全体に存在していることは疑わない。けれどもだ。昨日の号外〔海軍のシーメンス事件〕でも御覧になる通り、立派なる軍人だと思う人が一方にコンミッションを取っている。このコンミッションを取のは愛国と何の関係がある。――何というお方か名も忘れたがアアいう人の名を覚えようともしないで忘れてしまうが、何時までもそういう人の名を記憶したくない、寧ろ忘れたい、そうしてこの罪を宥《ゆる》して、宥すのではない、人を宥すという考からなるたけアノ号外を見ても我輩はその名前を読まないようにしているから。話は横に走りますが私は伯林《ベルリン》にいる頃に、ウヰルヘルムテルの芝居を見た。彼の愛国者のテルが田舎住居をしている時に、二人の子供を相手に庭に出ておった、その時に墺地利《オーストリア》の帝王を殺したある皇族が来てテルに道を尋ねた。テルはこの人にアノ山を通ってお出《い》でなさいと教えてやる。その時に子供が阿父《おとう》さんアノ人は何誰と聞く時にアアあの人の顔をお前たちは見るに及ばぬ、彼方へ行って遊んでお出で、と言った所は、なるほどテルだと思って頗《すこぶ》る感激したことがあります。シレルがこの文を書いたのはどういう動機であったか知らぬけれども我輩が読んだのには、我輩が理解したのには、悪人の顔は見るに及ばぬ、ただ学術の研究はこれは別だ。それと同じように悪い人の名を麗々しく教ゆる要はない。世には臭い物を掻き廻して喜ぶ人がある。また中には臭くすることを努める者もある。それを商売にしてやるのは僕の合点行かぬところで（拍手）、忘れてしまいたい。僕は実際忘れている。何とか高い位の人だと思うが、サテ昨日の号外などでもその通りで立派な軍人たちがコンミッションを取った、甚だ破廉恥なことをしたことが出た、けれどもこの人が一旦国に事が有ったらば急度《きっと》愛国の念禁じ難く必ず生命を捨ることを惜まぬ人だと思って、愛国者として彼らを疑わぬけれども戦争のない時に愛国の示方がない「コンミッション」位取って遊んでいる（拍手喝采）。また段々聞けば本当か嘘か知らぬけれども宮内省の役人に就きどうこう話もある、しかしながらその人々たちは、君に仕え奉るところの熱心に於ては諸君や僕とちっとも変らない恐らく一層深くはないかと思います。高い所におられるだけに真にその人たちは真面目に奉仕すると思う。かくの如くに一方には忠君なり、一方には愛国なりのためには更に批難をすべき所はないほどに努めている人である。然るに破廉恥罪とか、何とかいうことのあるのは何かというと、人として即ち人本位の信念がないからじゃないか（拍手）。我は軍人として恥ぬ、己は大宮人として恥じぬ、というところまでは行く、けれども人間としては恥るところがありはせぬか。其処《そこ》なんです。

羽織だけは恥ない、袴は恥しくない、しかし着物下着もしくは一番肉に近い襦袢が汚れておりはせぬか。「シャツ」などどんなに臭かろうと思います(笑)。けれども表を見ると紋付を、しかも大きな紋付を着けている者が沢山ある。それで今日は学校の婦人方も沢山おられるが、これなどはお聴間違のないように願いたい。婦人の教育というと良妻賢母主義である。高いお役人の方がある女学校に行って卒業生にされた演説に、あなた方は今度学校を御卒業して誠に結構だ、女という者は良妻賢母が理想であります、あなた方もなるたけ早く実行なさい、と言った(笑)。女学生どもは噴飯《ふんぱん》しそうでハンケチを口へ突込んだり非常に苦んでおったというその話があります。僕がよく女学生に尋ねる、お前は学校で何が一番面白い、また何が一番面白くないかと。スルト何時も倫理が一番面白くありませぬと答ゆる。何故だと推すと、先生のいうことは一向分らぬ、阿母《おかあ》さんが何かに仰《おっ》しゃるようなことを仰しゃる、ですから私にはちっとも分らぬと答ゆる。僕はなるほどと思った。良妻賢母でやるから嫁にでも行こうか、あるいは行きたいなどと考えている人は耳を傾けるであろう。妻とか母とかに対する教であって、娘としては殆ど教にならない、娘としては姪奔であっても構わぬ、仏蘭西《フランス》でしたか何処《どこ》かでは娘の時分は自由勝手で、どんなことをしてもやかましくいわぬが、一旦結婚すれば皆堅くなる。日本でも長崎附近の何とかいう島では娘の時分は彼方へ行っていたずらをしたり、此方へ行っていたずらをしたり、一向構わない。貞操なんということは知らない。けれども一旦女房になると急に堅くなると聞きましたが、縁付けば良妻になる、子供を持てば賢母になるだろう、けれども娘としての教は何にもない。して見ると人間としての教じゃない、母として妻としていうのだから、娘の時分には御勝手なことをやっても宜《よ》い(笑)。そういう教育は人本位でない。娘であれ、母であれ、妻であれ、何であれ、一個人格としての道を踏めと教えたらそれでよかりそうな者だのに、人間という方には重きは置かずに、女房になったらばやれ、母になったらやれ、というので娘であった時には構わぬというような誤解を生じやさせぬか。どうしてかくの如くに我国では教育するに人格即ちペルゾンニヒカイトを無視するであろう。人間なる思想に重きを置かずに、何か国に対し、君に対して、親に対し夫に対し、子に対しというように、以外に対しての心掛を教えて、自分一人誰もいない時に持べき心掛を教えないであろうか。日本は人口稠密だから何処へ行っても人と相対しているのだから、個人的の教育は無用という議論があるか知らぬけれども、己一人でおっても己は人間であるからこれは出来ぬという根本的思想を養わないで、ただただ、他のものに関している義務のみを教えたならば、何処かに弱い所が出来て来はせぬかと思うことは、私数年以前から心配しているところだ。近頃新聞でイロイロなことを見るに付けて益々自説を信ずる。今のようではとても堪まらぬ。

人間ということをモッと教えてくれなくては、今後益々こういう風になりはしないかという心配が一層深くなった。故に折があったならば倫理学者に御相談をして、一つ頗る真面目にこれで宜《よ》いか、この国がこれで持って行けるか考えたい。この心配は何も宮内省海軍省に腐敗があるばかりでない。もう両三年前亜米利加《アメリカ》を初めとして英吉利《イギリス》の殖民地なり、その他国々に於て日本人が排斥されることを聞いた当時から、私は人間としての教育がないからだということを憂えている。ところが布哇は亜米利加の法律の行われる所であるから、義務教育が施行されている。そのためには米国式の公立学校があり、亜米利加式の学校には日本人の子供は来ない。日本人は日本人だけで学校を開いた。そこで問題となった。即ち米国主義を喜ばない異分子ともいうべき日本人の経営している学校を公けに許すか許さぬという問題になった。それはそのはずでしょう。私が仮りに日本の真中に西洋人の学校を立て、西洋風の思想、殊に亜米利加の主義を以て教え、国家はすべからく共和政治であるべし、なんということを教えたならばどうであるか。いわゆる愛国者らは行ってその窓に石位投げるでしょう。怪しからぬ獅子身中の虫であるというだろう。そこで日本人の経営に係る学校の許可問題が起った。就ては委員が七人とか出来て取調べた。ところが幸にもその委員は何れも日本贔《びい》負《き》の人であったそうで、日本の学校を許す方針で調査を進行したところがこの学科も亜米利加の学校で教えているところの学科に当る。その次の学科は是々是もよい、その次は数学、それもよい、歴史、これも皆よい、無論亜米利加の学校では宗教を教えぬから日本の学校で宗教が無かったのはよほど宜《よろ》しい。今度は倫理学どういう倫理を教えるかと調べると忠君愛国の一天張《いってんば》りである。忠君愛国もよい。応用のやり方に依っては日本人だから日本の教は無理のないことであるとよほど寛大に考いた。ただ忠君愛国以外に何かあると信じた。申さば羽織も袴もよいが、人間としての義務、即ち道というものを教えているか知らぬと思って、教科書を見ると人道一つもない。皆愛国論ばかりだ。この教科書にただ一箇所でもよい、人道を教える所があれば宜《よ》いと思ったが一頁としてない。これじゃ困るという話を聞いたことがあります。これは本当か嘘か知りませぬが、私は布哇で日本人から聞いた。丁度諸所方々で日本人が排斥されるのは、日本は別であるといわゆる神国なるを誇る故に先方ではそれほど別な国なら己の方へ来られちゃ困るというはもっともである。それほど固有性があるならば他国へ行くのは無理である。国民間人間として共通な所があればこそ交りが出来る。けれどもしかし別なお方には来てもらわなくてもよい、別々になっておればよいというので、日本人をば別な取扱をする。即ち世界に渡たる排日は我々の招く所が多い。人としての心掛に付て考える工夫をしなければ、日本人はあくまでも世界に爪弾《つまはじき》をされるのみである。人格本位を説いたなら忠君愛国も良妻賢母も自ら従うであろう。如何となれば人としての誠が君に対して現われた時に初めて忠君となる。人としての誠が国に対して現われる場合に本当の愛国である。人としての誠が子に対して現われれば賢母となり、人としての誠が夫に対して現われれば良妻となる。根本は人の真心以外にない。その根本の極くプライマリーの所を言わずに、第二次なるセコンダリーの所に重きを置きまして両者の間に聯絡が取れないようになってボツボツとただただ第二次の義務を述べるのが誤の元である。忠君愛国良妻賢母となる、謂わば四つの義務の本を養う共通なものが即ち人としての誠、これが今日の教育に欠けている。かような事は誰も知らぬことはないが、情ないことにこの点が今まで少し後《おく》れたように思う。しかしこれを取り直すにはおそくない。決して日本の国が五十年や百年でなくなるものでもなし、歴史に鑑《かんが》みても今後何万年も続く国柄である以上は、今からやって決して遅いことはない。また其所《そこ》に重きを置かなければならぬ。ある人は心配するように、この国は何年持つだろう、これも冗談事じゃない。経済上の方から考えても一体の道義が敗頽した方から考えても、国民の元気が段々薄くなる方から考えても、この国は何年持つだろうなどと心配している人もある。この人が愛国者でないかというと、愛国者も愛国者、もう一歩深い所の憂国者である。国の前途を憂うる人はこの点に付て今後一層真面目に考うべきであろう。其所が私の今日お話をしたい所で、議論は甚だ簡単だけれども、実地これをどうして教えることが出来るだろう。学校の教科書にも顧みねばならぬような問題にもなる。とにかく如何でしょうか、私が今までただ空にそういう懸念が起るぞと思っておったが、近頃の世の中が何だかザワザワするのを見て一層予《かね》て心配が事実に現われて来るような気がするために、これは黙っておられぬ、心ある人と相談して今までの教育に於ける欠陥を補う工夫をしたい。珍しくもないが予て心配する事を述べてなお諸君の教を受けたいと思うのであります。(拍手喝采)

〔一九一四年七月一〇日『丁酉倫理会倫理講演集』一四三号〕

道《みち》は何処《いずこ》にありや

学生時代に論理学でこんな事を習った。「最も腹のすいたものは最もよく食う」と。即ち最もよく食《くら》うものは最も腹のすいた人である、つまり最もよく食う人が最も腹がすくと、こういう結論である。

道もまたかくのごときものではあるまいか。最も踏み易《やす》き所これ即ち道であって、しかしてこれ最も踏み難《がた》きものである。即ち最も踏み易き所、最も踏み難しと、こういう結論に到達する。

支那の奉天附近に一月ばかり農業視察のために行ったが、彼処《あちら》には全体道があるのかないのか分らない。人の歩む処《ところ》には豆などが生《は》えている。原野即ち道で、そこは牛車のためにほられて浅くも一、二尺、甚《ひど》い所は一丈位もいわゆる道路より低くなっている、支那の語に道が百年経てば河になるという事があるが、それはこの低い所に水が流れて河になる事をいうのである。人の歩む所はいわゆる道に非《あら》ずして畠の中だ。道は何処《いずこ》ぞと問えば畑の中だといわねばならぬ。だから目的地点を定めそれに達する最捷径《さいしょうけい》をとって行く処、これが即ち道である。いわゆる道は道ではない。支那に於て私は道とは何ぞとしばしば疑った。

首に辶《しんにゅう》が道である、首の走る所が道である。脚《あし》で歩まず首で歩むのだ。頭の中で考えた目的地点に向ってあるく、これが道である。

山深くおどろが下をふみわけて
　道ある世ぞと人に知らせん

という古歌《こか》がある。人は皆山奥のおどろの中には道はないと思っている、人間には道と称すべきものはないと思っている、一つおれが踏みわけて行って、ここにも道があるという事を人々に知らせたいという意味である。

自分で踏み分けて行って、ここに道があったと見つけ出すのである。道というものはこんなものではあるまいかと思う。これが道だと定めたとて、いつか河となり海と変じ、道は名のみに残りて、今はただ我が首の走る所、即これ道となるのである、即ち道は脚下に非《あら》ずして自分の頭に在《あ》るのだ、目的を定めてそれに向って行くその方法、その計画、これが道である。

Where there is a will there is a way.

この方法即道であって、しかしてその方法は外に在《あ》らずして頭の中にある。

日本の教育はこの「外に出来ている道」に重きを置き、山奥のおどろを踏み分ける事を知らない。道をチャンと定めておいて、それに皆を引っぱって行く。外務省はこの道、大蔵省はこの道と、細い細い道までチャンと定《き》めてあって、この道一度《ひとた》びはずるれば少しも融通が利《き》かず、何事も専門専門に重きを置いてコンモンセンスよりはセンモンセンスに限る、これ今日我教育の通弊《つうへい》である。おどろが下を踏み分くる方法を教えずして、ただ一定の道を歩む事のみを教える。

ここに於《お》いて私は少しくアメリカ風の教育を入れたいと思う、これは私ばかりでなく今日識者の唱うるところである。アメリカ風といえば金《かね》の事ばかり考えているように思われるが、そうだ金の事もよくいう、けれども正々堂々とやる、我国では金の事をいうを恥じるけれど、裏から手を出してコッソリととる。アメリカ人は無遠慮にしゃべる、あんなにしゃべらない方がよかろうと批評しながら蔭でコソコソとしゃべる。日本では学問といえば分りきった事をワザワザむつかしくいう事かと思っている、この三田《みた》の学風はそうでないという話しであるが。

アメリカ風の全部を賞《ほ》めるものではないが、今日《こんにち》の教育が人間を造るという点よりして甚《はなは》だ欠点が多いというのはつまりアメリカ風の教育が入らぬからの事で、即ちおどろが下を踏み分けてこれを開拓する事を知らないで、ただ既に成れる道のみをたどって行くからである。

就職難とは何であるか。例えば文官試験に応じてうまく及第した者の外《ほか》のあまった人が就職難であるという。あまった人間とは何か。世の中に出なければよかった人間、余分の人間という事である。然《しか》らば何に比較してあまったというのであるか。今日の我日本の社会国家の仕事はすべて満足に行われているのであるが、日本が要求するところのものはすべて満《み》たされているというのであるか。然らば今日の教育は如何《いかん》。よく行届いているといえるだろうか。例えば今日通俗教育の問題は如何。小学校を卒業して進んで中学校その他に入学するものは、卒業生全体の百分の五に過ぎぬ。残りの九十五はどうしているか、小学校を卒業して三年も経てば習った事は大抵忘れてしまう、これらの者の教育は極めて肝要なる事ではあるまいか。然るにこれらの事は今日少しも出来ておらぬ、教育の事業には幾多《いくた》不毛の地が残っている、決してあまった人がこの日本におるべきはずのものでない、ただ人がこれに向って行けばここはあなたの来る所ではない、ここには入れませんという、これが就職難というものだ。『収穫《かりいれもの》は多く工人《はたらくもの》は少し』とバイブルにあるが、何事もその通りだ。事業がないのではない、あらゆる方面に人物を要求している。然るにその一方に就職難の声を聞くはおかしいようだが、しかしこれは我国の教育が細い細い定《き》まった道を通らねば事業には達せられぬという仕組にしてあるからで、ここに於てアメリカ式の、自分で自分の道を開く、いわゆる開拓的精神を必要とするのである。

さて道は何処《いずこ》にありや。研究の必要はない、感ずればよいのだ、一目《いちもく》して道は分る、既成の道は常道に非《あら》ず自分の行くべき道は自分が造るのだ。これに達せぬにしても、せめてこれに近い方を行きたい。

アメリカ式の学問とは空理空論の徒《いたず》らに高遠なるものを研究せず、プラクチカルな、実際社会に役立つところの実用的な道、即《すなわち》新らしい道を開拓して行く事である。

僕の友人が禅坊主を訪問した、坊さん前にあった茶碗をとりあげて、「道は何処にありや」と一喝した。エッといいながら友人はその茶碗の中を覗《のぞ》いてみたそうな。茶碗の中を覗いても道はなかろう、私ならこういうつもりだ、「道はここにもあるここにもない」と。道は必ずあるという所に必ずあるものではない。

みな人の詣《まゐ》る社に神は無し
　心の中に神ぞましします

人のいってる所に道はない、心の中に道ありという意味である。

自分の心の向いて行く方が道である、耶蘇《やそ》は「我は道《みち》なり」といった、耶蘇の歩む所これ道である、我々もまた然《しか》り、自分が道であるのだ。どうかこの所に達したいと思う、とかく我々は道を外に求めたがる、孟子も「道は近きに在《あ》り遠きに求むる勿《なか》れ」といっている。自分の思い込んだ所これ道ではなかろうか。

「君のいう所《ところ》は道の方角ではないか、道そのものではないようだ」という人がある。その通りだ。頭の中で瞑想してこれ我道なりとしたものは道そのものでなくして、その起算点である、このものを実行し実現したものが道である、首だけでは道ではない、首がついて歩んで行く処《ところ》が道である。

日本ほど思う事を行うに難《かた》い所はない、文明国といわるる中でこの位クドクドしい所はない、そもそもこの国に思想の自由ありやと問《と》いたい、言論の自由ありやといいたい。ただし悪口《あくこう》の自由のみは世界一だ、臭い事を白昼あばき立てる事がはやる所だ。こんな自由はあるが、ほんとうの言論の自由はあるだろうか。

こういう国だから頭の中でこれ道なりとして、さてこれを実行しようとなると、ワイワイいって妨げるものが現われて来る、道は何処にあるかはチャンと分っていて、さてこれを実行するの自由が不充分だ、之《こ》れはただに日本《にほん》のみではない、予言者がその国に容《い》れられずして迫害を蒙《こうむ》るは何《いず》れの国に於ても見る実例である。だがこれは特に偉大な人であるからの事である、日本では相互同僚間に於て左様《さよう》である。「酒は以後止《や》めよう」といえば、「実業界は酒をのむ所だ、そんなつまらぬ事をいってどうするか」と冷笑する。自ら顧みて正しいと信じこれを実行せんとして首に辷をかけると後ろから引ぱったり冷かしたり罵倒したりして妨害する。かかる妨害があるに加えて、これ道なりと信じ、如何《いか》なる艱難来《かんなんきた》るとも必ず成し遂げるというところの決心が足りない。自分はこれを正しと信ずる、他人が何といっても自分はやると決心する、即是非曲直《ぜひきょくちょく》を己《おの》れの本心に置くとすれば、あれは個人主義だと批評され妨害される。延びないはずだ、みんなして縮めよう縮めようとしているのだから。

ある学者は世界の国民を個人主義の国民と、共存的国民の二つに区別し、前者の模範としてはアングロサクソン、独逸民族を挙げ、後者の例としては印度、アフリカ、及《および》文明国としては日本支那を挙げている。

いわゆる個人主義というのは人格を重んずるものである。位だとか着物などを重んずるものでない、自ら善なり正なりと信ずる所は他人にかまわず断々乎《だんだんこ》としてやる。共存的国民は何事も人の鼻息を伺い自ら不快だと思う事もやるし、また自らこれをせねばならぬ事だと思っても、他人に制せられてあるいは時勢なお早しなどといって止《や》めてしまう、孟子は或る意味に於て個人主義であった、自ら省みて縮《なお》からば千万人といえども我れ往《ゆ》かむといったその至大至剛《しだいしごう》自らを行うに勇猛なる、これ個人主義に非《あら》ずして何であるか。主義を通さんとすれば憎まれ妨げらるれば止むを得ない事だ。制せらるるままになるならばこれは曲学阿世《きょくがくあせい》の徒《と》であるが、何れにしても我国に於て道を踏んで行く事は非常にむつかしい事である。

要するに道は外に現われたものだが、しかしこれは一種の道で、ほんとうの道はあらわれない所にあるものだ。道の道とすべきは常道ではない、大海原の只中《ただなか》でさえ舟の行く処《ところ》そこに道が出来るのである、空中でも同じ事だ。我国には既成の道ばかりで新奇な道を開いて行く教育がない、道を開いてこれを踏んで行くものは、あるいはそしられ、あるいは冷かされる。

しかし道は外《ほか》にはない。この頭の中に己れを棄てて世のために尽さんとする考えを入れて、おどろが下を踏み分けて、自ら開拓して行くより外に道はないと信ずる。（慶応義塾道の会講演　在文責社者）

〔一九一四年九月一日『道』七七号〕

新女子大学の創立に当って

近頃色々の新聞に載《の》せてあった通り、不日《ふじつ》文部省の認可を得れば、この四月から基督教主義の女子大学〔東京女子大学〕が設立せられる事になっている。この計画が世間に知られた事は、僅かに二、三ケ月前からであるが、計画者が立案したのは、已に三年以前からである。

我女子教育と民間の力

爾来《じらい》日本の女子教育は、何時《いつ》も民間より初めている。我輩曾《かつ》てその筋により発行された明治の教育史並びに某男爵の筆になった近世日本の教育史なるものを見た時に、女子教育の事を論ずる時は、官立か公立のもののみに係《かか》わって、個人特に外国宣教師らの力によって創立された女学校等《とう》については殆ど一言もあげてない事を見ても、教育というのは官学の意味であり、如何《いか》にも我国に於て教育を論ずる人は、役人共の功績を上げるだけで、無冠の有志家の事業を認めない憾《うら》みのあるのを見て、おかしくも思い憤慨もした。僕は決して我が国の教育当事者が女子教育に冷かであるとはいわない。彼ら個人に会うてその説を敲《たた》けば、有志有為の人々である。然《しか》るに一般社会の思潮が、この問題について甚だ幼稚である。まだまだ中古の夢を結んでいる感がある。中流以上の社会に於ても、女子の人格を十分認めておらない。この点については、我々は恥かしながら外国人に負うところが少くない。就中《なかんずく》宣教師の女子教育に貢献した事は、如何《いか》に耶蘇教ぎらいの人々といえども、事実として認めざるを得まい。かの教育の方法あるいは主義については、吾人は大いに意見を異《こと》にする事があるにしても、彼らが今日まで巨万の金を費して、数千の我が子女を教育した事は歴史上の事実である。我々は国民としても謝さねばならぬ。また当局者も国民教育なる広き処に眼を注いだならば、己れの力の及ばざるところを補うて、学校を設けてくれた好意に対しては、必ず我輩と感を同じゅうするであろう。

宗教教育の欠陥

然《しか》るに、宗教教育について甚だ惜しむべき事は数多《あまた》ある宗派が各自別々に学校を設けて教育した事である。各派共同して教育したならば、立派の物の出来べき処《ところ》に、あるいは設備の貧弱なる、あるいは生徒の数の少ない等《とう》のために、入学生の品質の劣ったなども漁《あさ》り込んで来るという欠点がある。この欠点については、宣教師自らも疾《と》くに自覚しておって、年来の宿題として、少くとも高等教育は各派共同的に営むという策を廻《めぐ》らしておった。三年ほど以前にいよいよ協議も纏《まとま》って、八ツの主なる宗派が費用を分担《ぶんたん》して、女子大学を設立する事に決した。決するや否《いな》や、直ちに費用の募集にかかったところが、これに応ずる者が甚だ多かった。米国に於ては近来日本の教育に対して援助をする必要はないという議論が盛んに行われている。それも甚だ尤《もっとも》な事であって、日本の官立もしくは公立学校は宣教師の学校に比して、優る事あっても劣る事はない。なるほど物質的設備、造衛物等に於ては、我が官立学校にしても伝道学校に劣る物がないでもない。しかし内容について、また生徒の品質については、確かに官立が私立(宣教師の創立に係るものを含めて)のものに遥かに優っている。故に米国の基督信徒が日本の教育について最早貢献する事もまた出金する事もしまいと論ずるのは至当の議論である。けれども、女子教育について先《さ》きにもいう如《ごと》く、彼らの思想は我らの思想より遥かに進んでいるから、今日の日本の婦人の位置を以て決して足れるものとしない。ここにおいてか女子大学の設立に熱心する者が甚だ多く、ために相談が直ちに纏まって、いよいよ東京に日本に於ける現在行わるる女子の高等教育に劣らぬもの、否《いな》それ以上のものを設ける計画が定まったのである。

宗教と国民性

然るに、近来の伝道師は昔のそれと違ってその国の国民性と風俗習慣を重んずるの度量を具えている。特に我が国に派遣される者の如きは、この心得は十分に有《も》っている。故に男子であれ女子であれ、今日我国の教育に与《あず》かろうとする者は、日本の教育は日本風にせねばならぬ、決してアメリカ風あるいはイギリス風にしてはならぬ事を知っている。彼らの希望は、基督教化せん事ではあるけれども、精神的には国籍を脱するが如き者を望まない。故に日本に於て学校を創立する暁には、その計画は日本人に任さねばならぬ、教師も日本人に依らねばならぬ、と信じている。ところが甚だ困難なる問題は、高等なる女子教育に当るべき人を基督教信徒の中《うち》より選ぶ事である。宗教界に重きをなす人は、専《もっぱ》ら説教あるいは教会の管理に忙しい。または純粋教育に従事している人の中に、教育家として尊重すべき基督教信徒も数多《あまた》あるが、多くはそれぞれの専門の研究に余念なき人か、然らざれば年齢のまだ若い人である。人を見出すに困難を極めたがために、折角《せっかく》の創立準備も実際に運びかねておった。僕らもしばしばその人選については相談に与かったが、安井哲子女史の外《ほか》に人がないと固く断言した。かくいう事は、他の立派な婦人に対して礼を失う嫌いがないでもないが、少くとも我輩の眼に適当と映った人は、他に二、三名ないではない。しかし、あるいは一身上の関係、あるいは年齢の関係について推《お》す事を躊躇《ちゅうちょ》する。あらゆる点から最も適当と思うのは安井女史である。謙遜なる女史は頻《しき》りに辞退されたけれども、有志の懇願を容《い》れて大いに決心され、今専ら準備に奔走されている。が、まだ我国に於ては、女性の校長が甚だ少い関係と、相談相手は米国人が多い関係から、我輩も暫《しば》らく同女史を補助するために、学校創立の任に表面《おもてむ》き当ることになって、大小となく、安井女史の相談を受けている。

女子教育の目的

学校の目的は、高等の教育を施すと同時に、女徳の涵養《かんよう》に専ら重きを置く考である。もっとも女徳と称するのは、古風の女徳ではない。基督《キリスト》を根本としたる女徳をいう積《つも》りである。しかし他の事と違うて、宗教は決して強《し》ゆべきものでないから、課目に一週一時間ずつ聖書の研究を入れてあるが、生徒が信ずるか信ぜぬかは勿論各自の自由に任すより他《ほか》はない。また入学生についても、彼らが基督教信者であるかなきかは敢て問うところではない。右の目的を達する方法として、今のところ学科を四つに分つ。永久の造衛物が(初めは角筈《つのはず》に臨時に家屋を借りてやる)出来た時には、種々の新しい学科を加える積《つも》りであるが先《ま》ず開始の頃には、(一)英文科、(二)和漢文科、(三)人文科、(四)実務科、とする。

人文科新設の理由

右の中《うち》(一)と(二)は、名称によって明かである。(三)と(四)は少し説明を要するであろう。(三)人文科とは西洋でいうリベラル・エヂュケーションあるいはヒューマニズムで、謂《い》わば高等なる普通学であって、社会に位置高き婦人が、これと定まった専門学を要しない、職業的教育を要しない、ただ一家の主婦あるいは社会の一員として、一般的の智識を得るために設けるのである。現今の婦人は中流以上の人にしても、人生一般に関する智識が甚だ乏しい。従って交際しても話の種が忽ち尽きて、沈黙を守るにあらざれば人の噂か下女の小言《こごと》に時を費す事の多い事は、誰人《たれびと》も憂うるところである。この美術国にありながら絵の事や陶器の事についても、識別力もなければ名工の名も弁《わきま》えない。我が国が今世界的の位置を占《し》めんとしているにもかかわらず、遥かに遅れて、世界的の考えは更《さ》らにない。外国の地理の如きは、夢の世界の如く朦朧《もうろう》としている。これらの短所を補うために、この科を設けるのである。一口にいえば、高等なる常識を養うともいえる。近来女子に教育を授ければ益々常識が減るというが、常識にも程度がある。裏長屋に住む女房《おかみ》が有する常識と、交際場裡に活動する婦人の常識と、中流以上の家庭にあって良妻賢母たるの常識と、皆その程度が違う。我輩らの望むところは、高等なる常識を養成したいのである。

実務科について

(四)実務科と称するものは、その名称によっても察せられるであろうが、常識を養成する点についても、人文科よりなお更《さ》ら必要であるけれども、智識についていえば先《ま》ず職業的とも称すべきものである。恐らく今後婦人の活動範囲が拡がるであろう。官衙《かんが》あるいは会社等に於ては已に女の事務員が段々増すばかりである。これらの人及び自ら業務を経営する才能を、この科によって養成したいと思う。されば、この科に於ては主として商業の智識を授けるのは勿論であるが、なお営業に従う者のみならず、慈善事業に従事する底《てい》の者のためにこの科を授けたいと思う。日本の工業はその半《なか》ば以上婦人の手によって成っている。然るに、女工の監督は殆ど男子に限る。たまたま女子を用いたところが、やはり男子の方が利益だというている。これは性によって利益を異《こと》にするというよりは、たまたま使わるる女にその方面の智識がないからだと思う。故に女工、あるいは女子の団隊を監督指導する者、及び今後必ずなさねばならぬ慈善事業に力を致す人を、この学科の下《もと》に養成したいのである。

因《ちな》みにいうておくが、今度の女子大学は、予科、本科、専修科という順序になっている。予科へは五年程度の女学校を卒業した者が試験を受けて入るので、此処《ここ》で入って来た人々の智識、気分を大体に於て揃えるのである。本科は前述の四科目で、専修科は本科を出た人で特別の人の専修するところである。

『婦人公論』記者の求めによって、右の通り述べたが、これで已に我輩の日本婦人に要求する点が何《な》んであるかという事を、大体に於て察せられるであろう。

〔一九一八年二月一日『婦人公論』三年二号〕

II

人格の養成

久振《ひさしぶり》で東京へ帰ッて参りまして、安心して休むつもりであッたところが、突然お呼出しになりまして、定めし何《な》にか御馳走でもあるじゃろうと思ッて来たところが、二階の階段《はしごだん》で演説をという命令である。台湾から帰ッたばかりで、とても面白い話など出来る次第でもなし、けれども台湾に行ッたからというて、舌を落して来たという訳でもなし、日本語を忘れたという訳でもないからして、絶対的にお話出来ぬというお断りは出来ない。しかしただ今も横井さん〔横井時雄。一八五七―一九二八。同志社総長をへて衆議院議員〕の有益なる御深切なお話のあとで、私は何も附加えることはない、殊《こと》にあなた方はもう既に保険料もお払済になッたろうと思うのである。私《わたくし》もしばしばこの保険会社の人に押込まれて、何々保険会社から入れと言うて来るかと思うと、直後《すぐあと》から他の会社から来る、中々勉強するものである。然《しか》るにあなた方に対しては恐らく横井さんが初めての申込であッて、後から来るものは定めしうるさいだろうとお思いになるだろう。故に私は何も保険申込はしないから、それだけは御安心下さい。

また横井さんのお話の後で、ただ今《いま》申した通り、加えることはないが、すこぶる御同感の点が多い、多いどころではない悉く御同感である。今日は卒業式（津田梅子の女子英学塾）とかいう話であッたが、あなた方が何か巻物を持ッておるところを見ると、多分卒業式は済んだのであろう。してみるとこれから世の中に出られるという方々が何人かおいでになる。私は此処《ここ》へ参りましたついでに、十分か十五分を期して世の中に出られる方に一言を申し、それから残ッておられる方々に一口申したいと思う。世の中に出られる方は、どういう成功の条件が必要であるかということは、既にお話があッたが、ただそれを実行出来るや否や、ここが大切である。女の勢力というものはひどいもので私の知人の世の中を永く見た人が言うたことがある、世の中は三つのぽうで治まッておる。一《ひと》つは鉄《てっ》砲、これはマア吾々が今日新聞を取ッて見てもすぐ分る。第二は説《せっ》法というので即ち宗教というのであろう、本願寺を始めとして到る処《ところ》に建ッておる教会を見ても分る。第三のは女房《にょう》というやつ、これは恐ろしい勢力を持ッておるものだそうです。この三つのぽうで世の中が治まッておるのであるという。このうちにも最も勢力のあるという女房というのは、マアこの辺から出られるのであろう。他からも大分出るのであるけれども、マアここからも出るのであろう。よし女房にならぬと言うても、女房というのは広い意味においては婦人ということである、何も人の妻のみには限らない。その広い意味においての女房というものは如何《いか》にして成功するか、即ち人の妻であッたならば、どうして自分の夫を支配して押付けて行くことが出来るか、ということの成功の保険などはどうである。これも横井さんのお話の条件を守ッたら、自分の夫を押えるのみならず、世界を治める事も出来よう、ただその一の要素としてお話しなすッた。例えば一つの身体《からだ》をよくしよう、最も身体をよくするには、うまい物を食え、これはなるほどお芋や南瓜《かぼちゃ》ばかりでは身体は丈夫にはなるまい、いいことをお話しになッた、皆様も御同感であろうと思う、ただどうして、うまい物を食ッて行こうか、という問題が事実問題でここが考え物だ。他の点においてもお話しになッた事を実行するに当ッて、どうであろうということは何に依て定まるかというと、やはりお話しになッたところの智識というものを利用して、それで女房の女房たるところ、即ち世界の大勢を動かす機関となることであろうと思う。

故に智識というものは頗《すこぶ》る利なものである、それでその智識を得るの要素というものは既に卒業証書は得られた、学校は学校で修めたと思いますから、それを応用する。この読書力というものは恐ろしいもので、書物を読む力さえあれば、大概な問題が湧いても、どうかこうかそれに判断を下すことが出来る。私は農学を知ッておるような顔をしている、ところがいろいろな事を持ッて来る、大根にやる肥料はどんなのがようございましょうなんというのがある、私が作る大根は筋ッぽくッていかぬ、とてもあなた方の養生にはなるまいと思うような大根が出来る、そこでこれを工夫して本を開《あ》けて見ると、ちゃんと書いてある。私より怜悧な人が沢山世の中におる、大根の肥料の法を永い間研究しておる。ちょッと馬鹿じみた人に思いますけれども、怜悧な人が世の中におる、その人の言うことを聞いて作ると、とても私が講釈で言うような筋ッぽい大根ではない、しばしば私は質問に答えるに苦し紛れに、本を読んで、それで間に合わせた事がしばしばどころではない始終それでやッておる、間に合うことが多い。先《まず》書物を読む力があれば、世の中の事は大概間に合ッて行く。故に私はこの卒業せらる方々に能《よ》く記憶して戴きたいと思うことは、書物を読む力を失わぬようにせねばならぬことで、もうこれで安心だ、もう学校も卒業したからして、これで学者になッた、この巻物だか紙だか何だかある、これを持ッていさえすればよい、もう極楽浄土というような考ではいかぬ、ある尼でしたね、何とかいう、悟りを開いたという尼さんの歌がある、歌をやると、少し間違ッていかぬけれども、何でもこういうような意味でした。

乗得《のりえ》ては艪《ろ》櫂《かい》もいらじ蜑《あま》小舟《をぶね》
　片瀬《かたせ》の浪《なみ》のあらむ限《かぎ》りは

船に乗ッてしまえば艪も櫂もいらない、ただ片瀬の浪さえあれば流れて行くから、安心して寐《ね》て行くことが出来る。悟道の道に入れば、もう安心じゃというた尼の歌がある。あなた方も世の中に出れば、学校さえ去ッて卒業免状を持ッて行けば艪櫂もいらないという観念を持っ人が沢山ある、口ではなアにまだまだなんと言ッておるけれども、心の中で安心する人が沢山ある。ところがその尼の歌に答えた坊さんの歌がある。

乗得《のりえ》ても心許《こゝろゆる》すな蜑小舟《あまをぶね》

片瀬《かたせ》の浪《なみ》に浮沈《うきしづ》みあり

いくら船に乗ッても片瀬の浪があればよいと言うけれども、浮いたり沈んだりがあるから、油断の出来るものではないと言うたが、即ちそのお積《つも》りで、あなた方も世の中に出られぬといかないと思う。私も学校というものは二つ三つ卒業してみた、そうして何でもえらい者になッた気でおッた、ところがどうして中々えらいどころではない、大根一本碌に出来ないような始末、学校の免状位では油断の出来るもんではない。書物というものも実際の問題になッて読めるぞと安心しておる中《うち》に、力というやつは妙に蒸発するやつで、殊《こと》に口でも開いていようものならスーッと逃げてしまう。能《よ》口を締めてから、油断しないで読書力を続けてやらんければならぬ。それには人の妻になろうがなるまいが、女房たる以上は努めて一日に十分でも二十分でもよいから、書物を読むという途《みち》を作ッておくことが必要である。私は先達《せんだッ》て台湾に三月ばかり行ッていて、十日前に京都へ帰ッて、外国人に会ッて英語をしゃべるのに、平生でもそう流暢《りゅうちょう》にしゃべるのではないが、特《こと》にしゃべり難《にく》かッた、そんなもので、学力だとか読書力とかいうようなものは直《すぐ》に蒸発してしまう。私は台湾に行ッて口を開いていたから、よほど蒸発が早かッた。この点に十分御注意あッて、実際的にこれを応用するには日に二十分か三十分位はきッと本を読む。日に二十分や三十分の時間というものは、どうやッても出来るものである、工夫さえすれば、御飯時だろうが、何だろうが、……といッて早く食ッちゃァいかぬ。グラッドストーンが二十遍《ぺんか》嚙んだという如く、また近頃はスレッチャレーションという事がはやッて、スレッチャーという人が何でも嚙まなくてはいかぬといッてこれをやッたというが、とにかく時を窃《ぬす》んで本をお読みなさい。日に二十分や三十分はどうしても出来る。それをいやだと思ッても無理にやらんければならぬ。

その次にはこういう事がよいと思う。これも実際の話になりますが、日記をお書きなさい、英語で日記を書く、五行でも十行でもよろしい。また知らない英語が出て来たら、字引を引く、今五十銭も出すといくらも字引が出来ておる、安いものです。それを読んでみては、知らない字を探してから日記を作るという、これらも読書力を進めて行く一つの方法であろうと思う。

それよりも、もう一つ大切な事がある。これは今横井さんの最後にお話になッたところの人格を養うということである。つまり書を読むということも、日記を書くということも、一つの技術となッて、技芸となッて、それを以て自分の衣食の補遺《ほい》としようという者はいまだ卑《いやし》い。良い書物を読んで心を養うと言うても、即ち人格を養うというても思想を高尚にするというても、これには最も英語を学ぶより良いものはなかろう、ということをお話があッたが、私も頗《すこぶ》る同感である。と言うと、何だか自分も英学をかじッて人格が高尚かというに、そうではない。私は生半若《なまはんじゃく》でとても吾々の及ぶところじゃァない立派な人格を作ることが出来ようと思う。そうしてみると、あなた方は、ああ言う当人があんな人ならば、御免蒙《ごめんこうむ》ると言わるるかも知れぬが、私は一体、地が悪い、土台が悪いのです。一体は今頃は赤い着物でも着て、市ケ谷辺におるか巣鴨の監獄に入ッてぶら付いておるべき人間であるが、英語を少し読んだがために、こんなフロックコートなどを着て、威張《いば》ッた顔をしている。あなた方の地金であッたならば、大したものであろうと思う、その点に於て私は保険を附ける。この思想を養うということを第一の点として、英語を読んでもらいたいと思う。

　これから世の中に出ようものなら、うるさい事が沢山あるです、男より恐らくうるさい事が沢山あろうと思う。その時には予《かね》てこの学校でお読みになッた書物あるいはさッきからお話するところの日々に二十分なり三十分なりお読みなさる書物で学んだところの、即ち高尚な思想を応用するということを始終考えておッてからに、即ち此処だなと考える。少しうるさい事があッた時には、セキスピヤの文句にこういう事があッた此処《ここ》いうことを言うのであろう、とこう思う。私は自分でも力《つと》めておるが、ああ此処だな、という観念を失ッちゃァならぬ。誰でも大概な人間というものは、私みたいな性《しょう》のわるいやつでも、人の物がある、少し綺麗だと盗みたい……というのは少しおかしいが、欲しいという考がちょッと起る。その時それをちょいと実行すると妙なものになる。そういう時に、此処だな、と思うと、ちょッと半分手を出しそうにしても引込ますことになる。またあなた方が人とつきあうにしても、人がいやな気に障《さわ》るようなことを言う、少しムッとする。引掻いてやろうか、食付いてやろうか、と思う事がある。そういう時には、此処だなと思ッて、怒ッては悪いとか、盗んでは悪いとかいうことを想う。これを応用するに当ッて、例の事は此処だなと思う。平生から大概な人はそれをやらないから、瓢《ひょう》箪《たん》の川流れみたようになッてしまう。此処だなということを十分に一つ思ッて、かねがね学校で学ばれた英文学にあるところの高尚な思想を覚えておく。とかく女学校を出ると実際的の才がなくなッて、議論ばかりなどしていけない、家《うち》の娘は女学校へやッても、味噌汁一つ拵《こしら》えられない、どうも味噌汁が鹹酸《からす》くッていけない、などいう人もあるが、味噌汁の鹹酸いのや、辛いのは我慢も出来る、また鹹酸いと思ッたら、麹《こうじ》何升に塩いくらと書いてあるから、読書力を利用してやればよろしい。女学校へ来て味噌汁の拵え方《こしらかた》を習う人はない。それより大切なのは、思想を養うということで、味噌汁を拵えるのは、下手だけれども、ここに政治の問題が出た、それはこう、生活の問題が出た、それにはこうと、判断して行く。さッき横井さんの言われたいわゆる方針を誤らぬようにして行くのが確に得難い才である、その才を養う。どうせ世の中というものはジャン拳《けん》の世の中で、生れてから死ぬまで、ジャン拳しておる。鋏《はさみ》を出すと、石には負ける、けれども、紙には勝つという。そんなら石が何にでも勝つかというに、紙には負けるではありませぬか。ぐるぐる廻り勝ッたり負けたりする世の中で、あなた方が鋏を出してみて石には失敗しておる、しかし石には負けても紙には勝つということがある。味噌汁の方では負けるけれども、それより遥かに大切な問題の人生の解釈ということになると勝つ。その代りあなた方に、味噌汁で勝つお婆さんは、そういう大切な問題では負けるというジャン拳の世の中である。そんなことはあまり苦にすることはいるまいと思う。最も大切な所は思想を健全にするということで、私は始終そう思うておる。英語の中《うち》に美い辞《うまことば》がある、日本の詩や歌にも美いのがあるけれども、私は今日卒業なされる方々にお別れの言葉として、私のごく好きな詩の一句がある、誰が書いた詩か知らぬけれども実に穿《うが》ッた詩だと思ッておる。皆様は英学をやり、しかも卒業せられた方々であるから、翻訳してお話する必要もあるまいが、その句に、つまり困難というものは、如何《いか》なる困難があッてもそれを決して遁《のが》れてはいかぬ、逃げてはいかぬ、それを堪《た》えろ。先刻お話のあった通り、物に堪えるという力をかねがね養ッて行け、ややもすると困難が来ると逃げる人があるが、逃げてはいかぬ。世の中に出れば、それは困難は沢山ある、その困難をただ重い困難であるというて、それがために重きを背負ッて弱るようではいかぬ。その艱難《かんなん》を利用して己《おの》れの人格を一層高くするという意味で書いた歌に、(原詩略す)実にどうも美事《みごと》な言葉です。世の中に出られたならば、この艱難ということの初《はじま》りである、また既に初まッておる方もありましょう。その時に当ッて能《よく》心を養うものは何かというと、先《まず》耶蘇教《ヤソきょう》の人ならばバイブル、耶蘇教でない人ならば、これは卒業なさる方々に言うのであるが、かねがね学校で学ばれたところの英国の文学者の言葉に、かくの如き思想が始終あると、ちゃんと良い本ならば一頁《ページ》ごとに注意しておくようにする。この言葉を以て今日卒業せらるる方々を送る。如何《いか》なる困難に遭《あ》ッても逃げないでかえッて自分の人格を養う一ッの道具として行く、即ち英文学を利用して人格を高める、ということに心を用いられんことを切《せつ》に希望しておきます。学校に残ッておられる方々にもお話するはずであッたが、何しろ五分ばかりのつもりのところが、大分長くなッたから、何《いず》れまた学校に残ッておるお方は長寿《ながいき》をなさるだろうし、私は尚更《なおさら》長寿をするつもりだから、またいつか上ッてつまらぬ演説をする事もありましょう。

〔一九〇五年四月一五日『をんな』五巻四号〕

武士道の山

武士道は斜面緩かなる山なり。されど、此処彼処《ここかしこ》に往々急峻なる地隙、または峻坂なきにしも非《あ》らず。

この山は、これに住む人の種類に従って、ほぼ五帯に区分するを得べし。

その麓に蝟族する輩は、慓悍なる精神と、不紀律なる体力とを有して、獣力に誇り、軽微なる憤怒にもこれを試みんと欲する粗野漢、匹夫の徒なり。彼らはいわゆる「野猪武者」にして、戦時には軍隊の卒伍を成し、平時には社会の乱子たり。

更に歩を転ずれば、ここに他種の人の住するを見る。山麓叢林の住民よりも進歩したる一階級の民なり。彼らは獣力に荒《すさ》まず。野猪の族と異りて、放肆《ほうし》なる残虐また悪戯を楽しみとせずといえども、なおその限られたる勢力を行わんことを喜びとなし、傲岸《ごうがん》尊大にして、子分に対しての親分たるを好む。その最も快とするところは、自己の威信あるを感ずること、即ち人より服従せらるる事なり。最も彼れを憤懣せしむるものは、その権力の侵害せらるること、即ち抑圧を蒙ることなり。彼らは戦場に在りては勇敢なる下士となり、平時には最も厭《いと》うべき俗吏となる。

この類の住地よりも高くして更に一帯あり。その住民は、野獣的にもあらず、また傲慢にもあらず。多少の学術を愛し、書を読み――多くは経済法律の初歩を学びて、しかして喋々《ちょうちょう》大問題を論ず。その眼界は法律政治の外に出《い》でず。その文学は小説と三文詩歌とに限られ、科学は新聞紙上にて読むものの以外に少しも留意せず。彼らの態度は、「野猪」の粗野と、彼らの直下にある者の厳峻とを脱して、その仲間の者には便安に、上級者に対しては窮屈に、下級者に対しては威張る。彼らは真髄武士道の新参者と称すべく、その数や多大なり。彼らの中よりして軍隊の将校を出し、また政府の事務を掌《つかさど》るの公吏を出す。

更に高き処《ところ》に一地区あり、ここには武士中高等なる階級の者繁栄し、軍隊の将軍と、日常生活に於ける思想行為の指導者とを有す。下に在る者には愛せられて、常に威厳を保ち、上に在る者には丁重にして、決して自信を失わず。されど彼らの紳士的態度の皮下には、柔和なるよりも寧ろ多くの厳格なるものを有し、彼らの親切には、同情よりも寧ろ多くの自覚的謙譲あり。彼らの至高なる精神的態度は、愛情よりも寧ろ多くの憐愍《れんびん》を示す。彼らは汝に語るに親切聡明なる事物を以てし、汝はその意を解し、その語を記憶す。されど彼らの声は汝らの裏《うち》に生きて存留せず。彼らの汝を見るや、汝はその眼光の透徹なるに驚く。されど彼らの眼の鮮光は、彼らの汝を去ると共に消ゆ。

汝は峻険崎嶇《きく》たる山径を攀《よ》じ、至高の地帯に登りて、武士の最高なる者を見んとする乎。此処《ここ》に在りては、汝を迎うるに、頗《すこぶ》る柔和なる民族の毫も軍人的ならず、その容貌態度殆ど婦人に類するものあり。汝は彼らを見て武夫なるや否やを疑わんとす。汝は一見以て彼らを凡人視することもあらん。彼らは尊大ならず。汝は容易に彼らに近づくを得べく、彼らの親《したし》み易《やす》きが故に、狎《な》れ易しとなさん。されど汝は近づかざらんとするも能わざるが故に、彼らに接し来ることとなるを知らん。彼らは貴賤、大小、老幼、賢愚と等しく交わり、その態度は嫺雅《かんが》優美なりというもおろか、愛情はその目より輝き、その唇に震う。彼らの来るや、爽然たる薫風吹き渡り、彼らの去るや、吾人が心裡の暖気なお存す。学を衒《てら》わずして教え、恩を加えずして保護し、説かずして化し、助けずして補い、施さずして救い、薬餌を与えずして癒《いや》し、論破せずして信服せしむ。彼らは小児の如く戯れかつ笑う。彼らの戯は無邪気というも中々に、罪を辱かしむるものなり。彼らの笑は微かなりといえども、萎《な》えたる霊魂を蘇生せしむ。彼らの小児らしきは、罪ある良心をして、純潔を羨望せしむ。彼ら泣かば、その涙は人の重荷を洗い去る。そもそもこれらの武夫の住する地帯は即ち基督の徒と共なり。(三十九年二月台南にて)

〔一九〇七年八月一五日『随想録』〕

イエスキリストの友誼

私はちと所要あって田舎の方へ参っていたが今日この席に立て標題のようなお話しをするようにとのこと、この日に限って御無沙汰するのも何だか気持がわるいし、またこの日を撰《えらん》で友を避けるというのも四十八ケ年以来の習慣方度《ほうど》に背《そむ》く。これゃ一つ参らねばなるまいといよいよ決心の臍《ほぞ》を固めて今朝田舎を後に都上りを致したようなわけである。こう申すと何だか皆様に恩を着せるようだがあまり有難いなどと思われては困る。なあに参りは参っても肝心のお話は極々《ごくごく》つまらない面白くないものだからただ此処《ここ》までやってきた私の厚意だけを汲みとってもらえばそれでもう沢山である。(笑声起る)

さてただ今お話しようというのは「エスキリストの友誼」ということであるが、これは何も私が勝手に撰だわけのものではなく役員の方で撰出せられたものである。が多少これに就て感ぜないというわけでもない。一体宗教家などいうものは専門的のものでも何でもないのだから宗教家には常識が欠けていてはならぬ。元来宗教その物がコムモンセンスのもので決してセンモンセンスのものでないのだ(大笑声起る)。常識で普通一般の人が知悉していることが宗教で決して格段に目新らしいものではない、非常に珍らしい珍奇なことをいう宗教家こそかえって非常に怪しい怪物なんだ。

一体偉《えら》い人とは如何《どんな》者だろう。偉いというのは何も破天荒なことをのみいう人ではない。万人の言わんとし語らんとして未だ語り得ない事実を言てくれる。これが偉いのだ。衆人に秀れた人なのだ。もしも珍奇な破天荒な事実を明かす人のみが偉いと思ったら先ずさしあたり巣鴨近傍に行ってみるがいい。葦原将軍だとか天下の予言者だとかいう偉い連中はいくらもころがっている（笑声起る）。私は論語を読でいつも非常に感服するが論語の第一頁には何と書いてある。「有レ朋自二遠方一来亦不レ楽乎」別に目新しいことでも何でもない。酒屋の小僧でもいってることなんだ。けれどもこの一句が誰でもいってることで万人共通の感想だけになお以て嬉しい。衆人の言いたいことを僅々十個の文字の中に含蓄せしむる。これが偉い所だ。凡人の及ばない力量である。で私もキリストの友誼より豪《えら》いことは言わぬつもり、否皆さんがとうに知ってることをいってみたいと思う。

新聞や雑誌などで盛に書いてるからとうに御存知だろうが昔アリストートルはゾーポリチコン Zo, Politikon といった。こんなことをいうと希臘《ギリシア》語なども私は知ってるようだが実はこれだけしけゃ知らない。でこのゾーポリチコンという希語を訳してみると

「人は社会的動物なり」ということになるそうだ。人間はどうもそうらしい。相手を求めて交りをする。畜生でもそうだ。犬ころが、何か鳴いては求めている。じゃれ廻っては切《しき》りに喜でいる。してみると犬も慥《たし》かに社会的に出来てる。のみならず、犬は人と交って最も長いものだ。これは非常に面白い興味ある題目である。何故《なぜ》狸や虎が家畜とはならなかったろう。竜は何故《なぜ》人間の眼には早くから映っても家畜の中に加わらなかったのだろう。獅子は？　狼は？　熊は何故家畜として人間と交らなかっただろう、この問題は興味深いだけにちと面倒だ。とにかく現今家畜として人間と親しく交っているものが世界の生物が一万種ある中で僅々四十七種にすぎない。といっても今数えてみいと言われるとなかなか二十種も数え切れまい。いわんや普通専門家以外の人にとってはせめて五畜か六畜位に止まるであろうと思う。牛馬羊豚鶏……まあこんなところで結構だ。がしかし前にもいった通りで社交的方面から見ると家畜の中で、犬ほど長く人間と交ったものはない。馬よりか羊よりか何よりも早いのだ。まあ犬を御覧なさい。尾を振ってグウグウ唸って友を呼でいるのではないか。犬すらそうだ。また烏合《うごう》という文字がある。烏《からす》もお友達を求め歩いている。けれどもこれらは委員会などいうような高尚な集りではなくて喰わんがためである。利益のために集《あつま》るのである。狼はよく群をなす。けれどもこれは親睦会を開いて楽しく笑話するためではない。狼は寄宿舎などにはおらぬ。では何のために集るか。やはり喰わんがためである。山影から馬が見えたとする。それッと直《す》ぐに喰ってかかるのは狼だ。けれども、アリストテレースが言った意味の社交的ではないのだ。此処《ここ》を間違えてはならない。社会的に親善を図るのは人間のみである。論より証拠先ず人という文字を見て御覧なさい。昔はこういう風な形で表わされたそうだが棒が二本あるじゃないか。詩書精選という書には棒を二本引いてある。二ツの棒が互に相支えて行くのだ。これが人間である。人という文字は学術的に旨《うま》く出来ているのみならず能《よ》く人情をも尽している者と思うている。どうしても人間という者は一本立で行ける者ではない。あくまでも社会的である。アダムは如何《どう》だ、ただ一人では辛《つら》かろうというので神はイブを下した。否《いな》アダムとかイブとかいう名前を付ける以上既に男女の別ある事を予言してるとみてよかろう。何もただ一つある場合に名称を下す必要はない。男があればこそ女もいる。世の中が男ばかり女ばかりの世界であったら男女の名称も自然不必要となってすたれてしまうはずである。山中に二種の猛獣がいる。そこで一方を獅子と名《なづ》け他方を虎と名ける。これは必要上区別するのだ。してみるとアダムと名称を与えた以上、既にイブは神の御心に生きていたのかも知れぬ。とにかく人間というものは孤独では行けない。友を呼び相手を求むる者である。

が此処《ここ》に一ッ注意しておきたいことは、西洋の家庭が夫婦を意味すると同時に日本の家庭は親子である。これは至極大事なことで間違えてもらっては困る。西洋で一般にホームだとかファミリーだとかいっているのは夫婦であって親子を指したのではない。これに反して日本で家庭というと親子であって夫婦を指して言ったのではない。だから西洋のホームは二本立で同等であるが日本の家庭は上下があってその間に差別が付いている。夫婦が出来た以前アダムは天なる父とただ二人でいたがイブが出来てからは友達が一人加《くわわ》って二本立のものとなった。要するに道徳の元は父に対する孝である。夫婦のためには友である。此処が今日お話しようとする題目なのだ。

勿論人類社会には友誼という者があるがこれは畢竟《ひっきょう》するに道徳進化の最初の徳である。最もプリミティーブな元始的な道徳である。故に人は何処までも社交的性質のもので友なくては生存するわけには行かぬ。昔しロビンソン、クルッソーという物好《ものず》き男がいて淋しい孤島に人間がいないので遂には犬を友人に貰った。また鸚鵡《おうむ》を友として僅に心の寂寞を慰めた。ロビンソンに限らず総ての人類がそうなのだ。牢獄の暗黒界にただ一人淋しく禁錮せられた可憐児は如何《どう》する。ロシアではこの種の物語はいくらもあるが或る国事のために奔走した者が政府の諱忌《きき》に触れて牢屋にぶっこまれた。厚い五、六尺もあろうと思われる壁の中に――真暗《まっくら》な咫尺《しせき》も弁ぜぬ――獄舎の中に何年何十年と捕われていた時に彼は何を友としたか。暗闇《くらやみ》にちょろちょろ出てくる鼠を友人としたのだ。自分の生命を支うるに足らぬ粗末な黒パンの一片を割《さ》いて鼠に与えて手なずけるのだ。こんな風で十年二十年の後牢屋を出て世の中に来ると全く言語も忘れ口も動かなかったとは彼の地の歴史に能く記してあることだ。人は如何なる場所、如何なる境遇にあっても、友を求むるの情は止まぬ。こんな例は数限りなくあるがとにかく人には友誼というものがなくてはならぬ。死ぬるまで変らぬ確固の一念がなくてはならぬと思う。

私は友を作るのに少くとも三ツの動機 motive があるように考える。第一は利害関係より生じたる友、第二が法律的関係、第三が愛の関係である。利害関係より生じたる友とは何であろう。烏合《うごう》の友である。喰い合いの友である。パックである。元より一時的の団体でフレンドシップやコンパニオンシップではない、集るものは烏合の衆だからあてにはならぬ。「おい貴様何のためにあんな奴《やつ》と交《つきあ》っているのだ」というと「何少し思うことがあるのだ」などと平気にすましこんでる。少し思うこととは何だろう。株を高く売ってもらうとか、安くて買えるとか、美しい妻君を周旋してもらうとか、よい金儲があるとか、何《いず》れまあそんな利害的の関係があるのだからたまらない。烏が旨《うま》い食物を得んがためにがアがアいって集るのとちっとも変ったことはない。第二種のものは義理で出来たもので、いやでも友としての関係を依続せねばならないもの、例えば後見人だとか兄弟姉妹父子の関係だとかいうのがそれだ。後見人が如何にいやだと言っても父が死ぬる時分に遺言して頼《たのん》で行ったもの、義理にも退《しりぞ》けよう道がない。兄弟姉妹にもよくあることで、昔から「兄弟は他人の本」と言っているのは其処《そこ》だ。兄弟姉妹は元々同じ親から出たもので法律的に縁を切るわけには行かぬ。どんなにいやであっても交りだけはせねばならぬ。親子でもそうだ。このほど一女学生が来て「親がもし悪人であったら殺してもいいでしょうか」と真面目に尋ねられたことがあった。恐ろしい話ではあるが、こんな乱暴な親が偶《たま》には世の中にいるからなお以て恐ろしい。こないだも一封の手紙が来て「私の親は犯人ですが如何《どう》したらよいでしょう」と尋ねてきたのである。親と子とには前にもいった通り切っても切れぬ関係がある。他人の始めである兄弟ですら左様である。いわんや他人に於てをやだ。第三は愛に依て結ばれたるもの、これが真の友誼である友人である。朋は月に非ずして鳳である。昔は月を二ツ弁《なら》べるのではなくして鳳を二ツ書いたものだそうだ。鳳は人を引き付ける霊鳥で東西共にいる。この珍らしい立派な鳥が二羽も弁でいるのが今日謂うところの友である。一羽でも珍らしいのに二羽も集ってくれるので難有《ありがた》さは二倍三倍百倍するに相違ない。これが真のフレンド friend で独乙《ドイツ》のいわゆるフロインド Freund である。フロイ即ち愛があって此処《ここ》に始めて友――真の意味に於ける――友が出来るのである。

漸く本題にはいりかけたが是《これ》が即ちキリストの愛である。先ずヨハネ伝第十五章を見給え。

今より後われ爾曹《なんじら》を僕《しもべ》と称《いわ》ず。そは僕は其の主の行《なす》ことを知らざれば也。我さきに爾曹を友と呼べり。我爾曹に我が父より聞きし所のことを尽く告《つげ》しに縁《よ》る。

面白い有難い聖句である。自分を先生といわず旦那と呼ばず主人と思わずして師弟の関係以外君臣上下の階級を打破しようという。自分が僕《しもべ》の地位に下るか、僕《しもべ》を自分の位置に高めるか何《いず》れにしても並行さして友と呼だキリストは豪《えら》いに相違ない。なぜか、キリストは天父より聞いたすべてのことを与え尽したからである。僕とは一体何だろう。自己の意志(Free-Will)を持たないもの、換言すれば主君の命令を絶対に遵奉《じゅんぽう》すべきものこれである、右せよ、諾《はい》。左向け、諾《はい》。僕《しもべ》の理想はこれだ。グリース有名の哲学者エピクテータス(Epictetus)は名前がちとおかしいが奴隷であった。その主人というのは不幸にもつまらない男で能く人を苛《いじ》める打つ。足を引っ張る。こんなことをして楽しんでいる男だった。或る日切《しき》りにエピクテータスが足を引っ張り捩《ね》じまわしては喜でいる。でエピクテータスはちと痛いので「そうなさると私の脚《あし》は折れますよ」といった。その中《うち》に主人はますます脚をねじまわしたので果して彼れの脚は折れてしまった。でエピクテータスはさもこそといわんばかりの顔付きで「そうら見て御覧なさい。今が今までそう言っていたじゃありませんか」と一向平気なものであった。さすがは哲学者である。

かくの如く何もかも主人まかせで少しの意志些《いささか》の自由をも有せないものが僕《しもべ》である。無論今日ではこの種の奴隷はいない。がしかし少しはいる。睡《ねむ》くても主人が手を拍《う》てば諾《はい》といって立たねばならぬ。空腹でも食事中でも、寒くっても熱くっても主人の命《めい》なら進《すすん》でこれを弁ぜねばならない。これらも可愛そうに人並で充分眠って旨《うま》いものを喰《た》べてみたいに違いない。しかしそんな自由は出来ない。主人の仰せに服従せねばならない。キリストが弟子に教え給うにも始めは一種の命令であった。ところがこれからはみんな天父の教えを知悉したのだから僕《しもべ》とはいわぬ友と呼ぶと仰宣《おっしゃ》ったのだ。こう考えてくると、同じ目的を以て同じ天父の意志を理解する者、これが真の友達でキリストが友に対する精神であった。語を換えていえば己れを標準にとらず天父を以て唯一のスタンダードとしこれを以て自己を解しているものが真の友である。

こういうと何だか前にのべた愛の事実とは矛盾するようだが決してさる気遣はない。「私あの方《かた》好《す》きよ」「あの方はほんとにいいのよ」などいう。それもよい。がまだ十分ではない。何か少し不足しているものがある。互に気の合うた上になお天父の意志を理解する。これがほんとうの友人だ。ほんとうの友誼なのだ。クリスチャンラブ、「基督教徒の愛」というのは正しくかようなものを指して言ったのである。

「望みも恐れも共におなじ」というのが讃美歌の中にある。これは神に依ていつくしめるものは目的も希望《のぞみ》も恐懼《おそれ》も同一になってしまう。ただ気が合うといっても何だか茫漠としたもので男ならその調子で一杯やろうというかも知れぬ。女ならきっとリボン会位は始まるだろう。だから真にキリストの意志を了解した愛でなければ頼むには足らぬ。「望みも恐れも目的もただ一つとなる」、これが所謂真のキリスト教的愛である。私はこれを名けて、ハイレベルヴァルチュー High-level Virtue という。といってもこれは熟した語ではない。ただ私が思い付いた一種の造語にすぎないものだからちょっと此処に断りをしておく。

幾度も前に繰り返したように単に気が合うというのみでは到底真の友とはいえぬ、謂わば水面の低いローレベルのヴァルチューである。男子などには殊にこの交りが多い。互に胸襟を開くなどいって一杯飲み合うことなどがある。しかしこれらは酒興に乗じて互に弱点をさらけだす位が関の山で何も得るところはない。即ち低き水面の友である。こんな友誼なら掏摸児《キンチャクキリ》などにも能くある。一杯飲んで怪しからぬ態《ざま》をしてこうだああだと喋り出しては喧嘩になる。がまた感心なことには直《す》ぐ仲直りをする。これ互に暗い所があって弱点を握り合っているので仕方がない。相方幾分ずつ疑懼の念が動いてきて元の通り仲よしになる。謂わば罪が彼らの媒介をするのだ。だから親に孝養を尽すなどいうと彼らの仲間には嫌われる。あわれな穢《けが》らわしい友達じゃないか。で私どもは真の友として天父の意思を了解しているや否やを標準とせなければならぬ。

世の中には随分口先きのみ達者で実行の鈍いものがある。が口先きだけでも賢いのはせめてもの取り所だ。なぜならば立派なことをいやしくも口外した以上、そう下卑《げび》た行の出来るはずはないから、まあ幾分か恕してやるべきである。世にはまた偽小人というものがあって一見小人のように別にえらいことも何も言わぬが着々実行の上では立派な礼儀に叶った行為をなしている。元よりこの種の人は偽君子ほど多くはない。偽君子千人の中にせめて一人位なものであろう。世の中に多いものは小人と偽君子だ。口先では如何にも聖哲のようなことをいっているが実行は十分の一も出来ぬ。しかし十遍に一度位実行の出来るのはあるいは口先きで立派なことを言った結果であるのかも知れぬ。人には相当に廉恥心という者が具《そなわ》ってるから自分の言った語に対しても行わねばならぬという場合も起って来るものである。だから実際には高き程度な友が実現せられないにしても互に話し合って置くことは至極大切なことと思う。

私は御覧の通り立派な者でも何でもないが好い友達があったためにこの夏も御陰で涼しい白地の服を着て赤い衣を着ることだけは免れている。今これらのことを考えてみると非常に難有《ありがたい》心持がする。私は十四、五歳の頃五、六人の親しい友があったが皆相応な地位を保っている。これらの旧友に会うと、職業や宗教的思想、人生の観方《みかた》などこそ随分違っているが心持は少しも変らぬ。及ばずながら共に共に天父の意を尽そうというのである。此の中には思想が深くて学問の広い内村鑑三君や、三宅君（三宅雪嶺。一八六〇―一九四五）の如き兄分もいる。これらの人たちと上野の大仏あたりを夜の十二時頃散歩しながら豌豆を買って立ち喰いをしながら話し合ったことも、今日から見れば非常に懐かしい、今私が赤い衣物も着ずして三度の食事を無事に喰べて行けるのも皆これがためだと思って窃《ひそか》に感謝している。（笑声起る）

しかし一方から考えてみると吾らはまた友たるに恥じぬ人格と人に愛せらるるだけの価値を有するということも必要である。さっきから度々いってる通り互に気が合うというようなそんな低い程度の友ではなく直に天父の意志を了解するものが欲しいのだ。といってもどうせ弱点のある人間だ。世の中にそう神様のように完全なものばかりはいない。否何れ人間と生れた以上は不完全なものにきまっている。だから人の弱点を探がさないで善い所のみをみる、キリストの御友達であったピーター、ヂョン、ゼームスの如き皆全然相反せる性格の人であったが、しかし或る点――天父の意志を了解せりという――点に於ては同一であった。この点に於て立派な真の友情が成り立ったのである。だから気に合うとか気に合わぬとかいうことは友情の上に於てさして重大な意味を持ってはいない、ただ天父の意志を了解せりや否やが大事である。此処に眉間に疵を有《も》ってる男があるとする。何だかいやだ、気に喰わないような心持がする。これは浅間《あさま》しいようだが実際である。しかしその男が軍人で、さる激戦の時、砲煙弾雨を犯して戦友を救わんがために紀念として与えられた疵であると知ったら如何《どう》だろう。そんな高尚な意味のものなら三つも四つも欲しくなるに違いない。心の疵だって左様だ。あの人は妙に心がねじけている。がしかしその家庭の紊乱――生みの母がいなくて継母に苛《いじ》められ、異母弟に邪魔物にせられ――あらゆる苦しみ悲みの結果であると知ったら其処に同情の涙が流れないであろうか、自分がもしかその境遇にあったのならば如何であったろう。とうに死んでいたのかも知れぬ。それにしては彼の人はよくもまあ我慢をし忍耐をしたものであると憎しみよりか感服の涙が先きに立って来る。どうか他人の罪は出来得る限り許してやりたいものだ。そしていい方面にのみ眼を注いでやりたい。昔管仲《かんちゅう》は敵と戦って遁《に》げた。時人はこれを怯者と呼んだ。しかしその友人である鮑叔《ほうしゅく》は何といった。彼は家に老父を有している。父老いたるがために管仲は生命を全うしたのだ。孝なる哉管仲、孝なる哉管仲と賞嘆したではないか。私どもは出来ることなら鮑叔のような心の人になってみたいと思う。

試に一部の伝記を取って読んでみる。一頁二頁目位まではまあ無難であるが三頁四頁になると悲哀の色がほのみえる。十頁二十頁となると死を以て筆を馳《は》せたものが多い。

ユーゴーの哀史を見ても直ぐにわかる。人は必ず懐中の哀史 Les Misérable を有《も》ってるものである。何もユーゴーの作物に限ったわけのものではあるまい。友をなくして始めて友情の有難味を悟る。けれども既に遅い。いくら悲んでみても一度ミスした友は帰らない。古歌に「知らざりき仏と共に隣りして、あけ暮しける我身なりしを」とあるが誠にそうだ。友を失ってなるほど彼はえらかった……と悟ることが往々にしてある。ああちっとも知らなかった、我は仏様と共にあけ暮した者を……ああ共に歌った友人、共にあの清き木陰に遊び戯れた友！　形体は既に消え散じて僅に友の人格 Personality のみが眼前に残されている時に仏様とはあんなものかしらと始めて心の眼を開くことがよく我らの中にある。独乙に有名なウキーランド〔Uhland, Johann Ludwig, 1787–1862. ドイツの詩人〕という文学者がいたが一日ネーカーの渡船場を渡ろうとする時かつて同行した二友のことを思い起した。一人は老人で一人は青年であった。若い男は血気にはやって遂に、戦塵一滴の露と消え、老人は衰弱のため既にこの世を辞してしまった。見渡せば水勢蕩々、緑樹の間古城の姿、山の形、舷を打つ小波も昔ながらに些《いささか》の異変はないがただ船中の様は昔に変る未見の船頭、懐かしい二人の友が見えぬ。ああ過ぎつる日共に楽しく語り笑いし友、永久相見《あいまみえ》るの機《しお》がないと思うと淋しさの念が鋭く胸を打って来る。やがては形骸以上直接に霊と霊とが相接して昔の友を呼び相語っているようで、考えてみれば二人の友はまた新らしゅう生れ変ってきたのではあるまいか。などと一念昔の親しき友情を偲んでいる中に、船はいつしか向うの岸に着いた。で船を出る時、船頭に向《むかっ》て三人分の賃金を払って今僕の外に二人ほど友人が乗り込んでいたから……といって岸に上って往《い》ったと書いている。この詩はミス、オースチンの英訳が出来ているがこれこそ真のクリスチャンだ。身体《からだ》はなくても霊はある。バディーはなくても生きたソールが働いている。これがいわゆる真の友誼で一歩を進めたものがキリストエスの友誼である。（七月十七日講演）

〔一九〇八年八月一五日『明治の女子』五巻七号〕

ソクラテス

一　ソクラテスに依りて懐疑を解く

私は十五、六歳の学生時代から、世の中のことに就て思い悩んでいた。たとえば、自分では正しいと思ってすることも、相手の気に障って、予想外の怒りや恨《うら》みを受けることもあるために、これからは、一体如何《いか》なる心掛けで人生を送ったら好《い》いものかということに考え及ぶと、疑惑が百出して、何時《いつ》も何時《いつ》もその解決に苦《くる》しんだ。然《しか》るに、その後、ふとソクラテスの伝記を読むに至って、私の満腔の崇拝心と愛好心は悉《ことごと》くこの偉人の上に濺《そそ》がれるようになり、同時に、永年の懐疑も、頓《とみ》に氷解するを得たのである。

即ち友人間の交際にしても、あるいは一歩進んで、人生に処する上にも、手を下し、口を開く前には、一、二歩退《しりぞ》いて、我儘《わがまま》の利己のためではないか、という事を慎重に反省してみる。しかして、いささかでもそういう気味を帯びておるとすれば、断然これを中止するのであるが、一旦、自分が是《ぜ》なり善なりと信ずるに於ては、それを実行するに寸刻の猶予もしない——こういうことを思って、頓《やが》てはこれを主義ともするようになった。

私が理想的実行家としてリンコーンを愛好すると同じ程度に於て、ここに理想的思想家の真意義をソクラテスの人格に見出して、すべての他の偉人にも増して、これが尊崇の念を禁じ得ないのである。

二　真に言行一致の人

ソクラテスの伝記書類は随分数多く読んだけれども、私の伝記研究は、学者のする学問のためではなく、常に応用的、いわば自分一個の精神修養を目的としたものであるから、勿論、システムなどは立っておらぬ。従って、ソクラテスを読んでも、着眼するところはその一点で、ソクラテスの哲学や何かに就ては、始めからあまり調べる気もしない。

ソクラテスを読んで、一番に面白く思うところは、かのダイモンというものを常に信じて、絶えず、自分の心の中《うち》に、善悪邪正を区別する、我にあらざる一種の力を蔵している。訳してこれを鬼神とも称すべきか。とにかく、この一種の力が、たとえ自分の欲することでも、これを行為に顕《あら》わさんとする場合には、予《あらかじ》めこの鬼神に伺いを立てて、允許《いんきょ》を受けることにしていた。そして、もしその允許が出ない時には、結局実行を見合わすということになっていた。——これが私の注意を深く惹付《ひきつ》けた点で、また私もかくあろうとして、平生から夙《つと》に戒心しているところである。

私も随分無遠慮な口を利く方で、それが故には、如何《いか》なる時に、如何なる誤解を発生せしめ、如何なる迷惑を受けなければならないかも知れぬ。しかしながら、腹に確乎たる覚悟と信念とさえあるならば、さほどびくつくにも及ばない。ただし、考えてみれば、私などの主張するところは、存外穏やかなものである。一つの主義に固持して終世世に容《い》れられなかった人もあり、あるいはソクラテスの如く刑罰に処せられたり、あるいは、大塩平八郎の如く、世に反抗して反叛を起したりするのに比べては、私は気の弱い所以《ゆえん》でもあろうか、甚だしく穏やかである。思った事を実行するといっても、故意に社会の原則を無視したり、折角生立《せっかくおいた》って来た習慣を、無闇と破壊するというほどの意気込はない。また一面には、自分の所信にしてもし俗情に全然かなわない時に於ては、私は出来るだけ譲って、主張を枉《ま》げることもする。そして、最後に、これ以上は譲られないというところまでは、自分の力を保留しておく考えである。

それはとにかく、ソクラテスの偉大なるところは、徹頭徹尾、思い切って所信を披瀝《ひれき》した、その無遠慮な点に存する事を否《いな》み難《がた》い。もしソクラテスにして、何彼《なにか》と斟酌《しんしゃく》ばかりして、思う事も遠慮していわなかったとするならば、世界はまあどれほどの大損失であったことだろう。プラトーの花も咲き損い、アリストートルの実もまた結び損《そこな》ったに違いない。

ソクラテス位の大人物になると、言と行との区別が全くなくなる。昔からいう言行一致をする言葉が丁度それである。世には、能《よ》く「口の人だ」「口ばかりの人だ」といって、言行不一致の輩《はい》を嘲《あざけ》ることがあるが、しかし、その「口ばかりの人」にして、もし言うところのものが、すべて赤誠と確信から迸《ほとばし》り出《い》ずるものであって、その一語が、直《ただち》にその人の名誉地位に連関し、一命を賭《と》して吐露する、というほどの概があるならば、その言は慥《たしか》に「行」である。否《い》な、寧ろ「行」よりも意味が強いと思う。何故《なぜ》ならば、行は具体的にして、しかも場所と時とを制限するが、言に至っては、抽象的でその達し及ぶ所広く、時もまた無限であるではないか。

ソクラテスがアテンの市長になって、其所《そこ》の衛生工事を改良したとか、事務を整理したとか、あるいは軍人になって、ペルシャ人に勝ったことがあったとしても、それは恐らく、彼が口その物で称《とな》えたことより以上の仕事とはならなかったことであろう。

三　崇拝する理由数箇条

私がソクラテスを好み、かつ崇敬する理由を数箇条にして述べてみるならば、先ず第一には、何事をなすにも、始め己を省み、本心に伺いをたててからするということで、これは、今日世間で頻《しき》りに唱道しつつある、修養なるものの根本となるものである。

第二は、無闇《むやみ》に人を区別せず、また責めない点である。たとえば、議論をするにしてもその相手を選ばず、またその題目をも別に選ばない。そして、目的は、相手を負かそうとか、自分の主張をあくまでも徹《とう》そうとか、そういう浅薄な野心は毫末《ごうまつ》もない。ただ自分を忘れて、道のために議するという風《ふう》の態度がありあり見える。だから、およそ志のあるものは誰でも相手にして、少しも意としないのである。

第三には、高慢な人でなかったということを数えたい。当時、ソクラテスは具眼者から先生といわれるほどの尊敬を受けていながら、微塵《みじん》も高ぶる風がなかった。また当時、アテンの政治は民主主義であったが、しかし、その制度の下にも、不思議なことは、高慢な人が沢山いた。そして、ソクラテスばかりはその例に洩れていた。してみると、ソクラテスの人物の高慢臭くなかったのは、時代の然《しか》らしめたところというようなことが言えなくなる。私は、この徳をソクラテスの性得《しょうとく》に帰するよりも、寧ろ修養の結果と看《み》做《な》すことの妥当なるを信ずるものである。

第四には、年が行っても、油断せずに、修養を持続した点である。とかく、吾人《われわれ》は、いくらか名前を知られ、人の尊敬を贏《か》ち得《う》るようになると、忽《たちま》ちもう偉《え》らくなったような気がして、心が弛《ゆる》み、折角《せっかく》青年時代に守り本尊としていた理想を、敝履《へいり》の如く棄て去るのが多いものであるが、独りソクラテスに限っては、こういう不始末が毫末《ごうまつ》もなかった。孟子のいわゆる大人にして赤子の心を失わない態度が、実に歴然としてその生活中に見えるのである。

第五には、輿論というか、俗論というか、いわゆる世評なるものに頓着《とんちゃく》しなかったことである。

ソクラテスの容貌は、性来とはいいながら、頗《すこぶ》る滑稽なもので、常に物笑いの種となっていた。特に、衆人稠座《ちょうざ》の中に出ると、直《ただち》に面《つら》の批評をされる。けれども、ソクラテスは、その冷評や罵詈《ばり》の声を聞いても、少しも怒《いか》らない。のみならず、自分もまた一緒になって、声を立てて笑っていた。

また、ソクラテスはこういう風《ふう》の外観的のことばかりではなく、時代の文学者仲間などには、その主義なり思想なりが、往々にして非難の的となり、甚《はなは》だしきは、この人を芝居の芸題などにして公々然と冷嘲を浴せかけたこともある。

けれども、ソクラテスは終始自若《じじゃく》としていて、こせこせした弁護をせず、やはり自分も一緒にその芝居見物をして、衆人と共に笑い興じていたほどである。

かかる美点を一々列挙するならば、それこそ僕を換うるもなお足らぬであろう。勿論、ソクラテスだとて、全智全能の神ではないから、欠点を探れば相応に求め得たであろう。けれども、私はこのソクラテスが全然好きなのだから、その美点ばかりを挙《あ》げて差支《さしつか》えないことと思う。グロード〔Grote, George, 1794–1871. イギリスの歴史家〕などいう人は、ソクラテスの短所を覓《もと》めて、悪辣な筆を運ばし、一時読書界の注目を惹《ひ》いたこともあったが、しかし、これも今日では、殆んど観察点が外れていて、いずれも正しい筆でないことが明かになった次第である。

四　公明正大の死

私は、ソクラテスの最も偉大なる点を以て、彼の悲劇なる死際《しにぎわ》の公明正大なのに持って行きたいと思う。ソクラテスの死は、真に死を見ること帰するが如しであった。彼が罪なくて牢獄の人となった時には勿論《もちろん》人を恨《うら》まなかった、弟子などが集《あつま》って来て、頻《しき》りに弁護せよ弁護せよと勧告するけれど断乎《だんこ》として肯《うけが》わない。弟子どもは声を励まして、「先生が何の罪もなくして死なれるのが残念です」というと、ソクラテスは嫣然《えんぜん》笑って、「さらば罪あって死ぬのは残念でないのか。死ぬる死なぬは畢竟《ひっきょう》第二義のことだ。心の鍛錬が第一義だ。」といって聞かした。そして誰も恨《うら》まず、天も地も怨みず、泰然自若として振りかかる運命を迎えたのである。

私は、平生自分に関した不愉快な世評を聞いたり、悪口などを耳にすると、この場合、ソクラテスであったら、どういう風に始末したろう、と考えてみる気になる。また、思う事がならず、失望落胆《らくたん》に沈んでいる時にも、もしこれがソクラテス翁《じい》さんであったら、この一刹那《いっせつな》を如何《いか》に処するであろう、と振返って、静《しず》かに焦立《いらだ》つ精神を鎮《しず》めてみると、ある雄々しい本然《ほんぜん》の心が腹の底から声を出すのである。同時に、不愉快な気分も、衰えた神経も、忽《たちま》ちにして去ってしまう。

勿論、私はソクラテスの真似《まね》をするという訳《わけ》ではないが、書斎には常にこのソクラテスと、リンコルンのバストを飾っておく。これなども、立派に修養の功を積んだ人々には、かかる必要は全くないであろうが、私の如き未練なものには、これが一番に強い刺戟になるのである。

〔一九一一年一月一日『中学世界』一四巻一号〕

「死」の問題に対して

死というような哲学じみた問題は、僕らの口を出すべきものでもないし、また出したところで何らの権威にもなるまい。が、ただ死というものは人間として誰でも免るべからざる事柄であり、かつまた考えまいと思っても必ず我々の心を襲うて来る事柄であるから、哲学者でなくても、何人でも、死については何かの思想は持っているものである。しかし一般にいえば死なる現象をいくらか弄《もてあそ》ぶという嫌いもなきにしもあらずと思う。殆んど巫山戯《ふざけ》半分に死を論ずるというものもある。しかしこの死に対する観念態度の奈何《いかん》は即ち凡俗と聖賢とを区別する標準じゃないかと思う。死を怖れるというと語弊があるが、また死を軽んずるといえばよく聞えるけれども、軽んじ方によっては甚だ愚の極であって、日本人は死することを何とも思わぬというは、褒《ほ》めれば褒めるようなものの、生の責任を知らぬものと批難さるるのも無理ならぬことと思う。

死の価値を定むるものは生であると思う。しかして生の価値を定むるものは義務である。死を軽んずるということは義務を軽んずるという事になると僕は思うている。己れの為《な》すべき事を為して天にも地にも愧《は》じない人は、死を見ること帰るが如くなるべきで、これは古来の聖人君子の死方を観てもよく分る。これに反して己れの為すべき事をも為さずして死を怖れぬという。その辺の熊だの八だのと択ぶところがない。こういう風に死を軽んずるという事は決して褒《ほ》むるに足らぬと思う。

誰でも死を怖れるということは普通であるが、この死を怖れるという観念は、ただ生理学上あるいは生物学上のみの現象であろうとは僕には思われぬ。これには深い倫理的の意味のあるものと思う。死を怖るるとは即ち生を重んずるの意味だろうと思う。生を重んずるというは生きて為すべき義務を重んずる意味である。譬えていえば少女が男子に近《ちかづ》くことを怖れる、その理由を訊《ただ》せば知らない。この無意識に怖わいということは少女の節操を重んずる理由であるんで、人が死を怖れるのもこれと同じもので、無意識に生の義務を重んずるに由るものと思う。

己れの義務を全うした人には、死は怖くも恐ろしくもないものじゃないかと思う。かつまた死というものが、果してそう明かに生から区別すべきものかどうかという事も僕にはちょっと信じられない。無論死ねば肉体が朽ちる。物を言うておったものが言わなくなる。動いたものが静かになる、というような点からいうと非常な変化である。けれどもこれは生の一段階に過ぎないのじゃないかという気がする。聖書にもある通り、麦の種が死ななければ穂が出ない、ちょうどあんなようなもので、朽ちるところはなるほど麦の種が素人言葉でいう朽ちるように朽ちるであろう。が、それがために新たに種を結ぶところの根だの茎だのが生える。幽明とか、有無とかいうものは形而下の話で、精神上からいうたならば、生と死というものはさほど区別のあるものでないかも知れんと思う。メーテルリンクの『青い鳥』――あれは読んでも面白い戯曲であるが、私はあの実演を亜米利加《アメリカ》で見たが、実に今でも忘れられない印象を受けた。爺さんと婆さんが小屋の前に腰を掛けて眠っている。そこに孫が二人走って来て「お爺さん、お婆さん」と声をかけると、二人が眼を覚まして孫を抱いて大変に喜ぶ。すると孫は、「お爺さん、お婆さん、あなたたちはよほど前に死んでしまったんじゃないんですか」というと、お爺さんがいうのに、「世の中では私たちを死んだというんだが、いわゆる死んだ人も世の中の人の忘れている間は死んだというんで、紀念してくれる人があるとその度ごとに生き返るんだ。」という所がある。それから同じ『青い鳥』の中に――あすこは芝居で見ぬと分らぬ所と思うが――子供ら二人が墓場に行き、妹は「こんな淋しい所に来て怖い怖い」と大きな声して泣く。すると兄貴の方が「何怖い事があるものか」というてちょっと頭に被っている帽子に手を触ると、墓場が急に花園に変る。詰り世の中に死というものがないということを現わした所で、即ち頭の使いようによって死ぬる生きるという事が定まるんで、多く主観的の現象と見做してよいように思う。

私はこの死という事を思うと、何時《いつ》でもソクラテスと基督《キリスト》の死方に心を慰むることが多い。かのルソーもソクラテスの伝を書いて、彼の自若として死ぬる様には非常に敬服したものと見えて、その伝の筆を擱《お》かんとする時に「ソクラテスは実に哲学者の死を遂げ《げ》た」と書いてその文を結ばんとした時に、ふと眼前に閃《ひらめ》いたのは基督の死方であった。故にまた筆を執り直し殆んど附録のように「然るにエス・キリストは神の如くに死した」と書き加えた。外から見て、自若として死を迎うる胆力は、世に稀とはいいながら、数えれば少くないと私は思う。ただややもすると、死を以て最上の戯曲《ドラマ》の如く思っているものがある。俺が死ぬんだから、ここで一つ華やかにして見せようというようなのがある。内心、人と和し神と親《したし》み、心に一点の悔ゆることなく、安らけく死を迎う、これは頗《すこぶ》る少いものだと思う。

プルタークの英雄伝などを見ると、ローマ人などには、よく日本の英雄豪傑に似た人格が沢山ある。その死に臨んだ時なども、いわゆる武士気質を現わしているが、しかしその中に死を一のドラマ的に感じておりはせぬかと思わるるものが沢山ある。これは私の感心しないところである。ただ、何にもない、当り前の通りにして死ぬる様は、これこそ実に敬服に値するのである。僕は日頃南洲翁を崇拝するものであるが、この点に於ても益々翁の偉大なることが分る。如何にも生きておっても死んでおっても何も変らんという風が見える。あるいは死を見ること生の如く、その代り一方には生を見ること死の如く、形而上幽明有無の区別を知らなかった。実に平々淡々としている。こういう修養が出来た人が、一番エライんじゃないかと私は思う。

〔一九一三年一一月一日『中央公論』二八年一三号〕

信仰と慰安

慰安とは何ぞや

信仰とは何ぞやという説明は省き、先ず慰安という事に就てお話しすれば、慰安とは慰《なぐさ》めである、心が何か不安を感じた時にそういうものではなかろうといって気を落付ける、ちょうど身体《しんたい》の何処《どこ》かに傷をした時に油を注《そそ》がれて痛を去るようなものである。人に不平があるか悲《かな》しみがあれば、誰《た》れに訴えようかどうしたら心が慰むかと思う時に、人生とはそんなものですよといわれると、さようかしらんと思う。この人生とは此様《こんな》なものだというも慰めだが、私はこれでは満足が出来ぬ、最少《もすこ》し深い意味を取りたいと思う。慰め安《やすん》ずるとは文字の出来た当時の意味は知らぬが、今日では心が騒ぎ波が立った時これを鎮《しず》めるだけでは足らぬ。私のいうのは英語のカンフォート Comfort という語で他の言葉にはあまりないと聞《きい》ている。カンフォートとは力を与える事であって慰めも力を与えて慰める事である。人生とは此様《こんな》なものだというも慰めであろうが、私のいうのはあきらめるばかりでなくなお一歩進んで行くのである。例えば雨に逢い濡《ぬ》れた時には厭《いや》

な気持がする、ぞくぞくする、しかしこれは世の中の常だと思いきるも慰めであるが、そうでなく、

憂《う》き事のなほ此上《このうへ》につもれかし

かきりある身《み》の力《ちから》ためさむ

と艱難辛苦《かんなんしんく》がもっと来い私の中に潜む力をもって試してみようというのである。重荷を負うてただ重いというのでなく、この上もっと重い荷物を脊負て進むという事である、苦しい情けないと小言をいわずあきらめるのでなく、困難を土台として高い処《ところ》に上るという意味の慰安である。

力以上の力

これに就いて仏教の経文の中に美しい話がある。ある若い女が愛していた子供を失い、寝ても醒めても子供の事が忘れられず、どうしたら再びあの子供を手に入れる事が出来ようか、近頃釈迦という聖人が色々な事を教えておられるが、この方《かた》のお力によれば死《し》んだ子供が蘇生《よみかえ》るであろうかと、はるばる釈迦の処《ところ》へ行《いっ》てお願いした。釈迦のいわれるには子供を蘇生らすは易《やす》い事であるが、それには条件がある、何処《どこ》かの家に行きその家の庭にある木の葉を三枚貰って来いといわれた。女はこんな容易《たやす》い事で子供が蘇生るなら

と勇んで行《ゆこ》うとすると釈迦は、もしその家に死だ人があっては駄目《だめ》である、死人のない家のを貰い来よと命じた。そこで若い女は早速近処《きんじょ》の家に行き木の葉を下さいというと心よく承知してくれる、しかしもし死なれた方はないかというと近頃親が死だという、それではと、今度は隣に行くまた此処《ここ》でも子供が死だという、またその隣に行くと夫が死だという、何軒行くも誰《た》れか死でいるので木の葉を貰う事が出来ず、釈迦の所に帰り釈然《しゃくぜん》として悟った。誰《た》れの家にも不幸はある、子を失い親を失うは自分ばかりではない、皆愛する者を失った悲しい経験を有《も》っているのであると、初めて目の醒めたようになり泣く事を思いきり、心の慰めを得たという、実に美談であるが私はこれだけでは満足は出来ぬ。不幸の人は多い皆悲みを有っている人ばかりだというだけでは、人生は重い荷を負うて行くものだというと同じ事で、最一《もう》歩深く進まねば満足する事が出来ぬのである。私の思うのは若い女が愛らしい花のような子供を失い、世にはこんな悲みを有つ人が沢山あると思いきるだけでなく、世の中にかかる悲みを有つ人に力を添えてあげようというところの、今までの力よりは以上の力を得なければならぬと思うのである。

哀れな事、不快な事、つらい事の多い浮世だ、娑婆《しゃば》だ、慾の世だと昔からいうが、私は何だか間違った処《ところ》に生れたのではあるまいか、造物主があるとすれば私に生命を与え人間に造ってくれて、この世に生れ出て来る途中道を迷って来たのではなかろうか、私は地球という世の中に戸惑《とまど》いして出たのではなかろうか、実にこの世は有り難《がた》い満足だという人があればその人は幸福かも知れぬがまた不幸かも知れん。何か事に当って自分はこの世中に来るべきはずではないに何故来たかという気のする人もあろう。この人は不幸かというとかえって幸福かも知れん。花を見てああ美しいというは僅《わずか》の間《ま》で、三日たつ間には花は散る。誰《た》れも花の散るのを見れば胸には波が立ち落付《おちつか》ず、この花が永遠に咲《さい》てくれればよいという気がする。人も順境におればこの世に生れたを喜ぶ、しかしいつまでも順境は続かず悲《かなしみ》に逢えばこの世は憂《つら》いものと思う。婦人の結婚にしてもその当時は総てが幸福でこんなよい所へ来たと喜ぶ、しかしこの幸福は何年続くか、誰の経験にも此処《ここ》へ嫁《か》したは間違いではないかという気が起る、初めの約束はこうではなかったに、こんな夫ではなかったにという事がある。これは夫婦の関係ばかりでなく、友人の間でも味方と思った人が敵となる事は多くある事で、人生を少し深く親切に観察すると、皆憂《う》きと悲《かなし》みを有《もっ》ている。あわれ浮世という書物があるが、この書を見る必要もない、各自が心の中にあわれ浮世を持ているのである。ちょっと旅行をして田舎宿の飯盛女、給仕の婆さんらに身の上話を聞てみれば誰の懐《ふところ》にもあわれ浮世の一巻《まき》を入れている。これは貧乏者ばかりでなく巨万の富を持つ人、位高き華族でも浮世は憂《つら》いものというう。決して世の慰安は金で買えるものではない。千両箱を積でいて夜は眠る事が出来ぬと嘆いている。ちょっと見ればダイヤの指環《ゆびわ》を指一パイにはめてどんなに幸福な人であろうと思うが実は人知れず泣きの涙で暮している。人生の悲み憂いは位があり金のある人も土百姓も同じである。これが人生だ。

安心立命の道

自分の心と浮世とは何か食い違いがあるようだ、私はこの食い違いがない人は幸福だといったが、この人は人生を深く考えず表面ばかりを見ている人、悲哀も知らず三味線の音に生れ三味線の音に死ぬる人、人生を知らぬ人である。茶を飲めばちょっとは甘いようだが、深く飲む人は苦いという。この苦味《くみ》を味《あじわ》わねばこの世に生きた甲斐《かい》がない。二度渡る事の出来ぬ世の中をただ夢見るように暮しているのである。玉露を飲で苦いというは甘いという人よりは、茶の味を知っているのであるが、これだけでは真に茶の味を知ったとはいえぬ。も一つ深く飲めば苦い所に甘味があるここが茶の味いである。人生もこの通りである。

ああ気毒《きのどく》だ我身を顧《かえり》みても憂《つら》いがと思うは普通の慰安である。こういうものだと思いきるぎりでなくも一歩進む慰安は茶の濃い苦い所を味《あじわ》い、その中に甘味を知るのである。恐らくは誰《た》れもこの力を求めているであろう。中途半途で我慢するばかりで満足する人はなかろう。苦しい所のどん底まで行き、丁度掘抜き井戸の水の湧き出るような、茶の苦い所を越えて甘《うま》い味の出るような力は、何によって与えられるかというに、宗教によるより外《ほか》に道はない。しかも宗教ならば何《いず》れの宗教でも与えるかというにそうではない。前に述べた子供を失った女が自分ばかりではないとあきらめるだけで、それ以上に出る事の出来なかった事を見ても解るであろう。

されぱこれが運命だと思うに止《とど》まらず、最《も》一歩進みこれが天の使命だと思うに至れば大なる力は与えられるのである。これは私の運命だという言葉は、婦人方に多く用いられるのであるが、宗教の慰めは運命ばかりではない、使命だ、天が私を造ったのはこれがためである、何か世のためになるようにと神から授けられた命令である辞令であるという所まで来なければならぬ。例えば離縁状にしても追われた人は、この中にどういう使命が書いてあるか、かかる憂《つら》い目にあうは何かそこに使命があるのであろうと、静かに考えてみると表は三行半《みくだりはん》でもその裏には離縁されたためにかえって人のためにする事が出来る、自分の心を高尚にする事が出来るという場合がある。災を以てなおいかなる教が含んでいるかを見、世の中には不幸な人が多い、離縁されたは自分ばかりではないというに止まらず、なお高い所に向い人を慰め自分も安心立命を得るのである。

宗教は心の態度

瑞西《すいつる》のアルプス山中に百姓が何百頭という羊を飼い、夏は山の高い所に連れて行き草を喰べさせるのであるが、羊は元来強い動物ではないから、少し高い山に行くと歩けなくなる、百姓は鞭《むち》うったり蹴ったりしてもどうしても動かぬと小羊をつれて上って行く。親羊は子供を取られたと思い努力して上るという事であるが、これが向上だ、小羊を取られて自暴自棄になると、努力して上るとは世の中の分け目である。物は見ようで上にも行《ゆか》れれば下にも行かれる。今日大学の校庭を歩いていると桜の花がちらちらと散っている。花吹雪はまた美しいものである。私はこれを見ながら、

花散らす風のありかは誰《た》れかしる
　我《わ》れに教へよ行きてうらみん

という歌を思い出した。我《わが》愛する親なり夫なりが風のために散ったなら天を恨む心地《ここち》がする、この風の在所《ありか》が知れたら行《いっ》て恨んでみようというのである。また

吹く風と谷の水としなかりせば
　みやまがくれの花を見ましや

というのがある。物は見ようで前の歌に恨んだ風をこれは風が吹いてくれればこそ深山《みやま》

の奥の見る事も出来ぬ花を散して見せてくれるのであるというので、風を恨むどころか喜んでいるのである。宗教は即ちこの心の態度である、浮世だとか憂《つら》い世だとかいうが、これを使命だと思えば慰《なぐさみ》を得て楽《たのし》みを感ずるのである。

婦人と宗教

先頃見も知らぬ一婦人が訪ねられ、人は如何《いか》なる覚悟で世を渡ったらよいかという問を出《だ》された。私は痛み入《いっ》たお尋ねだが、人を悪《にく》まず、恨まず、害せず、自分の正しいと思う事は何でも為《し》ようと思うだけの覚悟であると話したら、この婦人は不満足な顔で落付《おちつか》ず三時間ばかりして帰られたが、再び訪ねて来られ二時間ばかりもお話したが、相変らず要領を得ないで帰られ、三度目には天の使命だと思い、その内容を見れば有《あ》り難《がた》い嬉しいという念が起る、これを以て世の中を渡りたい。どんな憂《つら》い事悲しい事もこれが使命だと考えると、慰めを得かえって楽しい思いがする。世の中からは捨てられても神からこのように大事な使命を委任されたと思えば愉快なものであると話したら、婦人の顔は急に変り、それで先生よいのですかといわれた。それで私は宗教はただ世の中の人に善を尽せというだけでよいかという事は、私だけの事で浅薄だか知れぬが自分の心に叶う解釈をしている。神がいわれる言葉は我々には解らぬから、キリストが通弁して下さるのであるから、この心をもって多くの人を慰め、泣く人は涙を拭ってやり、倒れる人は起してやるこの事で足りると思うという、婦人は今まで宗教の話といえば天国とか地獄とかいう話ばかり聞《きい》ていたゆえ、何を聞き何をしても先《さ》きが真暗で、淋しい墨染《すみぞめ》の衣《ころも》を着ているようであったといわれた。宗教の中《うち》にはそのような事を説く宗教がないでもないが、キリスト教は喜びの教で心の中はいつもニコニコしている宗教ではあるまいかといったら婦人は初めて満足して帰られた事があるが、宗教の慰めはそこである。

〔一九一五年五月一日『新女界』七巻五号〕

人生の勝敗

何《いず》れの国の歴史でも強いことは好《よ》いこと、勝つことは人生の目的であるかの如く見えている。こは無理からぬことで、人間は強者は勝つ、故に勝つために強くなるべし、人生の目的は勝つことにありと思うに至った。この思想は今なお熾《さかん》に人心を支配している。学者は曰《いわ》く「勝つ者は勇者なり」と。かく人生の勝敗を定むる場合は、人生の目的は強者となるにあり、弱者は人生の劣敗者なりと一般に考えられた。故に今日の如き文明の世にありても、何れの方面にも、競争は重んぜられ、互に争って富とか、名誉とか、地位とかを得るに汲々としている。一体争という字は爪の字の下に尹《いん》という字を書く、尹という字は「さく」の意である。されば争は爪で裂《さ》く、即ち喧嘩の意味である。今日商業上の競争は爪に訴えない。その争《あらそい》や君子の争というように段々品がよくなった。また競の字でも、上に「立」つという字があるが、古い字には言の字の下に人となっている。されば文字制定の当時にはものを饒舌《しゃべ》ってる人が二人立つ、即ち優劣を定むる時は口で争うというだけに進歩したのである。始めは腕力を以て人生の勝敗を定めたのが、後には思想を多くもつ者が優者となり、今日は言論の世となった。日本が法治国として誇るは是非曲直を定むるに法律即ち言論で定めるからだ、故に法治国で勝つ人は法理に明《あきら》かな人言論に達者な人だ。だから法律に明かな人が優者となり得るのである、しかしながら堯舜《ぎょうしゅん》の時代には法律はなかったが国はよく治まったということが歴史にある。これは法治国でなく、徳を以て治まった、謂《い》わば徳治国、学治国ともいうべき国柄だった。もしかかる国今日ありとせば優者と言えば口が達者で、法律を知る人でなく、礼に通じ、徳高き人を指《ゆび》さすのである。

故にかく考えると勝敗ということは時代に依りて異《こと》なる。昨年のこと、私が鎌倉におった時、ある日の夕方一人の大学生が私の宿を訪ねて来て、年始の挨拶もせず、「先生狐をライオンにせないまでも馬にする工夫はないか」と問《と》われた、私は「君それは新年の年始の代りかね」と色々推問答《おしもんどう》をした上句《あげく》に私は言った。皆がライオンの如く強くなれば、それこそ自滅する。弱き者を食《は》むことを以て強しとして誇るなら自滅する。狐やライオン、馬、皆それぞれ役目がある。柳は緑花は紅《くれない》で各自の本分を守ればよいではないかと物語ったことがある。

人生の勝敗は普通の標準の強弱では定まらぬ、普通決勝点は殆ど人工的に定めてる。世の中の成功の標準は先ず端艇競争《ボートレース》でもするが如し。最初に着せしは第一着で勝者、最後の人は敗《ま》けたものとするが、しかし決勝点は人間が便宜上定《き》めたものだ。角力《すもう》でも同じことで土俵から一歩でも出たものは敗ける。しかしこの土俵でも天文学者が割出した者《もの》でもなく、これも便宜上人が定《さだ》めたものだ。人工的標準で負たものでも、実力の上から勝つことあり、人生の勝敗は標準を定むるに難《かた》い。

世の中で成功は難い、しかも成功の程度を計るに金を以てする人あり、身代がよくなると成功だ、金持の家に嫁《か》すると立身したというし、男子でも月給が上ればおめでとうという。これは成功を金で計る、即ち勝つことは金をもつことだ。しかし金でなくとも位で成功を計る人あり、人生の勝敗を位や勲章で計るのである。また中には智識で計る人あり、即ち学位で計る、以上が世の中の標準だ。

しかしながら勝つことは意志が通ることだ。「したい」と思う意志、己《おの》が我《が》の通す者が真に勝つのである、ところが我とか意志とかは誤解し易《やす》い。勝利者は我利我欲《がりがよく》でなく、己が意志と天の意志と相合し、我も天も区別なくなり、いわゆる小我と大我と一致した我をいう。己の欲するところ(自分の希望)に従って決して則を越えず、かかる意志が通った人が真に勝った人だ。かく考えると人生の勝敗を定める普通の標準は不正確だ、あてにならぬ。世の中で勝つ人が負け、負けた人が勝つ場合多し。かの韓信《かんしん》の如きその例である。股《また》を潜《くぐ》った時は他から見れば確かに敗北者だが、彼の心中には己が勝ったぞとの自覚があったろう、何となれば彼の行為は彼の意志を貫く方法であったからだ。故に昔の狂歌にある如く「まけてかつ、智者の力の強さには誰も、かんしん、彼もかんしん」と腕力では負ても智者は力で勝《かっ》た。女は世の中のいわゆる人生の敗北者である。しかし男の為《な》しえない方法で女子はどれだけ人生の勝利者であろう、女が勝つ場合は世の中には甚《はなは》だ多い。我《わ》が輩《はい》の知《しれ》る家庭に良人《おっと》は道楽者で子供の教育もせず妻君を虐待して、飯さえ食わせぬこと往々あった、しかも妻君は飯を食べないでも一言半句《げんはんく》不平を漏《もら》さずただ良人の改心を祈り、自分は棄てられても子供らを教育するよう朝夕祈っていたが遂にその夫人は死んでしまった。世の中の標準からみれば彼女は惨《みじ》めな敗北者である。しかしながらその主人は夫人が死んで眼が醒め亡き妻が自分の非を咎《とが》めずしてひたすらに改善を祈りしことを釈然と悟り、毎日墓地に至り、涙を以て、墓石を洗った。この場合何《いず》れの我《が》が通りしか、何れが勝ちしか、月桂冠は弱き亡《な》くなった夫人のものでないか。かかる例は随分多い。弱しと見える婦人の力は偉大である。

かく考えると人生の最後の決勝点は何処《どこ》に置かるべきか。此処《ここ》が基督教の我らに向って明白に教うる処《ところ》である。基督教は哲学に非《あら》ず理論に非ず人生の勝利の標準を新《あらた》にし、かつこの新しき標準に則《のっと》りて勝つべき方法を教うるものである。標準に対する各自の態度を変える力を与うるものは基督教の外《ほか》になし。基督教は基督の伝記や神学でない。各自の意志を以て己の我意をすてて神の意即ち天意のある処を掴《つか》む力を与える。基督教は人生最後の決勝点の所在を教えた。

十字架は基督の当時ロマ時代には決して名誉のものでなく侮辱と恥辱の極刑であった、彼《か》れの十字架は実に惨めなものであった。白木作りの十字架を置き双足《りょうあし》を重ねてその上から釘でうちつけ、両の手は左右に拡げてその掌《てのひら》に釘うって、更に十字架を起して、掘ったる土中にこれをグッグッと押し立てるのである。グッグッと遣《や》る度《たび》ごとに掌と足の肉は裂けて身体《からだ》は下がって来るのである。かくて痛みと悩みと飢《うえ》とで死ぬるのである。残忍といえば残忍、酷と言ば酷殆ど形容の言《ことば》がない。その惨憺たる光景は実に目を蔽《おお》うてこれを見るに忍びない。しかも基督はこの上に我が使命終れりと、安心して死んだ。その苦しい恥を忍んで世の中の敗北者となり、幾《いく》千百の弥次馬から罵倒されて、しかも莞爾《かんじ》として世を去った。かかる歴史あってこそ、侮辱の十字架は今日は名誉の印となったのである、ロマの兵士や判官の意志は一時的で、基督の意志は千載《ざい》に輝き万世《ばんせい》の則《そく》となる。

大《おお》ナポレオンは、古今の英雄伝記を読んでは常に己と比較して楽しんだ人である。彼死する前、その侍医に物語って曰《いわ》く「基督ほど偉大な人物なし、自分は幾十万の兵を動かし、幾十回の戦争をなし、欧州を馬蹄《ばてい》にかけたのであるが、今の我が身となっては、我が意志で如何《いかん》ともすることが出来ない。然《しか》るに基督はただ一度の戦いもせず、一人《にん》の兵をも動かさず、欧州は勿論亜細亜《アジア》、亜弗利加《アフリカ》にまで彼の感化は及んでいる、彼れに勝る勝利者なからん」とソクラテスも基督にやや似た死に方をした。彼は彼の敵から誣《し》いられて毒杯を仰いで死んだ。しかし死の際《きわ》に至るまで霊魂の不滅を説きながら自若《じじゃく》として死んだ。彼を罪に陥《おとしい》れんとしたものは我らは勝てりと喜んだ、しかもその翌日聖人は死んだ、彼のために神社を建てんと人々はいった。ルソーは彼の伝記をかいてソクラテスは聖人の如く世を去ったと擱筆《かくひつ》せんとし更に筆を加えてしかしながら基督は神の如く死せりと書いた。この神の如く死せりとは最後の勝利者である。

我らは世俗の標準を以て勝敗を決するとも決して心に真の平安なし、天の意志を成すを以て優勝者となすところに平和と勝利と喜びとがある。予は諸君が、基督の伝記をよみ彼の意志を以て人生の決勝点とせられんことを望む。（文責在記者）

〔一九一五年五月六日『基督教世界』一六四九号〕

読書と人生

世界の五大著

この間言い掛けた少し残りがある。それは読書するに良い物を選択せよということを我輩は此処《ここ》で述べたい。本はどんな本でもただ読みさえすればよいと思われた時代も元はあったろう。我輩の祖父は非常な読書家であった。自分が六十一かになってから、日本の人名辞書を拵《こしら》えようと企てた。しかも当人は実際に開墾事業などしておったのにもかかわらず、そういう読書慾があった。少しでも暇があれば夏の暑い時は直《す》ぐ肌脱ぎになって、人名辞書の如きものを書いておった。ヨの字の所に義経とか何とか書いたものが今でもなお残っている。この老人、老人といってもその当時今の僕よりも若かったが、常に子供たちにもそういっていた、「書いてある物には無駄のないものである。何でもよいから見ておれ」と。子供には言わなかったけれども、大人に対しては、「春画でもよいから版になっているものは見ておけ」とこう言ったものである。そんな物は誰でも奨《すす》めなくても読むだろうが(笑声)、とにかく活版業の今日のように盛んになる前までは、少くとも平均以上を越えたものでなければ版にならなかったものであろう。であるからぼんやりしているよりは、何でもよいから読んでおれと言う言葉は昔はあるいは当っていたかも知れぬが、今日は読まない方がよいだろうと思われる本が非常に多いのだろうと思う。殊に近頃のように、その中にも日本のように、欧羅巴《ヨーロッパ》の書物がどしどし入って来る一方に、日本の本も数はちょっと忘れたけれども世界に於て劣らないほど出版物が行われている。とても読切れるものではない。精選を要する。この時に当ってどういう書物を読むかということだけでも一つの専門学になる。この前に喜多先生〔喜多壮一郎法学部教授〕が言われたように、西洋だと図書館に行って、「こういうことを見たいが、何の本がよいか」というと、係りの役人が相当な書物を推薦してくれる。日本ではそういう職業もまだないようである。また本を読み尽すという学者も至って少ないのは、日本では専門の学問に全力を集中する学者が多い。学者と言えばもう専門家に決っている。専門家という者は自分の学科以外のものはなるだけ知らないことを以て誇りとしている。であるから専門の本ならばともかくとして、近頃の本で何がよいと言っても碌な答をする人はあるまいと思う。これもしかし長いこと続く形勢ではなかろう。どうしても青年あるいは読書界の指導者という者が、それこそ専門家として現われなければならぬ。丁度医者のようなものだ。僕は一昨日大阪に行って、あまり首が痛むので病院に行ったところが、色々の専門家が、これは耳から来たのではないかと耳を引張ったり、喉から来たのではないかと、喉へ何か突込んだり、あるいは血液がどうであると言って、色々のことをして、それぞれの専門家が診《み》たけれども、結局何にもならなかった。勿論西洋にも同じ徴候があるけれども、その弊を認めて、医者で言えばいわゆるゼネラルプラクティショナルというものがあって、これは大体を診《み》て何処《どこ》が悪そうだと言ってくれる人である。即ち一般の形勢を診る医者である。その人の指図を受けて専門家に行くようにしなければならぬ。そういう人も必ず僕は出て来ると思う。それでそういう人が現われるまでと言うてよいか、また現われても読書界で変ることのないと思われるのは、やはりクラシックスな物は永続するだろう。もう何百年、何千年経っても定評のある本、動かすことの出来ない本、例えばよく普通に言う世界の五大書のような、これは西洋人の言うことであるから、東洋の物は入っておらぬけれども、バイブル、バーゼル、ダンテ、シエクスピヤ、ゲーテというような物は揺ってもどうしても動くものではない。これは今言った通り西洋の学者の言うことである。近頃のように東洋の文学なり哲学なりが西洋に段々知れることになっては、この中に将来必ず法華経などを加えるだろう、論語あるいは老子を加えるだろう。そうなるとその中に日本の本が加わるかどうか、これは僕はちょっと疑っている。日本の本を加えるとなったならば何が入るだろうか。それも日本の文学に精通しない我輩にはなんとも言い兼ねるが、まあ普通西洋で日本の文学の見本の如く言われているのは源氏物語、徒然草《つれづれぐさ》位のところではあるまいか。八犬伝なども面白かろうけれども、ああいうものは入るかどうか、ウォータースコット〔Scott, Walter, 1771–1832. イギリスの詩人・作家〕が入るようになったならば、八犬伝も入るようになるかも知れぬけれども、ウォータースコットなどは入りそうもない。想像論はとにかくとして、西洋で殆ど一定しているというクラシックスなものは今言ったところの五つのものである。人に依ってはこの中にプルタークの伝を入れる人がある。またプラトーの全集を入れる人もある。あるいはその中の一つを選んで、例えばソクラテスの人物を描いたもの、あるいは議論で言えばリパブリック、あるいはローズ〔Roz, Firmin, 1866–1957 フランスの評論家〕の如く、とにかくプラトーの書いた物は沢山あるけれども、その中何か入れたいという人もある。そこでお恥かしいことに東洋の文学のことを十分に信用してここで御紹介の出来ないのは、私非常に遺憾《いかん》に思う。僕の読書時代、最も盛んな時分には日本の文学は廃《すた》っておった時分である。支那の文学も同然。徒然草という書物は、殆んど僕らの青年時代には聞きもしなかった。二十歳前後になって初めてそういう本があるというので、本屋に行ったところが、近頃は売れないので皆倉の中に突込んであると朝倉なんとか言う所で言っておったのを聴いたことがある。かえって西洋人のイービー〔Eby, Charles Samuel, 1845–1925. カナダ人の宣教師〕という僕の知人が、頻りに徒然草を読みたいというので頼まれて方々探して廻ったがない。到頭《とうとう》宮内省に知っている役人がいるので、その人に頼んで宮内省の図書館から借りて見せてやったこともあった。もっとも平家物語とか源氏物語とか、こんな物は大分人も読んでおったけれども、純粋の文学とでも言うべき思想、または感情を現わしたものは、至って世の中に流行《はや》らなかった当時であったから、勢い僕の幼少の頃には外国の書物を余計読んだ。故に我輩の言うことは少し偏しているであろうと思うが、斟酌《しんしゃく》して御聴き取りを願いたい。今日の題を見ると僕の読書法とか、読書観とか書いてあるから別に差支《さしつか》えないと思う。別に諸君に御《お》奨《すす》めする意味ではない、僕の一種の告白に過ぎぬ。

古書に対する敬虔は神秘に対する尊敬に類す

それで私は今述べた五大クラシックスは一通り皆読んだ。ゲーテは全集を読んだのではない。ゲーテの先ず標本的なものを読んだ。ウヰルヘルム・マイステルとか、あるいはファーストなどは私は二十回位繰返して見た。英語の訳も二十ばかり集めて較べて見たことがある。バーゼルもこれも遺憾《いかん》ながら原文のラテン語で読んだのではない。原文で読むと一層よいそうであるが——、我輩はこれも五つ六つは英語の翻訳を較べて読んだことがある。ダンテは沢山ないが、二つほど訳したのを持っている。これも原文で読むとよいそうであるが、遺憾ながら私は伊太利語を知らない。バイブルに至っては勿論原文で読めない。英文の訳である。この訳も私は九つばかり色々のものを有《も》っている。僕の読んだのは普通に行われるジェームス王刊行のものである。近頃の新しい訳を読むより、なんだかあれで読む方が心持ちがよい。外国人でもバイブルを読むならば、近頃のスタイルで書いたものよりも、古い方がかえって自分らの心にぴったり合うなどと言っている人がある。何だか近頃の訳を見ると、神様と人間とがあまり仲がよいように書いてあって面白くない。「ねえ神さんちょっと来て私のお腹《なか》に入って頂戴な」といった調子である。「おお神よ汝は我心に下り給へ」というような調子ではない。あまり慣々しい。これは近頃の一つの進歩かも知れぬが、敬虔の念が甚だ起り難い。近頃のは皆そうである。調子が非常に軽い。弟子がキリストに物を言っても、「冗談言ってはいけませぬよ先生」と言ったような調子である(笑声)。そんなことはよいことであるかどうか、僕は今敬虔の念に欠けているのは近世の病いだというと、彼奴は爺だからそう思うかも知れぬが、何時の時代にも爺はそう言ったものであると思うかも知れない。しかし敬虔の念なき人間は決して向上しないとゲーテも書いている。それは本当だと思う。自分に敬虔の念がなく、どの女を見ても売笑婦のような考えで交際したり、どんな人に逢っても詐欺師みたいな考えで話したりするようでは、自分そのものがそのレベルに下るだけであると僕は思っている。歳を取ると敬虔の念を失うことが多くなる。どの人間を見ても小僧みたような、大臣さんだ、知事さんだといっても、「ああ あの鼻垂れ小僧か」というような気がしていけない。しかし敬虔というものは必ずしも歳を取った人間ばかりが守らねばならぬことではない。勿論若い人たちにもなくてはならない。今休んでいた部屋でそういったのであるが、我輩近頃唐人お吉にすっかり惚込《ほれこ》んでしまった（笑声）。あの人のことを読めば読むほど偉い人だなと思った。それも小説ばかりではないようである。今度外国へ行く前に下田へ寄って墓参りでもして、花を上げて行かなければ済まないような気がした（笑声）。この間鶴見君（鶴見祐輔。一八八五―一九七三）が来たから、「おい近い中《うち》に下田へ行きたいと思うのだが」とその話をすると、「先生一緒に行きましょう、私も是非行きたい、どんな都合でもしますから」と言ったから、同君も大分首だけなんだなと思ったのだが（笑声）、もうそんな話は止して、とにかく古い書物に対する敬虔は、何だか一種の神秘に対する尊敬に類するものである。こういう心持を養うのには、新版物を読むよりも、寧ろ古典、何遍も何遍も迫害されたり焼かれたり、叩かれたり踏まれたりしても生命の続いている書物、これは読まなくてはならぬものであると思う。

一度は読まねばならぬクラシックス

先刻挙げた五大著の如きは東洋の文学ではないけれども、クラシックスと称すべきものであると思う。こういう物は一通り原文でなくてもよいから読まれたらどうかと思う。この五大著の中に人に依っては入れたり抜いたりするプラトーの如きものは、僕はバーゼルを抜いてもプラトーは入れたいように思う。またダンテを抜いてもプルタークを入れたいように思う。殊に齢の若い人にはこのプルタークを御奨めしたい。プルタークにも近頃訳が二つ三つ位はあるでしょう。英語にも五つばかり訳がある。僕の見ただけでも三つある。どれがよいかということは僕には言われない。クラオ〔Clough, Arthur Hugh, 1819–61. イギリスの詩人〕という人の書いたのは一番私が読んだ、ラングホルン〔Langhorne, John, 1735–79. イギリスの詩人・翻訳家〕というのもあった。ドライデン〔Dryden, John, 1631–1700. イギリスの詩人・評論家〕というのは一番能く知られているけれども、是はあのドライデンという文豪が書いたのではなく、小遣に困って、小遣取りのために書生が書いたものを彼の名前で出版したのだそうだ。いわゆる老練家というような人はプルタークなんか読んでと笑う人があるかも知れぬが、それを読むと血が湧くような気がする、何だかじっとしておれぬ、それこそ椅子を叩いて立ちたいというような気がする。其処《そこ》に彼の薬が利いているのである。それを読むとカフェーなんかに行ってでらでらしていられなくなって来る。とにかく青年をカフェーから引出すというような力は偉大なものではないか（笑声）。それはあの中のどの豪傑の伝を見ても、じっと見ているとこんな所にいられるかといったような気がしてカフェーを飛び出す。それであるから為政家はプルタークの伝が流行《はや》り出すと用心しなくてはならぬという。革命などのある前にはよく流行る本である。仏蘭西《フランス》革命の前に、かのダントンであれ、ロゼスピヤであれ、女のシャーロット・コーデー〔Corday, Charlotte, 1768–93〕であれ、この本を読んで、この国はこれではいかぬというので奮起したのである。それであるからいわゆる老練家がどうも若い奴を相手にした本であるというけれども、書いてあることは左様なセンセーショナルなことは書いてない、実に冷静である。落付いて穏かに書いてあるけれども、書いてある事実そのものが懦夫《だふ》をして立たしむるような事柄である。ナポレオンが始終暇があれば庭の隅で読んでいたというのも無理はないと思う。彼は全くメン・オブ・アクションを拵《こしら》える人である。あるいはメン・オブ・ソートとでも言うか、何か国のためになる、社会のためになる、奮い起そうというような、自己の身を捨てても掛かろうというような元気な性格を養成する。諸君のようにカフェーへ行きたがる時代にはよい昂奮剤である。そういう本を読むことは独り学問になるのみならず、それに今ちょっと言い掛けたがただ人を煽動するような文章でない、例えばアレキサンダーとシーザーを論じ、この二人の豪傑の何処《どこ》が似ているか、何処が違う所であるか、そんなことは煽動的の議論では出来ない、極く冷静に哲学的に考えなければならぬことであるけれども、一時は余りに流行って今言った通り仏蘭西革命当時には非常に流行ったものであるからいくらかこの本に対してけちを付ける者がある。しかし近頃諸君も読まれるであろうが、独逸《ドイツ》人で伝記を専門に書くルードウィヒ〔Ludwig, Emil, 1881–1948. スイスの伝記作者〕という人、あの人もそう言っている、人の伝記というものはプルターク風に書くのが本当で、ただ履歴書を書くように、誰は何時生れでどうしたとか、何年に勲章を貰って喜んだとか悲しんだとか、何時病気になって死んだとか、そんなものではない。伝記を書くには人の性格のあらゆる方面を表わすように書くのであるから、それはその人間が何も考えていない時にその人間を描くのが本当で、他処行《よそゆ》きのような緊張した時のことばかりを書いたものならば浄瑠璃本を読んでも変ったことはない。散歩するにも礼服でちゃんとしている時に見るのではない。浴衣でも着てステッキでも持って散歩をしている時に、その人間の表われるのであるというように、人の性格を見るにはその人間が一番何も考えていない時、ひょっと物を食っている時、咳払いをしているときなどにあれはあんな人間であるということが分る。それを覗《うかが》ってやるべきである。プルタークの伝記が二千年も続いて今日もなお読むというのは是である、というて、自分もその積りで近代人を批評するにも二千年前の彼の方法を用いるということを述べているが、僕はこれは本当であると思う。必ずしも総ての真理がサイエンスのみで発見出来るものではない。人間の魂だとか精神はまだまだサイエンスでは届かないようである。

一度選んだ本は読み通せ

本を読むには第一に良い本を選んで、そうして一度選んだならば是非読み通すということにしたい。良い本と思ったものは大概厭になるものである。これは僕が独逸《ドイツ》に留学している時に私の勧めておった有名な行政学者であったレーニング〔Loening, Edgar, 1843–1919. ドイツの法学者・経済学者〕もそう言った事があった。経済学者のコンラッド〔Conrad, Johannes, 1839–1915. ドイツの経済学者〕もそう言った。皆同じことであると思ったが書物を書くのでも読むのでも大概先ず六分、七分、八分まで行くともう厭《いや》になるものである。諸君もそれは経験があるだろう。書物を書くにも初《はじめ》はこの本を十章に分って書こうと思う、そうすると七章位書くと詰らないなあ、止めようか知らん、こういう気になる。だからレーニングはそういっておった。「俺は何冊の本を書いても同じ経験である。或る程度まで書くと倦きが来る、今まで書いた原稿を皆破って捨てたくなると、そういう時に彼の妻君がちゃんとそれを盗んで隠しておく、そうして自然と忘れるようにして二、三ケ月経つとまた俺の本でもそう捨てたものでもないなあというような気がする、自信が出来てそれから書出す」というようなことを言っておったが、本を読むにしても同じことである。少し大きな本だと必ず中途で倦きが来る。早い人は三頁位でもう倦きが来る（笑声）。そうしてこんなことなら俺も知っているというような気がし出す。これを我慢して続けることが必要だと思う。それに僕は良い本はそんなに斜に読んだり、三行飛ばして読んだりするものではないと思う。一行ずつ読んでもし知らない字があったならば直に字引を引いて見ぬといかぬ。知らない字は一緒に集めて、それが十になったならば字引を引いた方が能率が挙がるとか（笑声）そんなことをすると何の役にも立たないし、知らない字のあった所をまた繰返さなければならぬという風で、とても時間が掛かるし、能率の点から言っても駄目である。

読書の方法

それから私はこういう読み方はどうであるかと思っている。勿論これは良い本のことを言っているのである。読んで行く中《うち》に此処《ここ》はなるほど文章が旨《うま》いと思った所には各自それぞれに——、今日は僕のやったことを御話しているのであるから、僕のやり方を言う。文章がいいなあと思った所には赤い線を引く、思想がいいなあと思った所には青い線を引く。それから一パラグラフごとに、このパラグラフの趣意は何であるかということを書いておく。例えば徳利のことを書いた本ならば、此処は徳利のデフニションを書いたのである。次のパラグラフは徳利の用法を書いたのである。次のは徳利の種類、その種類も形に依って分類しているのである。次は種類を材料に依って分類してある、瀬戸物もあれば硝子もあるという風に記して行く。それをやらないと何を書いてあるのか分らない。またそれが分らないでは本を読んだ甲斐がないように思う。これは「面白い本である」。「何が面白い」、「書いてあることが面白い」「どういうことが書いてあって、何処が面白い」「いやとにかく面白い」(笑声)「君この本を読んだろうが一体何が書いてあったか」と尋ねられて答の出来ない人が沢山ある。仮に此処では「徳利のことが書いてあるのです」。「徳利の何が書いてあるか」というともう答え切れぬ人がある。徳利の歴史が書いてあるのか、製造を書いているのか、また、徳利の印象を書いているのかというようなことを一パラグラフごとに書いて行くのがよいことであると思う。だから長く掛ります。それから僕はなおこういうことをやっておった。そうすると今言ったようにその中に折々副産物みたいなものがある。例えば本当かどうか知らぬが、多分嘘だろうと思うが、例えば或る所では徳利のことをどうつくりという、日本の徳利は多分これから来たのだろうというような、そういう副産物があるというと、書物の一番終りの開いている所にちょっと書いておく、徳利という一口話の材料である。僕は今そんなことを早稲田の演説の材料にしている。大して大事なことではないが、例えば僕は今丁度日本人の花に対する観賞がどういう所にあるかということを見ようと思っている。昨日も汽車の中で本を二冊読んで来た。それなんかでもこんな事が書いてある、面白いなあと思うと本の終いの方に鉛筆で書いておく。菖蒲なら菖蒲に対する観賞方法はこうである。色を賞する、形を歓ぶとか、この歌はどういう所を歌ったかというようなことを知るとそれを本の後の方に書いておく。本当ならばノートに書くべきものであるが、僕は別に差支えないと思うから書く、しかし学校の本を借りたりしたものに書いてはいけない。これは僕が御注意するまでもないことだ。そうしてこの前にも言ったが何回も繰返して読む。良い本になると、諸君のように頭の良い人はどうであるか知らぬが、僕などは三度位止まって考えてみないと腹の底まで入って来ない。

スタディとリーデング

日本人は読書という、これを英語で言うとリーデング。リーデングというと日本人が言う勉強という意味ではない、西洋ではリーデングという事は浅い意味に使っている。僕はゼネバにいる時妙な評判が立った、僕は肉食と言わず、菜食といわず何でも無茶苦茶に取入れたものである。これはあまり賞めたことでなく、新版で面白い本というと片っ端から読んでいるというたからと言っても、それは別に賞《ほ》めたことではない。ただ読む、リーデングすると言うことは、ヒー、イズ、ア、グード、スツーデントということではなく、スタディということと、リーデングということを日本ではあまり区別が付いてない。本を読んでいればその本が何であろうと勉強家だなあということになる。僕がかれこれ五十年ばかり前、学生時代であるが伯林《ベルリン》におった時に、やはり日本人であるが僕の友人を尋ねて行った。其処《そこ》の婆さんに「いるか」と尋ねたところが「いる」と言う。「行ってもよいかと尋ねて来てくれ」というと、「いや一緒に来なさい」と言う。それから一緒に行って、その友人の名前を今忘れたが、一緒に大学におった男である。戸を開けると彼は机の前に坐っておった。そうしてその婆さんが我輩に言うのに「彼は眠っている」と言う。机の前に坐って眼は本の上に視線はあるけれども、あれで眠っているのであると言う。此奴《こいっ》は人を馬鹿にしていると思いながら「おいおい」と呼ぶと「おお新渡戸か入れ」と言う。机の上の本を見ると哲学書か何か難しい本を読んでいたのだ。婆さんに言わせると日本人はただリードばかりしているのである。それがよいか悪いか、判断も何もしていない、誰それがこう言った、それだけである。それでは眠っているのと同じことである。それで思出すのでありますが、私は明治十六年かに札幌を終って帝国大学に入って、農政学をやろうと思ったことがある。外山正一という人が文学部長であった。そうして社会学の講義をしておった。その時にスペンサーの社会学の本を読んだ。この本は非常に厚い本を四冊、それも日本に来たばかりで、それに当時一冊四円であった。それで吾々中々買えなかった。それを外山先生が机の前に坐って社会学の講義をする時、それを棒読みに読んだものである。しかも発音もあまり正しくなかった。そうして生徒は先生に追付けなくて、今何処を読んでいるのか分らない。どんどん進んで行く。それが社会学の講義であったのである。随分不完全な教育であった。スタディでも研究でも何でもない。間違いないように願いたい、私は外山さんの遣方を悪いとも何とも言うのではない、宜《よ》いとは決して言わぬけれども、それより外なかったのである。それで僕はこんな所におってはどうしても学問なんかは進まないと思って亜米利加《アメリカ》に行った。そうしてジョンス・ホプキンスに行った。其処《そこ》でまた社会学をやった。今度はイーリー〔Ely, Richard Theodore, 1854–1943〕という人が社会学をやった。そうして先生が講義をしてそれを吾々が書取る。参考書としてスペンサーを読んだものである。東京の帝国大学ではスペンサーを教科書のように使った。ところが此処では参考書として使っているのである。亜米利加は教育の程度が大変低いのだなあと思った。それと同じ時代に東京の帝国大学で田尻稲次郎先生から財政学、経済学を習って、財政学の方はルロア・ボリュー〔Leroy-Beaulieu, Pierre Paul. フランスの経済学者〕のものを習い、経済学はミルのを学んだ。ところが亜米利加に行ったところが、経済学の参考書としてやはりミルを出したものである。僕は同じくそう思った、何ということだ、日本で僕が二年前に読んでしまったミルを参考書にするなんて、よほど日本の学問の方が進んでいると思った。ところが書物の使い方が非常に違う。例えばスペンサーにしても外山さんはただ棒読みに読んでくれた。宜いか悪いか知らぬけれども、本にこう書いてある、故に結論はかくの如し、それで済んだのである。社会はとにかくこういうように進むものだ、こう決っている、動かすべからざるオーソリティである。そういう風に習った。ところが亜米利加に行ってみると、スペンサーはこういっているけれども、これは間違っている。ローシャーなどはこの筆法では進んでいない。これは如何《いか》にも英吉利に捉《とら》われた思想である。人類というものはそうはならない。此処はこういうつもりで考えなくてはならぬ、これはイングリッシュソサイティという考えで読まないと間違うぞ、こんな調子である。なるほど東京ではこんなことは学ばなかった。またミルのことに付てもそうである。田尻さんがあれほどの学者であっても、ミル以上には考えが出なかった。だからこういうものだと言うと、なるほどと思って、それを不朽の真理にして、動かすべからざるものと思った。ミルは死ぬ前に或る問題に付て、友達に書いてやった一書に依ると俺は経済学でこういうことを言ったが、とんでもないことを言ったものだ。今俺は全然それを取消す、社会というものはあれで行けるものではないという考えになった、ということを聴いたから、おやおや東京で長い間習ったことは水の泡になってしまったのかと驚いた。黒いインキで書いてある物を読むだけならば誰でも出来る芸当である。スタディということになると色々批判を下さなければならぬ。これが宜い、これが悪いとか判断しなければならぬ。悪い癖が付くとこれが中々やれぬ。ただ書いた物を丸吞みに、消化せずに、金魚が餌を食うようにぱくぱくやってしまう。だからして諸君が読書するには遅くても宜いから、一日に何頁でも宜いから、この本にはこうあるけれども、どうかというようにじっと考えてもらいたい。西洋で言うところのスタディという考えで読書する習慣を付けなければならぬと思います。

読書の便法は先ず根底的の知識を養え

時間がありませぬから外に移ります。今言ったのは良書とか、古典とか、学問に関係ある本を読む場合である。ところが有合せの小説とか、その小説でも文学のスタイルを学ぼうという時は別ですが、ただ話を読むとか、あるいは社会学の本であっても、これは進歩的な、近頃流行のものであって、十年、五年、三年も経ったならば忘れられてしまう如き、木ッ葉みたいな書物が沢山ある。そんなものはちょっと見ると直ぐ分る、第一本の値段や、表紙からして違うものである。そんな軽いものならば初めの二、三頁だけちょっと見ると、これはこういう趣意かとそう思えば、中頃の二、三頁と終の二、三頁をよめば大体解る。

僕が長い間仕えておったハーバート・アダムス〔Adams, Herbert Baxter, 1850–1901〕と言う歴史の大家があった。この人はもう死んだけれども、著書などは大してなかったが、学生を養成することに妙を得ておった人である、その点に於ては有名な人である。私はこの前にも御話したように、苦学生というほどでもなかったけれども、日本から暫く学資が来なくて困った時その人の秘書をしていた。この人の部屋の片隅に机を有《も》って、その人の手紙を書いたりなんかしておった事がある。それが面白くなって学資が来てからも使ってくれというので長く仕えておった。ところがその人が土曜日の昼過ぎちょこちょこ二時間ほど街を歩いて古本屋に寄って、沢山の本を抱えて帰って来る。「新渡戸こんな本を探して来たよ」といって、どかりと机に坐り込んで本を読出す。それがまた非常に早い。一頁を読むのに極めて僅の時間しか掛らない、非常な速度である。三、四百頁位のものを一時間の中に三冊ほど読んだ。無茶なことをするものだと思って、読んだ後はどうなっているのかと見ると、此方の分別が附かぬのか知らぬけれども、大事な処には皆印が付いている、それも極めて所々である。この先生は其所《そこ》より外に用がないのである。その外の所は自分が皆知っている所ばかりだ、だから早いのである。こういう人になって来ると縦の本を横に読むことが出来る。それは初めからやることは出来ぬ。何にも分らない人がそんなことをするととんでもないことになる。しかし歴史なら歴史の大体の根底的の知識があると、偉い、専門的な学問は別として、相当レーバーセーヴィングが出来る。その根底的の智識を得るには、教科書を忠実に、みっちりと読んで、文芸復興というものは何であるか、これに出た役者はどんな人間であるか、これはどうして起ったものであるかという大体の要旨を知っていれば、大概の本を読んでも文芸復興という所が出て来れば、其処は非常に早く読むことが出来る。少し文章は違っているけれども、内容は大体同じである。だから中学校の歴史の教科書を熟読していれば歴史の根底的智識は出来ているのである。しかしこの中学校の教科書もリーデングでは出来ない、しかしてスタディというものは僕は至って簡単なものであると思う。簡単は多くを知る必要はない。例えば文芸復興という大きな社会的現象があった、歴史的現象があった、それの中にこういう人物がいてこうしたと、それで宜いのである。詳しいことはいらぬ。ただ大きな事をハッキリ摑《つか》んでいれば宜い。故に私は中学校の教科書で沢山であると思う。中学校の教科書で世界の一般の傾向が現われている、それを大きな所だけはっきりさしておく。そうしてその中の自分の興味を引く点だけは詳しくやる。その智識が此方《こちら》に備《そなわ》っていさえすれば、大概の本を読んでも、なるほどこの事だ、あの事だと飛ばして読むことが出来る。

読書にして人間を造らないならば

故に私は一言最後にこういっておきたい。先ず読書には或る意味に於て便法なく、一度は艱難《かんなん》して苦しまなければならぬ。その代りに艱難したならば、後は自由自在に、日本の本ならば縦に読まずに横に読み、西洋の本ならば横に読まずに縦に読むことが出来るようになる。それには練習と見識、見識というのは、自分は何を望むかということ、何のために本を読むのであるか、今日は暑いし、昼寝をしようと思うが、眠りを助けるために本を読むのだ。演説をするのに何か面白い例を引くために読むのである。今度は自分の心に一つの疑いがあって、それを解決するために読むのであるというように目的に依って違う、随て見識に依って違うのである。だから目的と見識が備った以上は、先ず第一に古典を読んで、それも皆読めということではない、バイブルならばバイブル、プルタークならばプルターク、シエクスピヤならシエクスピヤ、何か一つを熟読する。そうして後の方は参考にする。外の書物は自分の尊敬する人の教を補うために使うだけであって、そうなって来ると大きな心棒だけは決る。それに外のものは皆付けて行くのである。だから物を言っても、沢山の本を読んでいるから脱線するだろう、しかし心棒が動かぬ以上は皆元に帰って来る。多読病に掛った奴は話をしても脱線脱線で元に帰って来ない。何を話しているのか訳が分らなくなって来る。そうなると話ばかりでなく、人間そのものまで無頼漢になってしまう。何をしても特徴がなくなる。何をやっても駄目になる。この特徴は必要なことで、こういう時になって、初めて読書が人間を拵《こしら》えることになる。読書にして人間を拵えることに貢献しないならば、これはただ漫談家を作るに過ぎまい。甚だ申訳がないようですけれども、先刻御話したような具合ですから、今日はこれで失礼致します。(拍手)

〔一九三三年一〇月一日『読書論』〕

Ⅲ

人格を認知せざる国民

一

道友会（松村介石の主宰する道会を支援し、相互に交流をはかる会友組織）へ出席するのは、今夕《こんせき》で二回目ですが会員になることを許されたのを、私も有難い事と常に感謝している。道友会は心の善《よ》いものを集めて一所《いっしょ》に話をしようという趣意で起《た》ったものと承知している、今も出かけに、家内がドコへ行くと聞くから、道友会へ行くと答え、道友会とは何《な》んだというから、心の善《よ》いものの会じゃと答えたら、ソウか、お前も心の善い人の中《うち》かと笑う、私も笑うて出て来たような次第です。

殊《こと》に今夕のように、皆様がお揃《そろい》で私を歓迎して下さるのは、私にとりては実に有難い。かく申《もうし》ても、私の心情をお話しないと、有難いというのが、ただ表向《おもてむき》の挨拶のように聞こえましょうが……。

御承知の通り、日米の関係が四、五年来妙になっておる。ソコで講師の交換でもすれば、幾分か両者間の誤解を釈《と》く一助にもなろうかと考えるものがあるに至った。最初この事をいい出したのは米国側で、ある米人からある富豪が出資して、米国から第一流の人物、例えばルウズベルトの如き人物を送るから、日本からこれと交換に第一流の人物、例えば東郷大将の如きを送ってくれるかどうかと、掛合うて来た。この掛合に接して、日本の政府は、話があまり大き過ぎるから、実行が六つかしいと考え、かつは真面目な計画であるかドウかと疑うて返答をせずにいた。ところが暫らく立《たっ》てから、同じ人から、貴国からの返事が遅いものだから、先《さ》きに出資を申出た富豪がモウ出資を見合せるといい出した、右の次第だから御返事には及ばぬといって来た。ソコで日本政府も、始《はじ》めて真面目《まじめ》の計画であったことを承知し、ソレではと盛り返した。始めに第一流の人物を交換したのでは後《あと》が六ずかしい、始めは二流、三流、もしくば四流で交換してはドウかと返事を出した。先方もこれに同意をして、ソレでは最初はヨイ加減のものをということで、私が第一に行くことになったのでした。

さて私は米国へ行て六ケ所の大学で講演し、その外《ほか》、教育会、婦人会、実業団体等、様々の会へ招待されて演説し、一切で百四十四回演壇に立った。紐育《ニュウヨーク》に於ての如きは、今日はトテも起きられぬと思うたことが二回もあった、ソレでも無理に起きて、冷水摩擦をやったり葡萄酒で元気をつけたりして、一度も違約したことなく、任務を下手ながらも尽して帰った。しかるに帰ってみると、ブラブラしていたとか、帰りようが遅いとか、あるいは日本の悪口をいったとかなぞと、上《かみ》はその筋より、下は新聞雑誌より非難されている。その際に皆様が歓迎して下さるのは、私にとりては実に有難い。世間ではかれこれいうが、吾々は見る所が違うぞ、失望するなと、いう趣意で、この歓迎会をお開き下されしことは、全く感謝の念に堪えません。

一

私は米国へ七度《たび》行きましたが、この度は一つの任務を以て行ったので、従前六回見た社会とは違う社会、即ち上流社会、もしくば中流の上ともいうべき社会を見て来た。私は日本にいては上流社会との交際が至て少ないから米国の上流社会と、日本の上流社会との比較は出来ぬが、米国の中流社会と、日本でお互のおる社会とを比較して、感じたことを一つ申したいと思う。

私は今度、殆んど何事に就ても、少なくとも、十中七、八までは、日本は西洋に及ばぬということを切《せつ》に感じた、殊に精神方面の事で、例えば親切とか、同情とか、あるいはまた小供の教育とかいうような事に就て見ると、日本はマダマダ遠く西洋に及ばぬ。コウいえば米国に心酔して来たという人があるかも知れぬが、全く日本人はマダマダ及ばない。

例えば自分に背かぬという精神、正しいと思えばその通りをやるという真面目に於て、日本人の到底及ばぬものが、米人にある。もっともこの弊害もあって、道徳がとかく個人主義に流れるということもあるが……しかし私は、同じく国家のために尽さぬにしても、不真面目でありながら口先ばかりで、天下国家を云々《うんぬん》しているものよりは、退《しりぞい》て一人を守る人の方が国のためになりはせぬかと考える。忠君愛国を無暗《むやみ》に振り廻わして、天下を闊歩《かっぽ》している不真面目な人よりは、寧《むし》ろ退いて一身を守っている人の方が、いざという時に天下国家のためになりはせぬか。

費府《ひふ》〔フィラデルフィア〕は、桑港《そうこう》〔サンフランシスコ〕に次で市政の紊乱《びんらん》せる所であった、何《な》ぜソウなったかというに、費府はクエーカー宗の人々の建てた市で、クエーカー宗では己《おの》れを正《ただし》くすということに重きを置くものだから、市の重なる人々が市政に与からぬ、善い人が政治に手を出さぬものだから、市政が次第に紊乱したのである。ケレども腐敗がその極に達し、これではならぬと、ブランケンドル〔Blankenburg, Lucretia Longshore, 1845–1937　アメリカの女性参政権および社会改革の運動家〕が憤起すると、今まで黙していた真面目な人々が一時に立て応援したから、忽《たちま》ち腐敗を一掃することが出来た、費府は遠からずして米国の模範市となることでしょう。

傍観は如何《いか》にも不親切だが、しかし不真面目に空《か》ら騒《さわ》ぎをする連中よりは、一度《た》び出たらやると言う修養をして傍観している方、ソノ方が健全な精神的状態ではなかろうか。

この心を養うの道、西洋の方に余計にありはせぬか、日本の活動家というものは無暗《むやみ》に働いてばかりいる、これでは駄目《だめ》だ。ソレでせんだって二、三回生徒なぞにもいうたことがある。身体《からだ》が悪いから二、三年休みたいと。「山深く何《なん》にか庵《いほり》を結ぶべき、心の中に身はかくれけり」で、何にも鎌倉へ引込むの、何々のと、場所を引込むのではないが、煩《うるさ》い仕事を減じて、一、二年聖人の書を読む余裕が欲しいと思うている。

私は今年《こんねん》、五十一歳になる、普通の方《かた》ならば働き最中、ソレにおめおめ引込む、甚だ意気地《いくじ》ない次第だが、如何《いかに》せん日本では、無理に余裕を造らねば、余裕が出て来ない。西洋では日々イクラか余裕が得らるるが、日本では自分の書斎で考えていても、誰《た》れか這入《はいっ》て来る、電報がかかる、訪問客が来る、折角《せっかく》考えていたことを中途で妨げられて、またヤリ直すことが幾度《いくど》あるか知れぬ。ソレで精神修養どころか、ああまたかと、精神状態が下る。西洋の耶蘇《ヤソ》教の家では家族の祈禱会の外《ほか》に、銘々の室《しつ》で個人で神に交わり、日曜日にはお互《たがい》に訪問することを遠慮する。また教会へ行て自分より劣った牧師の説教でも拝聴し、この人も自分と同じことを思うているかと強味《つよみ》を得て帰る。日本ではコウいうことが甘《うま》く行かぬ。

三

また話をするにしても、西洋人に向《むかっ》ては精神上の話が出来るが、日本人には出来ぬ。情けない事だが、道友会なればこそ、これだけの話も出来るのである。

時々、胸襟《きょうきん》を開いて話をしては馬鹿を見る、度々「お前もか」というような目に遇《あい》て、失望することが多い。要するに吾々日本人は、人格なるものを認知し得ないのではなかろうか。

階級で人を度《はか》ったり、衣服で人を度ったり、ないしは成功で人を度ったり、官吏ならば、勅任だの、奏任だのと、官等で人を度ったり、あるいはまた学問や技芸で人を度ったりして、人格で人を度らぬ、附属で人を度って人格で人を度らぬ。全く今の日本には男一匹の交際が少ない。

赤裸々の交際というものは、殆んどあるなく厚い厚い衣服を着て交際している、ドテラを着て交際している。私はコンナ風か、コンナ風かと幾度か失望したが、序手《ついで》にダマされ通しに行こうかと思うている。

誰《た》れの句か知らないが英語で

汝には何人《なにびと》も英傑であり、如何《いか》なる婦人も淑女であり、そして如何なる場所も神聖であれ

という句があるが、コウいう心持《こころもち》でおれば、至る所に青山《せいざん》ありで、善《よ》い心持がしようと

思う。己《おの》れを欺《あざむ》くのかも知れないが、幾度《いくど》ダマされても、私はこの心持でおりたいと思う。米国の中等社会の人々と交際してみて、私は日本に於てよりは、人と交わり易《やす》い。精神上の話をしても分ってくれる。もし意見が違えば明白にソウいうてくれるから、誠に交わり易いと思う。

これが私の、道友諸君に申上げたい、所感の一です。

四

日本人間の、右のような悪風《あくふう》は、形式的教育、私は忠君愛国を悪いとはいわないが、忠君愛国一天張《いってんばり》の形式教育によりて、大分助長されているものと思う。忠君愛国一天張で、お前嘘をいうなというような、人道教育のないということは、この悪風の原因の一でなかろうか。(大正元年十一月廿六日夜、道友会に於ての講話筆記にて、文責記者に在り)

〔一九一三年一月一日『道』五七号〕

デモクラシーの要素

片言ながらも外国に後れなかった思想

明治の初年頃には随分思いきった政治論も社会改良論も行われた。さすがに知識を世界に求むるという御旨意《ごしい》の発表された際であっただけに、外国の思想を危険なりなどという者なく、上下共にこれを歓迎し、旧来の陋習《ろうしゅう》を打破するに更に躊躇しなかった、その頃盛に行われた標語は自由民権であった。殊《こと》に自由なる言葉は当時の人々には耳新しく聞えた、従来日本の通用語ではあったが、政治的意味を加味したのは恐らく明治になってからであろう。少くとも明治になって輸入された英語の「リバーチー」あるいは「フリードム」なる言葉が自由と訳され、政治上新しい思想といえば必らずこの文字を用いねばならないように思われた。日頃僕は日本の政治的思想が英国に比して少くとも六十年後《おく》れているというているが、明治十年前《ぜん》に行われた自由論だけは片言ながら大《たい》して時世後れでなかったようである。丁度その頃英国ではミル氏の自由論が盛に批評されていたようである。勿論その前《ぜん》にもかの国では民権自由が盛に唱えられたのみならず実際の政治問題となり、またただに論題となれるのみならず事実上政治運動となったことは歴史を見ても明《あきらか》であるが、さてこの自由なるものに就て学術的に冷静にその根柢を論じたのは恐らくミル氏に優る者はあるまい。同氏の著述は一の小冊に過ぎぬけれども、その内容の深いことは五十年後の今日もなお尊敬に値する。僕は一昨年旅行の際、途中客舎《かくしゃ》の読物にするため同書を携帯して歩いたが、一頁読むごとに大正の政治家並《ならび》に青年に一読を勧めたいとまで思った。これに次《つぎ》て同氏と議論を闘わした有名な裁判官スチーブン氏〔Stephen, James Fitzjames. 1829–94〕の「自由、平等、親睦」の一書の如きは今日絶版になっているものの、なおその論鋒の鋭利と思想の深奥なるとに就ては識者間に名著として認められ、独逸《ドイツ》のリーベル博士〔Lieber, Franz. 1798–1872. アメリカで活躍したドイツ人政治哲学者〕の自由論よりは寧《むし》ろ標準的著述と推されているようである。知らず知らず学校教員の癖を出し古本の談に惑わせたことに付ては読者の許容を乞わねばならぬ。

始めて政治的に現われた民主主義

さてデモクラシーの最大要素が自由にあることは論を待たぬ、殊更いわずとも民主主義と自由論とは殆ど同一物の如く思い做して、甲を挙ぐれば乙はその中に含まれている如く認められていて、この事は議論を待つまでもなく常識で、明《あきらか》であると思われている。

民本主義といえばその昔に遡《さかのぼ》れば、西洋ならば少くとも希臘《ギリシャ》の歴史にまで達してその本《もと》を探り、東洋では堯舜の時代にまでも上り得るのである。何《いず》れの説によらず、それからそれと本《もと》を求むれば何処《どこ》までも遡ることが出来る。隅田川の水源は果して何処にあるかといえば、武蔵野の奥深く進み行きてチョロチョロの小川を指摘するを得る。なお進めば落葉の下を潜る露の雫をも名《な》づけて河といえるようなもので主義の本などいうことも、殆ど言葉の巧《たく》なる用法によりて如何《いか》ようにも説明されるけれども、実際今日に行わるる民主主義の社会の原動力となりあるいは政治の運動となって現われたのは仏蘭西革命以来といわざるを得ない。少《すく》なくとも仏蘭西《フランス》革命なる現象によりて民本主義なる一の主義が世界に知られたというて宜《よ》かろう。今日民本主義を説く者は仏蘭西革命の知識なくしてはこれを明にすることは出来まい。

民主主義を誤解した危険

そこで仏蘭西革命で盛《さかり》に唱導された主義は何かといえば、第一自由、第二平等、第三親睦である。この中でも最も重《おもき》をなしたのは自由の思想である。この思想は仏人固有《ふつじん》のものといわんよりも寧《むし》ろ英国より輸入されたものの如き感もある。然《しか》らば英人は何処《どこ》かからこれを得たかといえば、これまた談《はなし》が如何にも学校の講義のようになって、僕が本誌の余白を藉《か》りて日頃説けることとは趣を異《こと》にする故これを略すとして、とにかく仏蘭西革命に於て唱えられた自由なるものは、もとは英国民族の固有なりとは学者の教ゆるところである。言い換れば仏蘭西人には新しい思想であったらしい。勿論英国以外でも先覚者及び学者の中には英国人に劣らぬほどよくこれを諒解したものもあろうが、国民一般に就ていえば英人が遺伝的に本能的に理解していたことも、仏蘭西人には耳新しい珍しい面白い福音原理の如く聞えた、殊《こと》にこの説の宣伝に有力であったことはかの有名なるルソーの民約説であったから、英人の説き方とは大分異っていた。常識に基いた穏健な実着な思想といわんよりは寧《むし》ろローマンチックな奇抜な事を言い出したので田夫野人も趣味を以てこれに耳を傾け、従ってその説の弘まり方も非常に早く、その代りに誤解もまた多くあった。なかんずく応用に至りては仏蘭西革命の歴史の示すが如く独り仏蘭西のみならず人類の歴史を汚す如き乱暴狼藉を来たしたのである。

仏国革命に於ける自由の誤解濫用

自由なる言葉に政治的意味を含まして用うるは我国に於ては明治以後である。中村敬《なかむらけい》宇《う》先生がミルの自由論を訳された時には、あれほどの漢学者でありながら訳語に度々窮せられ原語の意味は能《よ》く分っても、それに該当する訳字を発見せぬので、あて字を用い、その下に括弧《かっこ》して後日の訳者を待つなどと附記していた。然《しか》るにその後自由民権論が盛に行われ、殊に明治十年前後には民権党、自由党などいう看板の下《もと》にこれらの主張が世に弘まった。

然るにこの説を聞く者はさて置き、これを唱うる人さえも、どれほどその意味が解ってるのか、学生としてミルの書を読める最中であった当時の僕は、大《おおい》にこれを疑わざるを得なかった。また近頃デモクラシーの声が各所に囂々《ごうごう》として唱えられ、また僕自身も小さいながらもこれを旗印としているに拘《かかわ》らず、果して自由なるものが如何《いか》なる権利あるいは権力であるかを了解する者が少くないかを虞《おそ》れる。普通凡夫《ぼんぷ》の心を喜ばせるものは煽《おだ》てることである。彼らに勝手の事をするのが自由である、人権の最も貴いものであるなどと教ゆれば、各自の知識あるいは趣味の程度によりて我儘を働くを以て自由を享有するように思うは当然のことである。仏蘭西革命時代に自由論が教育ある中流社会に唱えられていた間は大した過もなかったようであるが、無教育な下層社会に唱えられ出してからは、有らゆる暴行を促すようになって、遂に乱暴狼藉に反対し合理的の民権自由を主張した者は片端《かたっぱし》より断頭台上の人となされた。かの有名なるローランド夫人〔Roland, Jeane Manon Philipon, 1754–93〕の如きは、革命の当初には自由民主のため大に名望もありかつ実際に尽したことも少なからぬ人であったが、過激党のために遂に断頭台に上らせられ、露の命のまさに消えんとする時、「オオ自由よ、自由よ、幾多の罪悪が汝の名によりて行われしぞ」と絶叫したというのは、デモクラシー即ち自由の誤解濫用《らんよう》を最も能く現わしたものである。

人間行為の動機は二あり

一体自由というは決して自分勝手な事をする意味ではない。即ち放肆とは違う。ルソーの説はともすれば人間と動物との区別を忘れ勝ちであったと思われる。彼は動物社会には何の制限もなく、喰いたい時に喰い、眠くなれば寝る、他より何らの制限を受けぬところを以て自由の如く説き、太古の有様を以て人類社会の理想としたのである。さればルソーがその著書を友人のヴォルテーアに贈った時、後者の書いた挨拶の書状に名著は喜んで拝見したが、御教訓の趣を実行し兼ねることは甚だ遺憾に存ずる。老生既に七十の齢《とし》を越えたれば、貴兄の教えらるる如く、今更四ツ這《ば》いになって歩くことも致し兼ねると答えたという話がある。動物社会には我々の尊ぶ自由というものはないのであろう。

人間が何事を行うにも必らず二の動機の何《いず》れか一によりて為《な》すものである。一は希望、一は恐怖である。物を喰うにさえ美味を楽《たのし》むという望《のぞみ》を以てするか、然《しか》らざれば喰わねば餓死する恐《おそれ》あるからである。学問するにも偉い者になりて立身するを希望するのと、学校に通わねば親に叱られたり他人に笑われたりする恐からする。商売するにも政治運動するにも、詮じつめればこの二の動機の何れかによりて人は動いている。希望を以てすることを仮りに積極的行為と名づくれば、恐怖の念より為《な》すことを消極的行為というても可《よ》い。積極に出る行為をすることは取も直さず自由の意思によりて動くということになり、消極的に出ることは自己以外の威力に強制されて為《す》るので、独立自由の人格の好まない所《ところ》、甘んじない所《ところ》、止むを得ざること、謂《い》わば恐迫され強《しい》られて為《す》る如きものである。政治に就ていうも同じ税を払うにも村会なりあるいは議会なりに於て、自分なりあるいは自分が好んで選び出した人が承諾して課する税ならば、これ自由の意思を以て定めた税である。その用途も自分自らなり自分が選んで出した者の承諾した上に使うならば、これまた自由の行為というべきものである。これが昔《むかし》のように自分は一向承知しないにも拘《かかわ》らず、強《しい》て財産の一部を捲き上げたり、あるいはこれを自分の一向賛成せぬことに用うれば、自由のない国家として、今日より見れば専制、独裁、野蛮の政治と非難さるる訳である。

動物界に於けるいわゆる自由

然《しか》るに動物社会を見ると自分の意思でどうすることは殆どない、それが有るとすれば食ったり寝たりすることだけで、その他の事は何《いず》れも恐怖心より行うている。ある博物学者が書いた旅行書に、全く未開の森林の樹蔭《きかげ》でしばしば夜を明して動物社会の起臥寝食《きがしんしょく》の有様を研究したものの中に、自然の美を喜ぶと同時にいわゆる自然界なるものの如何《いか》に不安の念に包まれおるかと感じた。鳥が鳴いたり鹿の声を聞くは風雅であるが、深更に獅子一たび吼ゆればあらゆる動物が大小となく恐怖の念を懐《いだ》き、あるいは鳴きあるいは隠れ、あるいは慄えたりする様が明《あきらか》に分る。然《しか》るに獅子そのものは安心しているかというに、何か自分の身に危害を及ぼすものなきかを思うらしく、安心の態度は更にない。要するに恐怖心が彼らの心理的状態であることを述べてあったが、そうありそうに想われる。いわゆる優勝劣敗の行わるる境遇に於ては優も劣も互に恐れ合い、また疑い合い、辛うじてその存在を全うしているのである。かかる社会に於て如何にして積極的行動が行われ得るであろう。米国の未開地の中央などに行くと、野生の牛がいるという。その群を見るに毎時《いつ》も戦々兢々としている。無神経と称せらるる牛でありながら僅の声にも戦《おのの》いている。彼らの仲間の制度として一匹なり二匹なりが小高い丘の上に立って番している。怪しげな者が来《きた》ると合図する、番牛が合図するまではいささか安堵《あんど》の体《てい》であるという。この有様を家畜となった牛に比すればどうであろう。乳牛の如き各自の小舎に餌《か》われあるいは牧場で草を喰《た》べる時の有様は、怪しげなる者が来ても更に怖るるの風《ふう》なく安んじてその所を得ている。もっともこの安心が直《ただち》に自由の本を為《な》すとはいい兼ねる、寧《むし》ろ彼らは絶対的に人間に服従し奴隷となりて安静を保っていることとなれば、僕は決して安堵即ち自由とはいわぬ。しかし僕の言わんと思うことはある程度まで生命財産の安固を得なければ自由を得難いものであると思う。衣食足って礼節を知るというが、衣食足って自由を知るというべく、今述べた家畜は衣食を得たいために自由を失っているのである。衣食を人より供給されているから、自分は安全ではあるが、奴隷となっている。

動物の自由と真の自由

自由にしても自ら階級があってルソーのいうような動物の自由はいわば食うだけの自由で、甲の犬が噛じれる骨を乙犬は力任せにこれを奪う自由を有しているが、奪われまいとするには容易ならぬ心配をせねばならぬ。その食物を得るには痛く艱難《かんなん》せねばならぬ。即ち種々の不自由を経ねばならぬ。然《しか》るに何故にこんな不自由なる有様を自由と名づけるかといえば、彼ら動物間には法律や輿論の如き制裁力が弱いからである。しかしこれは最も低い階級の自由であって、我々の尊ぶ自由というはかくの如き野卑なものでない。財産と生命が安固にして夜は戸を閉じなくとも高枕で眠り、他人と説を異にしていても大手を振って往来を闊歩《かっぽ》する如きことこそ真の自由というものである。即ち社会に秩序があって暴力に対する強怖心が不必要になり、あるいは自分の説の行わるる希望を懐き、あるいは自分の疲れた体を憩うて身体の健全を維持する望を懐き、積極的行動を為しても、何人もこれを妨ぐる者なく、相互の生命、財産、思想、人格を尊敬する様になって、始めて自由が実現されるのである。自由の実現には一方必ず社会の秩序、法律の完備が伴うている。故に法律なくして自由は思も寄らない、社会の尊敬なしに個人の自由は実現出来ない。孔子の「心の欲する所に従えども矩《のり》を踰《こ》えず」というたのは自由の定義として適切である。単に心の欲する所に従うだけでは、あるいは矩を踰えるの恐もある。然らば単に矩を踰えないことのみを恐れるようでは、これまた自由を得たるものとはいわれない。心の欲する所は思い存分に行《や》る、しかしその行うことにも自ら宜しき程度があって、その程度即ち矩を踰えない所に真の自由がある。然るに孔子さえも七十になって始めてこの域に達したので、五十、六十まではまだ心の欲する通り行うこと、矩《のり》を踰《こ》えたであろう。デモクラシーの経験に最も老練を積める英国民に於てさえいまだ理想的の自由に達しないのである。まして自由なる言葉を五十年前に始めて聞いたような国民がかくの如き意味に於て自由を理解することは、もとより期待されぬことであって、従って仏蘭西《フランス》革命のワイワイ連中がこれを誤解して応用を過り、悲惨な歴史を演じたような事なきため、デモクラシーを重んずる者は冷静にこの問題を理解することに努めたい。

これだけでは僕は自由論に反対するように聞ゆるが、僕はその誤解を心配するのであって、これより正解に努力したい。

〔一九一九年二月一日『実業之日本』二二巻三号〕

自由の真髄

内部の矩と外部の矩

論語にある「己《おのれ》の欲するところに従えども矩《のり》を踰《こ》えず」の一句こそ実に自由の定義を能《よ》く述べて尽したものであると前号に説明し、然《しか》らば矩とは何なるかと反問し、これには大略内部と外部との二つに分つことが出来ようと述べた。外部の矩とは外部より来る要求、圧迫、強制等で、風俗習慣も一国の法律もその類であるが、しかしこの意味に於ける外部の矩も自分が心から心服して何の不平もなく甘んじてそれに従い、あるいはもしそういう風俗習慣なり法律なりが存しなかったなら、自分から進んで拵《こしら》えたいと思うような矩であるならば、一見外部の矩の如くであるが、自己の意志の欲するところに合致する以上は、これを外部の矩とはいい難《がた》い。故に立憲国の法律の如きは国民自身が制定するのであるから、己の欲するところであって、その間に内外の区別を設けることは難《かた》い位である。

しかし自分が設けた法律でもこれを破れば制裁は外《ほか》より来る。議会で決した法律の制定に特別委員となって働いた議員ですらも、この法律の規定に反すれば制裁を遁《のが》れることは出来ない。警察なりその他外部の力によりて罪せらる。この意味に於ては法律もやはり外部の矩というてよいであろう。習慣もまた同じであろう。勿論風俗習慣に反したからとて一々罰せらるる訳ではない、青年は普通に紺絣《こんがすり》を着ている、この風俗を破って真赤な服で登校してもこれを罰することは出来ぬ。しかし世間の人は彼を笑うて狂人と見做《みな》すであろう。友人は彼と共に歩くことを嫌うであろう。恐らく先生方も彼を遠ざけるであろう。シテ見れば法律の矩は踰《こ》えないにしても、世間一般で善良なる風俗と見做している矩を破れば、その罰として世間から排斥されることになる。こういう風《ふう》に外部の矩を踰ゆると自ら外部の罰を受ける結果になる。ヨシ心の中で快とせぬことでも、悉く感服したことでなくとも、大概のことなら外部の矩を遵奉し、社会や国家と調和して行って、そこで始めて世の排斥も侮辱も圧迫も受けないで、心の欲するところに従い得るから、大概のことは外部の矩に譲歩してその償としていわゆる自由を享有するのである。

然《しか》らば法律と風俗習慣とを守ってさえいれば自由であるかというに、それはやはり外部の自由だけであって、心底までその自由が徹底しているとはいわれない。言い換えれば国の法律なり風俗なりに対して全く服従出来ないことがあったなら、即ち心に服従することを欲しないことあるのにかかわらず、表向だけ唯々諾々としてこれを遵奉するは自ら欺くというもので、内部の矩を踰ゆるものではなかろうか。

内部の矩となるべき胸中のある者

人《ひと》は各自に思うところがある。一寸の虫にも五分の魂があるという、僕は寧《むし》ろ一寸の虫にも五寸の魂といいたい。魂は身体より遥に大なるものである。世の中で何の名もなく位もないいわゆる田夫野人《でんぷやじん》であっても、その思うところ欲するところは王侯貴族に劣らぬものが沢山ある。これは独《ひと》り各自の慾望が多いとか慾に限りがないというのでない、僕の言わんとするところは各自には冒すべからざる所信または思想がある。その深い所を良心といい、陽明学者のいう良知、人の人たる本心、孟子のいう是非の心、時には自分の一部でないように思わるる何物かが胸中に存在している。

有名な英国の文士ウェルス氏〔Wells, Herbert George, 1866–1946. イギリスの文明批評家、作家〕が近頃一書を著《あらわ》して世間を騒がした。一体この人はあらゆる方面の智識を味《あじお》うた人で、文士とはいいながら学術的素養が甚だ深い。しかるに無宗教論で有名であったが、先頃始めて神に関する一書を出して大《おおい》に基督教《キリストきょう》を罵倒《ばとう》し、基督教の教ゆる神は論理上承認し難い、しかして自分の信ずる神、寧《むし》ろ自分の発見した神は各自の心に存在し、各自と生命を共にし、生るる時に備わって来て、恐らく自分が死すれば共に消ゆるものであろう。しかしそれはいわゆる自我とは異《ことな》り、独立なる存在で、ただ我体内に宿っている。しかして我を警《いまし》め、我を守り、我を誤らんとするものある時は必らずこれを警戒する、もし彼に反《そむ》けば彼大に我を責める、従って苦めるものなりと説いている。昔陽明学者の歌に

皆人《みなひと》の詣《まゐ》る社《やしろ》に神《かみ》はなし
　こゝろの中《うち》に神《かみ》ぞましします

と教えたるその神に最も類したものらしい。僕はここで有神論や宗教論を述べんとする意ではないが、人には老若貴賤の区別なく右に述べた神の如き何かが各自に宿っていることは、僕の堅く信ずる所であって、また何人も信じなくとも否定の出来ぬことであろう。そこでこの何ものかがあるいは勧めあるいは命じあるいは禁ずるものを僕は内部の矩といいたい。人はそれに背こうとしても背かれぬ、強て背けば終生心に不安を感ずる、この内部の矩を制定するのはあるいは神といわんか、昔のソクラテスのデイモンといわんか、旧約聖書にある声(voice)といわんか、名は人によりて異なるにしてもともかく自己以上の偉大なる威権を有するものがあるだけは何人も認めるところであろう。何人も認めながらその声に何時《いつ》も服従する者は甚だ少い。要するにこの声を能《よ》く守る者は善良なる人、悉くこれに従えば聖人君子というものであろう。孔子が七十歳に至って始め

て矩を踰えない域に達したのは外部の矩よりも寧ろ内部のこの矩を意味したのではなかろうか。孔子は若い時には随分他人の排斥を受けたようであり、他人の反感を買ったこともあったであろうけれども、彼は大して風俗習慣を破ったことを聞かぬ、もし彼が外部の矩に背いたことありとすれば、下劣なる輿論に背いた位なものであろう。大体に於ては若い時から外部の矩を能く守った人と思わるるにかかわらず、七十にして始めて矩を踰えないところに達したと断言せるを見れば、この矩は必ず内部の矩であったろうと思われる。もしそうならば孔子はその欲することが悉く良心の命ずる所と一致したのである。これを顚倒していえば良心の命ずる所は一として心の欲せざる所はないことになる。心の欲望と本心の命令とが合致したのである。やや極端に聞えようが、人と神と合致した所に達したのではないか。というも僕は孔子を以て神と同一視するのでないが、ウエルスのいわゆる神の意で合致せるというに過ぎぬ。

内外の矩の衝突した場合

外部の矩《のり》は守り易《やす》い。また悉《ことごと》くこれを守ったところがその人は平凡な国民あるいは臣民たるに過ぎない。これに反し内部の矩を守るは頗る難く、その代りにこれを完うすれば即ち聖人君子となるのである。ところが内部の矩の命ずることは必ずしも外部の矩の命ずるところと合致しない、一般臣民が善良なる風俗習慣としあるいは結構な法律と見《み》做《な》しているものも、聖人君子もしくは時代より一歩進んだ先覚者の眼より見れば、あるいは時世後れであったりあるいは無意味であったりあるいは有害であると認むるものが少くない。この場合には外部の矩は服従を要求しても内部の矩はこれに反対を命ずる、そこで内外の衝突が起って、何れの矩に従うべきか、凡人の思い寄らぬ争闘が心の中に起る。この場合には我々凡夫は内部の矩を棄てて外部の矩の要求通り行っておれば安全にしていわゆる自由に世を渡れるからその方を望む者が多いのであるが、しかし聖人君子の如き先覚者になると、外部の矩より内部の矩の方が大切であり、己の心に反していわゆる安固にいわゆる自由を求むることを潔とせぬ、そこで俗界のいわゆる安固と名利もこれを犠牲にしてまでもなおかつ内部の自由と安固とを得んとする。これは今日までの先覚者の例を見ても覚ることが出来る。近き例をいえば吉田松陰の

かくすればかくなるものと知《し》りながら
止《や》むに止《や》まれぬ大和魂《やまとだましひ》

というたのは、時の法律に反けば自分の生命の危きことは百も承知である、即ち外部の矩に反けば外部の利益自由を失う、生命をも失う、これは承知でありながら、如何せん止むに止まれぬ、反くに反かれぬ命令が心の中に発布せられ、その矩に従わざるを得な

いところに立ち入ったのである。耶蘇《やそ》の伝を見ても世人の望むがままに身を処し、言いたいこともいわず、潔しと思わぬことも行《おこな》い、時の政府の意に反かずにいたなら、あのような不自由もせず、あのような悲惨な死を遂げなかったであろう。洋の東西を問わず主義のために斃《たお》れ、宗教のために殉じた人々、あるいは時代より一歩進んだ考を懐き身を犠牲にした人々は、何れも内外の矩の衝突を経験して、その都度《つど》外部の矩に従わずして内部の矩に従った人である。僕はデモクラシーを論ずるに当りてその一大要素たる自由を、単に法律上の権利とか社会上の特権とかに限りて思うている間はまだまだ真の自由を解さぬもののような心地する。内部の矩を踰えない自由を理解してこそ始めてデモクラシーの真の味が分るものと思う。僕は仏教の教には甚だ暗いが、経文中でしばしば教ゆる一切平等は法律的あるいは社会的のものをいうの意でなく、僕がここに述べた意より一層深い一層高い意であると信ずるが、せめてここに説ただけの程度に於てさえも自由の何たるを理解するにあらざれば、デモクラシーの理想に達することは甚だ覚束《おぼつか》ないと思う。

デモクラシーの指導者

またデモクラシーの指導者となるべき者は、自己の内部の自由を得んがために、外部の自由や権利をも捨つる位の覚悟がなければその目的を果すことは出来ない。先覚者は必らず時代に容《い》れられないものである。彼らは時代の社会より一歩か二歩、もしくは十歩二十歩先に出ている。よく兵を動かす指揮官は隊の中にありとはいいながら、身そのものは隊より数歩先に進んで率《ひき》ゆると同じようなものである。身は社会にありてなお世のものではない、従って世から誤解されるのが当然である。ある意味に於ては誤解でない、低い程度に於て理解されているのである。庭に餌《えさ》拾う小雀は鷲の心を知らぬというが、小雀といえども鷲の心情を一から十まで誤解するのでない、その一分《ぶ》二分《ぶ》は確に理解するも、あとの七分通りが分らぬのである。これ誤解でなくして不解である。この不解を恐れて自己の良心に反くことはただに自己に不忠なるばかりでなく、世に対しても不忠になる。何となれば先覚者があればこそ世が進むのである。一国の人々の思想が悉く統一されたり、何事に就ても異説がないとしたら、社会は如何にして進歩があろうか。いわゆる時代思想に超然たる人あればこその人を殺してもなおその人の恩を受けることは遠い例に鑑《かんがみる》に必要もない、明治維新の際、日本を造った人は何れも当時の幕府より見れば異論であり売国奴であり危険思想を懐いていた人々である。彼らはその一身を犠牲にしたけれども、しかも彼らによりて新しい日本は造られたのである。佐藤一斎のいわゆる俗情に墜《おちい》らざるこれを介《かい》というと教えたのはこの点であって、如何《いか》に外部の圧迫が強くとも、己の心に潔《いさぎよし》とせざることに従わぬところを俗情に墜《おち》らずというのである。恐らく人間と生れた最大の権利は自分の心に従うことであろう。心の外に別の法なし、少くとも心に優る法律はない、勿論この理《ことわり》を極端に説けば、啓発されない人心までも心であるから、その心に従い、それ以外のものに反くというたなら、社会の成立は出来なくなる。そうなれば前に述べたルソーのいわゆる自由となりて動物と選ぶところがなくなる。故に孟子の教でも陽明の教でも、徳川の圧制政治ではこれを危険視して教えなかったのも無理ならぬことである。

今僕がやや陽明に関した説をここに述べ、自由の本義を述べたが、読者に於ては既に承知のことであろう、しかしこの説を誤れば独り我身のみならず社会をも過《あやま》るものである故危険が多い、危険の多い説なるが故に、僕は注意を惹《ひ》くの必要ありと思い、ここにその一端を述べた次第である。

〔一九一九年三月一日『実業之日本』二二巻五号〕

平民道

渡米船上の感激

先達《せんだって》中本誌の余白を借りてデモクラシーに関して一言するところがあった。今回計らずもデモクラシーの本家本元なる米国に渡るを好機会として、自分の述べた事が他人の、ことに先輩の説くところとどれほど符合するか、また背馳《はいち》するかを見たい心掛である。

横浜を出帆する際、親類を見送りに来られた文学博士遠藤隆吉君〔一八七四―一九四六　社会学者〕に甲板上で遇うたら、同君が『社会及国体研究録』の第一号を手渡しつつ「デモクラシーは国体と相反するような考を抱く人があるので誠に嘆かわしいから、今度このような研究録を出して大《おお》いに世の惑《まどい》を釈《と》こう」といわれた。この一言は深く吾輩を感激せしめた。僕は同君には日頃親しみはないけれども、君の手を執《とっ》て打振るほど悦《よろこ》ばしく思った。しかし口に発したのはただ「ドーゾやってくれたまえ」と繰返すのみであった。

デモクラシーは平民道

しばしば紙上に述べた通りデモクラシーは現時世界の大勢である、これに背く民はその末甚だ憂えられる。ただに流行なるが故にこの勢に乗ずべしとは吾輩《わがはい》の主張するところでない。吾輩の主張は今回に始った事でなく二十年已来の所信であった。たまたまこの事を述べてもとかく誤解を来し勝《がち》であるために遠慮をしておった位な事であるが、吾輩の所信は已《すで》に数多き著書の中《うち》にあちらこちらに漏らしてある。かつて十余年前大阪で演説した時の如きは聴衆の中にあった米国のウエンライト博士〔Wainright, Samuel Hayman, 1863–1950. 宣教師として来日。キリスト教書の出版・普及につとめた〕が演説後僕に言われたことに「君は武士道の鼓吹者とのみ思っていたに、今日その反対の説を聴いて驚いた」と。その時僕は同博士に拙著『武士道』の巻末を熟読せられたなら、吾輩の真の主張が理解されるであろうと答えた。この一話によっても読者は察せられるであろうが、今日僕の論ずるデモクラシーは決して今日に始った事ではない。デモクラシーなる字が如何にも流行語になったからこれを説くものも流行を追うものの如く思われ、またこの字を民主主義とか民本主義とか訳するから国体に反《そむ》くような心配を起すけれども、僕はこれを簡単に平民道と訳してはドーであろうかとの問題を改めて提議したい。

武士の階級的道徳を武士道という、しかもこの名詞は昔一般に用いなかった。士道なる言葉は素行も松陰もまたその他用いていた人が衆多ある。これと同時に武士なる語も言うまでもなく古くから使用さるる語である。然《しか》るに武士道と三ッ並べた熟字は一般に用いられなかった。僕は度々この文字の出所《でどころ》を尋ねられたけれども、実は始めて用いた時分には何の先例にも拠《よ》った訳ではなかった。然るに今日は武士道といえば誰一人この字の使用を疑うものはない。元来武士道は国民一般に普遍的の道徳ではなく、少数の士の守るべき道と知られた。しかし武士の制度が廃せられて士族というのはただ戸籍上の称呼に止る今日には、かくの如き階級的道徳は踏襲すべくもない。これからはモー一層広い階級否な階級的区別なき一般民衆の守るべき道こそ国の道徳でなくてはなるまい。また国際聯盟なんか力説される世の中に、武に重きを置く道徳は通用が甚だ狭い。また仮りに国際聯盟が出来ないにしても武に重きを置かんとするよりは、平和を理想としかつ平和を常態とするが至当であろう。しかのみならず先に言う如く士は今日階級としてはない、昔の如く「花は桜木、人は武士」と謳《うた》った時代は過ぎ去って、武士を理想あるいは標準とする道徳もこれまた時世後《じせいおく》れであろう。それよりは民を根拠とし標準とし、これに重きを置いて政治も道徳も行う時代が今日まさに到来した、故に武に対して平和、士に対して民と、人の考がモット広くかつ穏かになりつつあることを察すれば、今後は武士道よりも平民道を主張するこそ時を得たものと思う。

平民道は武士道の延長

かく言《い》えば僕は時代とともに始終考えを変えて行くように聞えるであろうが、時代について用語が異なったりまた重きを置く所も異《ことな》るのは至当の事である。根本的の考えは更に変らない、恐らく昔の聖人といえども時と場合によって説きようを自在に変えたであろう。人《にん》を見て法を説くとは即ちこの謂《いい》である。同じ文字を使っても内容を変えれば一見貫徹している如く見えても意味が異る。その反対に用語を違えても思想に至っては一貫していることもある。

今日とても士道なる文字をそのままに書いてなおその内容に従来の意味と異る思想を含めることは甚だ容易《たやす》い。たとえば明治になって新に士籍とはいわれまいが、広い意味に於ける士の族に昇格したものが沢山ある。学士を始《はじめ》として代議士もあれば弁護士もある。モット広く用ゆれば国士もあれば弁士もある、即ちこの新らしき士族は昔のそれと違って武芸を営むものでない。然《しか》るにいわゆる平民なる一般国民に比してより高き教育を受けた輩《やから》である、随って彼らは名誉ある位置を占め、社会の尊敬を受けるものであるから、誰人《たれ》も士たらんことを望むであろう。さすればやはり「花は桜木、人は士《さむらい》」なりと歌っても、あな勝ち時代錯誤ではあるまい。しかし今日のいわゆる士《さむらい》は昔の武士のように狭い階級ではない、各自の力によって自在に到達し得る栄誉である。かくの如く同じ文字を使っても内容を全然変えれば外部は一貫してもその趣旨に於て大差を来たす。それと同然に別の文字を用いて趣旨を一貫する事も出来る。僕のいわゆる平民道は予て主張した武士道の延長に過ぎない。かつて拙著にも述べて置た通り武士道は階級的の道徳として永続すべきものではない、人智の開発と共に武士道は道を平民道に開いて、従来平民の理想のはなはだ低級なりしを高めるにつけては、武士道が指導するの任がある。僕は今後の道徳は武士道にあらずして平民道にありと主張する所以は高尚なる士魂を捨てて野卑劣等なる町人百姓の心に堕ちよと絶叫するのではない、已に数百年間武士道を以て一般国民道徳の亀鑑《きかん》として町人百姓さえあるいは義経、あるいは弁慶、あるいは秀吉、あるいは清正《きよまさ》を崇拝して武士道を尊重したこの心を利用していわゆる町人百姓の道徳を引上げるの策に出でねばなるまい。丁度徴兵令を施行して国防の義務は武士の一階級に止まらず、すべての階級に共通の義務、否権利だとしたと同じように、忠君なり廉恥心《れんちしん》なり仁義道徳もただに士《さむらい》の子弟の守るべきものでなく、いやしくも日本人に生れたもの、否《いな》この世に生を享《う》けた人類は悉《ことごと》く守るべき道なりと教えるのは、取りも直さず平民を士族の格に上《のぼ》せると同然である、換言すれば武士道を平民道に拡げたというもこの意に外《ほか》ならない。

武士があって武士道が興るのは歴史的の順序と思われるが少しく歴史の隠れたる力を研究したなら、たとえその名がなくとも武士道あって始めて武士が出現したと言うのが過言であるまい。道の道とすべきは常の道にあらずとやら、武士の道を武士道と名付ける間はまだ武士の守るべき常道を穿《うが》ったものではあるまい。いわゆる武士道なるものはその名の起る前に忠君の念、廉恥心、仁義、人道なる思想が少数の先覚者に現われて彼らはいわゆる士《さむらい》となって、その後武士の階級が起り以て武士道が鼓吹されたものであろう。今日この武士の階級が廃せらるるといえども、根本のいわゆる常道は決して失わせることなく広く施されて万民これを行えばこれが少数の武士階級に行わるるより遥《はるか》に有力な、かつ有益な道徳となるに違いはない。して万民普《あまね》くこれを行えば最早《もはや》武士道と言われない、これが即ち僕の平民道と命名をした所以である。

デモクラシーは国の色合

デモクラシーといえば直ちに政体あるいは国体に懸《かか》るものと早合点する人が多い。僕はしばしば繰返してこの誤解を明かにせんことを求めたが、デモクラシーは決して共和政体の意味にのみ取るべきものでない。もっとも共和政体とデモクラシーと関係の近いことはいうまでもない、けれどもこの両者が同一物でない、我国体を心配するものは右両者の関係近きがためであるけれども、近いがために危険視するのは取越苦労であって、君主国と専制国と関係甚だ近い、それ故に君主国を危険視するならばそれこそ危険の極でないか。僕の見る所ではデモクラシーは国の体でもないまたその形でもない、寧ろ国の品性もしくは国の色合ともいいたい。であるから共和政治にしてもデモクラシーの色彩の弱い処《ところ》もある、現に羅馬《ローマ》の歴史を見てもオクタヴィアスの時代にはその政体の名実が符合しない感がある。また近きは奈翁《ナポレオン》三世の時代の仏蘭西《フランス》も果して共和国であったか帝国であったか判断に迷う位である。また名は君主国であってもその実デモクラシーの盛《さかん》に行われる英吉利《イギリス》の如きは、名も形も君主国にして、その品質と色彩は確《たしか》にデモクラシーである。僕のしばしば言うデモクラシーは我国体を害しないものとはこの意味であって、この意味を解さないものは、吾国体を世界の趨勢、人類の要求、政治の大本《だいほん》より遠ざからしむる危険なるものと言わねばならぬ。前に武士に先《さきだ》って武士道の大義が存在したと述べたと同じ理由によりて、僕は政治的民本主義が実施さるるに先って道徳的といわんか社会的といわんか、とにかく政治の根本義たる所にデモクラシーが行われて始めて政治にその実が挙げられるものと思う。モット平たく言えば民本思想あって始めて民本政治が現われる。して民本思想とは前に述べた平民道で、社会に生存する御互が貧富や教育の有無や、家柄やその他何によらず人格以外の差別によって相互間に区別を付けて一方には侮《あなど》り、一方は怒り、一方は威張り一方はヒガみ、一方は我儘《わがまま》勝手の振舞《ふるまい》あれば一方は卑屈に縮むようでは政治の上にデモクラシーを主張してもこれ単に主張に終りて実益が甚だ少なかろう、トいって僕は然《しか》らば政治は圧制を旨《むね》としても思想的のデモクラシーを主張すれば足れりとは信じない。政治的の平等と自由を主張する事は思想の上にデモクラシーを実現する助《たすけ》ともなることなれば、政治的民本主義も鼓吹すべきであるけれども物の順序より言えば一般人民の腹の中《うち》に平民道の大本を養ってその出現が政治上に及ぶというのこそ順序であろう。

米国がデモクラシーの国というのは共和政治なるが故ではない、彼らがまだ独立をしない即ち英国王の司配の下《もと》に植民地として社会を構成した時に社会階級や官尊民卑や男尊女卑の如き人格以外の差違を軽んじ、また職業によりて上下の区別をなしたり、家柄、教育を以て人の位附を定める如き事なく、人皆平等、随って相互に人格を認め、相互の説を尊重する習慣があったれば、今日米国のデモクラシーが淵源深く基礎が堅いと称するのである。

〔一九一九年五月一日『実業之日本』二二巻一〇号〕

新自由主義

真の教育とは何か

新自由主義という問題を述べるにあたって、先《ま》ず私はどういう心がけで、このことについてお話するかというと、これを学術的の問題として研究するのでなく、一つの生きた思想問題として取扱いたい、と思うのである。私も随分長く生きているが、今日のように、行詰った、暗黒な、日本を見たことがない。いやしくも国を憂うるものは、政治家といわず、学者といわず、どういう心がけをもってこの時運に直面すべきか。この点を十分に考えたいと思うのである。

随って、私は諸君に、人生観を、あるいは政治問題を解決する最後のテーゼを捧げるわけではない。無論それほどの確信は持っておらぬ。ただ私が今まで読んだり聞いたりして、どこということなしに残っている感じを、ここに述べてみよう。

ある人が、教育とは何かといった時に、これを解釈して、「教育とは学校で習ったことを悉《ことごと》く忘れた、その後に残っているものをいうのだ」といった。これは実に穿《うが》った言葉である。大学で聞いた講義のノートなどを持出してチャプター・エンド・バースをやっている時代はまだ本物でない。それは講義の写しである。ほんとうの教育というものは何も彼《か》も忘れた末に、しかも自分のいうことは誰からいつ習ったことかわからない、すっかり自分自身の物になり切った、パーソナル・コンヴィクションになった、それがほんとうの教育である。学説というものも、そんなものではないかと思う。誰々がこういったなどといっている時分は、まだ本屋へ行って本を買う方がよろしい。

大体そういった風《ふう》の考えから、私は、新自由主義についても、チャプター・エンド・バースを参考書も挙げずに述べてみたいのである。

有名なゲーテの言葉に、すべて学説は灰色の如く、オール　セオリー　イズ　グレー、人生の木は永遠に緑なり、エバー　グリーン　イズ　トリー　オブ　ライフという味《あじわ》うべき言葉がある。学説というものは、ハッキリしているようであって、その実は灰色、鼠色である。新しいような古いものである。あのソロモンもいったように、空の下に新しき物一として有るなし、真にその通りであるかも知れない。

今日の東洋は西洋から知識を得ている。その西洋の知識の淵源を遡《さかのぼ》って行ったならば、恐らくプラトーか、もう少し進んだらソクラテスというところであろう。そのソクラテスの教えの中に、すでに新自由主義というものが含まれてあるように思う。新自由主義なるものを、一の学説として考えれば、ハッキリしたような、ハッキリせぬような、極《ご》く灰色のところがあるけれども、新自由主義というものを一のライフのプリンシプルにしたならば、永遠に緑にして色の変らないものがあろうと思う。

もし私のかく信ずるところに誤りがなければ、永久に緑に生々《いきいき》としているこのプリンシプルこそ、吾々の人生観、あるいは吾々の社会及び国家に対する態度を定むるに足るものではなかろうか。然《しか》らずして、ただ学説によって、自分の肚《はら》を決めようとするならば、惑《まど》うこと甚《はなは》だ多かろうと思う。殊《こと》に、近頃の若い人のように、マルクスの言葉をもって神の言《ことば》の如く信じ、著《あらわ》された書物を読んだり聞いたり、丸呑《まるのみ》にしたりして、それをもって人生観とする如きは、いわゆるグレーセオリーの中毒で、最も迷う虞《おそれ》がなかろうか。こういうことを老婆心ながら、私は心配するのである。マルクスの説でさえも、すでにマルクスが死ぬと間もなく、右と左の二つに岐《わか》れた。一方にベルンシュタイン〔Bernstein, Eduard, 1850–1932. ドイツの政治家。マルクス主義に対する修正主義者〕があれば、一方にはカウツキーがある。今日マルクスが生れ変って出て来たならば、果して何方《どちら》の方に賛成するであろう。ちょうどキリスト教にいくつもの宗派がある。右の極端と左の極端は相容《あいい》れないほどの差を現《あらわ》している。今日キリストが生れ変ったならば、果してどこに己《おのれ》の教義を見出すであろう。それほど惑わしく、多くの宗派が現れた。

自由主義は英吉利から

自由主義についても同じである。自由を論じたことは、遠くプラトー時分からあるけれども近代の自由、殊に政治界に論ぜらるる自由主義は仏蘭西《フランス》革命の時代をもって確《たしか》に一エポックを劃したものであろう。しかしあの時分の自由なるものは、仏蘭西でルソーやヴォルテール、フェレベシアス〔Helvétius, Claude-Adrien, 1715–71. フランスの思想家〕などが考えたというよりは、むしろ英吉利《イギリス》から習って来た一種の教理であろう。モンテスキューもいう通り、自由というものは、必ずしも仏蘭西で起ったものとは思われない。独逸《ドイツ》の森林に起ったともいっている。外《ほか》の事では決して独逸に譲らなかったモンテスキューも自由という観念については、確に独逸民族より起ったもののように教えている。しかしながら独逸からすぐ仏蘭西が習ったのではない。独逸のアングロサクソンなどが英吉利に行って、これを社会生活及び政治生活に応用した、この有様を羨《うらや》ましく思って仏蘭西に輸入した、それが原因となって遂に仏蘭西革命が起った——こういって多く誤りはあるまい。百余年も経った今日、なお仏蘭西革命について、学者の説がいろいろ異っているけれども、自由思想を真向《まっこう》に掲げたということだけは、蔽うべからざることで、かつまたこの自由思想は仏蘭西から起ったのではなく、大体において英吉利から来たというのが真実らしい。

然《しか》らば、英吉利はこの思想の傾向を、誰によって習ったか。これは習ったというのではなく民族の特徴であろう。あの個人主義気質、マイ　ハウス　イズ　マイ　キャッスルという風習が、自然に齎《もたら》したものであるかもしれない。ある人は木造の家がそういう性格を造ったという。木造建築は火災の憂《うれい》が多いので、各々《おのおの》家を離して建てた。そこで個人主義気質が発達したという。これも一つの理由であろう。けれどもまた一方からいうと、石造の家に入っておって、他の者との交渉を遮断したともいえるから、勢いこれは民族の特徴というところに帰せねばならぬ。

仏蘭西の社会学者デモワント〔Demolins, Joseph Edmond, 1852–1907. か〕がいっているように、英吉利及び独逸、ゲルマニック人種はパーソナル、インデビデュアルの性質を帯びている。拉典《ラテン》人種、仏蘭西人、西班牙《スペイン》人などはコンミュナルな性質である。これは両方一得一失があって、何方《どちら》が善《よ》い悪いとはいえない。善いところもあり、悪いところもあるが、ともかく事実はその通りで、確に英吉利人、独逸人は個人主義的《インデビデュアリスチック》である。けれども独逸人は大陸におって、孤立することが出来なかった。恐らくそのためでもあろう、だんだんコンミュナルになる。殊《こと》に、絶えず隣国との戦争があったために、国家の力がだんだん強くなって来て、遂に個人主義の上に国家の力が跋扈《ばっこ》するようになって来た。同じ人種でありながら、英吉利へ行ったものは、その虞《おそれ》がなかったために、自分以上の権力を認めることが少くて、ますます個人主義を発揮して来た。

独逸はこれと反対である。かのカントの如きは個人主義は主張しているけれども、彼の説はただ哲学の原理について行われておって、政治上については勢力が甚だ少い。むしろ国家を殆んど全能の如く見做《みな》したヘーゲルの説が、独逸の知識階級を支配するに至った。その一方において英吉利では、哲学者という哲学者はロックであれ、ホッブスであれ、ベンザム、ジェームス・ミル、ジョン・スチュアート・ミル、もう一歩個人主義を主張したハーバート・スペンサーなど、殆《ほと》んど英吉利の思想界では個人主義が一般の立前になって来たのも、まさしくこれは英吉利民族の性質であることが、証拠立てられるであろうと思う。折々例外はあっても、大体において、英国にはそういう傾向があり、それが法律学、社会学等のいろいろの方面に現れている。

倫敦《ロンドン》の銀座ともいわれる街角《まちかど》で、高帽子を被って、立派な紳士がソーセージの立食《たちぐい》をしておっても、誰一人奇異に思うものはない。他の国なら、何とか彼《か》とか人の口に上るようなことも英吉利人の間ではかまわない。他人の邪魔にならないことなら、食いたい物は食ったらよろしい。おでんを食うなという法律もなければ、ソーセージの立食をしてはならぬという規則もない。自分の銭《かね》で自分が食うのである。他人の邪魔にならなければ、ちっとも差支《さしつかえ》ないじゃないかという行方《ゆきかた》である。それほどパーソナリテーというものを重んじている。これは実に羨《うらや》ましい。コンミュナルな性質を持っている民族にはこの真似《まね》は出来ない。仏蘭西でもそうである。殊《こと》に日本などで、相当な人たちが往来で立食でもしようものなら、すぐ人の口《くち》の端《は》に上って、何の関係のないものまで、とやかく言いたがるのである。

自由の限界

それは暫く措《お》いて、英吉利は、今日吾々の学んでいる自由というものを、先ず欧羅巴《ヨーロッパ》へ植《うえ》つけ、更に進んで、それを世界の政治社会に普及した、といっても過言ではあるまいと思う。ところが、英吉利という国は、吾々が見るところを率直に語るならば、いかにもこれをやり過ぎたかと思われるところがある。あるいは個人の権利なりと称して、自分の好むところをどこまでもやろう、これは自由であるといって、あまりにそれをやり過ぎたように思われる。

ワーラス〔Wallace, Alfred Russel, 1823–1913. イギリスの博物学者〕という人の書いた物に、一体、自由の結果として、吾々が有する権利とは何か、権利とは他人を害する権利だという。自分を守ることが権利だというならば、まだしも、力の有るものは自分の権利を守るばかりでなく、他人の権利を侵害することに力を尽す。英吉利の自由主義が、そこまで進んだということには、いくた例証すべき証拠もあり、かつまた、これは進み得る可能性が頗《すこぶ》る多い。かのミルの『自由論』の中《うち》にも、自由とは他人の自由を妨げないで、己《おのれ》の好きなことをするのを自由という——と条件がついている。

他人の自由を妨げない程度において、自分の好むところに従う。これは何となく論語の己の欲するところに従えども矩《のり》を踰《こ》えず、というのに似ている。ミルは、矩を踰えずという言葉の代りに、他人の自由を妨げないということを言っている。孔子にいわせたならば、他人の自由を妨げるということは、もう矩を踰えるのであるから、矩を踰えずというのは、要するに、他人様のお邪魔にならないという意味になり、この二つはまことに符合した解釈のように思われる。ミルがそういう定義を下したのは、恐らく先刻《さっき》述べたように、自由という名の下《もと》に、己の欲するところを勝手放題にして、他人の自由を妨げ、他人の権利を阻害する虞があったから、こういう条件をつけたのであろう。

そこで英吉利では、一般にそう信ぜられているが、実際は、権力があればとかく他人の自由にまで入り込む。しかもなお常に自由自由と叫んで、すべての法律なり、社会の制度が出来たのである。これはどうも避け難いことであったろう。けれども英吉利人は、その民族性から、普通にはなかなか互《たがい》の自由を妨げない。同じ性格と習慣によって育った人間が、社会を造っているのであるから、ある程度までは節制がある。故に、英吉利

において は、いかに自由論が盛んに行われても、昔からその自由なるものを、いかに利用するかということに、子供の時から慣らされていて、弊害があっても極端にまでは行かない。

英吉利人から見ると、自由というものは、人生観の根柢になっている。自由がなければ生きている甲斐《かい》がない。生きているということは、自由を得るためであるという風《ふう》に、自由ということとライフ、ライフとリヴァテーということを結びつけて、ライフとは自由だ、自由とはライフだ、という風になっているから、一方に非常な弊害が起るということは割合に少い。この点人真似《ひとまね》をして自由を主張している国民に比べれば、大へん違っている。ところが、この自由ということを仏蘭西に移入すると、自由なるものの活用方法を殆んど知らない。自由というものはライフではない。一のセオリーである。だからグレーになってしまう。英吉利ではこれがライフであるから、人生の木は常に緑なり、自由というものも、緑の木の如く栄えて生々《いきいき》している。仏蘭西は説だけ持って来て、ライフそのものを忘れて来た。仏蘭西革命において、かのマダム・ローランドがギロチンの上から叫んだように、ああ自由よ自由よ、汝の名において幾何《いくばく》の罪が行われたであろうか、といって嘆かしめた。そのはずである。ライフとセオリーとをまだ消化し切れなかったのである。

真の自由は漸進主義

とかく輸入の学説には、こんな危険がある。殊《こと》に国情、人情、人種的の差、民族の伝統《トラヂション》、本能《インステンクト》、理想《アイデア》に適《かな》うか適わぬか、まだ分らぬ学説を迂闊《うかつ》に取入れて、セオリーのみを重んじている時には、頗《すこぶ》る危険の多いものである。マルクスの学説にしても、その通りである。マルクスは猶太人《ユダヤじん》であるから、猶太人があの学説を信奉するならば、極端にならないかもしれないけれども、露西亜《ロシア》に持って行くと極端になる。露西亜でもマルキシズムを主張しているものは多く猶太人である。その猶太人によって活用されてさえ、なお今日のような有様である。

世界で最も富有で、穀物の宝庫なりといわれておった露西亜の南部のブラックソイルへ行くと、穀物の蔵どころではない。今饑饉《ききん》だといって、他国から穀物を輸入している。農業耕作法が悪いか、天候が悪いかというと、そうではない。ただマルキシズムの結果が彼処《かしこ》に現れているといわざるを得ない。書物として、セオリーとして、どれほど立派であるかしれないマルキシズムも、ライフというものに応用すると、あのような無態《ぶざま》なことになる。マルキシズムについて常に私が憂えるのも、その点である。

学説は、どんな学説でも歓迎したいが、それを応用するには、よほど考えねばならない。英吉利の自由主義が仏蘭西に入って、かの残酷な革命を惹起《じゃっき》したように、マルキシズムが現在の日本に、ただの一日でも実行されたならば、恐らく仏蘭西革命以上の惨毒をわが国家及び国民に及ぼすであろう。殷鑑《いんかん》遠からず、仏蘭西革命の事実はよくこれを物語るであろう。

英吉利のリバテーの思想を、生半可《なまはんか》に咀嚼《そしゃく》して、一部の人たちの血気な元気に囚われ、これを実現しようとした試みがいかに失敗に終ったか、歴史的に見て、まことによい教訓を残してくれたものだと思う。あれほど残酷なことをして、国王の首まで馘《き》って、どれほどのことを歴史に残したかというと、なるほど自由とか権利とかいうことは、世界に知らせてくれた。日本の自由党なども、その系統を糺《ただ》せば、仏蘭西革命にまで遡るであろう。吾々も、それがためによい教訓を得たとはいいながら、然《しか》らば、あの残酷なことをせずに、自由の観念が世界に普及しないものであったろうかというと、私は然《しか》らずと答えたい。ああいう残酷な方法をとらずとも、早晩自由の思想は世界に普及し得るもので、むしろああいう残酷な事実を残したために、自由の進歩が遅れたとまでいいたいのである。

仏蘭西の文学者にテイン〔Taine, Hippolyte Adolphe, 1828–93. フランスの評論家〕という人がある。文学者というよりは、哲学者という方の人で、仏蘭西人には稀に見る真面目な学者である。この人がかって仏蘭西革命のことを研究した時、その根本となるものを知ろうとして、英吉利に渡り、いろいろな学者に会った。ジョン・スチュアート・ミルに会った時のことなども、英国文学史の中に書き残しているが、その中でこういうことを言っている。

ある時、ミルを訪ねて、ある大学の構内で話をした。ミルは大学の教授をしていたのではないが牛津《オックスフォード》だったか、剣橋《ケンブリッヂ》だったか、大きな木の生《は》えている大学の構内を歩きながら、ミルといろいろな会話を交えて別れた。その時思った。なるほどこれが英吉利式というものだな、ミルの書いたものは、自由論であれ、女権論であれ、もしくは経済論であれ、実に世界の思想を一変する力がある。今まで人に見出せなかった新発明、新学説、いずれを見ても、世界の人心を新にし、世界を革命するだけの説が、その書物に現れているが、しかし彼はこの説によって、革命を起そうと主張をしたことはない。ただこういうものである、ということを知らしめただけである。それによってあアそうかなアという一人が、此方《こちら》に一人出来、向うにも一人出来、彼の説をなるほどと信ずる人が十人出来る。十人の人から百人に、百人の人から千人に、遂に英国全体に自由の何物たるかがわかり、フェミニズムとはいかなるものかが理解せられて始めて世の中が変って行く。俺の国が革命で物を変えようというのとは違うなアと思って上天を仰いだ。ところが、上には青々とした大きな木が立並んでいる。何百年という星霜《せいそう》をつんで、鬱蒼《うっそう》として繁っている。これだ、これだ！　これが英吉利をそうするのだ。俺の国には大きな木はない。大きくなれば伐《き》ってしまう。ここが英吉利と仏蘭西と違うところだ。俺の国では何か事があると、すぐ山林を伐採するとか、古い物は打壊せというが、この国では何事にも濫伐《らんばつ》ということなしに、年々歳々一歩ずつ進んで行くといって歎いた。

私は文才がないから、これをよい按排《あんばい》に翻訳が出来ないけれども、実に美文である。カーライルのいったように、革命は大木を伐るが如く、天地を震動するが如き音を立てて倒れる。その時、その木の枝に熟していた木《こ》の実《み》が、風にまかせて四方に散って地に落ちる。百年経って何方《どちら》が社会を益するか。大きな音を立てて倒れた木は、間もなく焼かれてしまう。何の音も立てずに彼方《あちら》、此方《こちら》に飛んで行った木の実こそは、後日の森林を造るものだ。仏蘭西の自由主義の主張の仕方と、英吉利の自由主義の主張の仕方は、こういうものである。

革命で自由を得るということは、頗る危険であり、かつ頼りないものである。もし世界の改良なり、個人の自由なりを欲するならば、この木の実の如くなれ。彼方《あちら》、此方《こちら》に飛び去って、後日、森林を造り上げることこそ、真に自由思想伝播《でんぱ》の方法ではあるまいか。一方は英吉利式で、一方は仏蘭西式である。一方は漸進主義で、一方は急進主義である。一方を自然的方法というならば、一方は人工的方法とでもいうべきか。とまれ、この二つの国は、いろいろの意味においてよき対照をなしている。

明治初年の自由論者

前述の如く新自由主義なるものの大体の起原は、仏蘭西《フランス》革命からである。勿論《もちろん》、その前に自由という言葉もあれば、自由の運動もあったが、今日《こんにち》政治的の意味に用いる自由というものは先《ま》ず仏蘭西革命から起ったといってもよいだろう。労働問題というものは昔もあった。何も近頃のものではない。事実を古代に遡《さかのぼ》って話せば、埃及《エジプト》にも労働問題があった。我国においても、労働問題というものは、昔からあったともいえよう。奈良朝時代にもあったろう。証拠は挙《あ》げられぬけれども、あったろうと思う。少し時間を与えたならば、労働問題と解すべき社会的現象が、すでに奈良朝時代にあったという事実を探し得ると信じている。

それと同じように、自由ということも、昔もあったとはいいながら、今日いう政治上の自由なるものは、仏蘭西革命から世の中に現れたといって誤りではなかろうと思う。私はその時の思想を、日本に当嵌《あては》めて論じたいのであるが、日本に来たのは、仏蘭西革命時代の思想を奨励《しょうれい》したボルテヤ、フェレベシヤス、あるいはルソーの説が、真直《まっすぐ》に入ったのではなく、英吉利《イギリス》の学者なり、あるいは政治家または歴史を通して、入ったものと思われる。すでに明治の十年も前、中江などという人が頻《しき》りに自由論を唱え、仏蘭西風を日本に紹介したものである。

明治十年前頃の仏蘭西学者は、一種の天才肌の人が多かった。今でいうと髪を長くして、世の中を馬鹿にしたような、何事も消極的あるいは破壊的に見るような、しかし交際してみると大へん面白い、意表なことをいう天才的の人が多かった。中江篤介《なかえあつすけ》という人も、一種のゼニヤスな気風の人である。だから吾々子供の時に、仏蘭西学者というと、何だか人としては面白いけれども、信頼の出来ない、体《てい》のよい講釈師みたように見えていた。つまり尊敬はするけれども、その人に一州を委《まか》せるとか、あるいは国を委せるとかいうほどの、信頼の出来ない肌の人が多かった。勿論、みんなそうだというわけではない。実直な人もあったけれども、そういう人が多かった。あれが仏蘭西学者だといって指をさされる人の中に、目立った人が二人も三人も自殺をしたり、妙な死方《しにかた》をしたために、一層仏蘭西学者というものは、みんな妙なものだというような感が、吾々《われわれ》書生の頭には拡《ひろ》がっておったのである。とにかくそういう風で、仏蘭西学というものは、直接には日本に普及しなかった。陸軍の方は別だ。軍事教育は、徳川時代から仏蘭西人に委せてあった。政治なりあるいは一般の学問については、仏蘭西のインフルエンスというものは割合少かった。

これに反して、英吉利風が盛んに行われていたことは、ちょうど今日スポーツの言葉が英語である如く、政治の言葉も、英語が最も盛んに行われていた。これは大隈さん一派の、政治界における勢力の、然《しか》らしめた所以《ゆえん》であろうと思う。そこで自由思想も、仏蘭西革命から起ったとはいいながら、日本に伝わったのは英語によってである。

ベンザムの個人自由主義

然らば、英語はどういう経路を踏んで来たかというと、御承知の通り仏蘭西革命に対しては英吉利で非常な反対があった。もっとも同情者もあったが、至って少かった。殊《こと》に、かのエドモンド・バーク〔Burke, Edmund, 1729–97. イギリスの政治家〕の議会における一場《いちじょう》の演説によって、仏蘭西革命に対する反感というものは、非常に強くなった。バークは大分学説は反しているが、ポリチカル・フィロソフィーのグレーテスト・ジニヤスだ。あの人の書物は、政治学でも学ぶ人は、一読二読三読すべきである。

私は政治学者でもなければ、政治家でもないが、あの人の本を読むと、国を治めるというものは、かくの如きものではなかろうか、読むごとに、なるほどそうかなと思うような発見をする。ヘーゲルなどについては、ちょいちょい聞いておけばよろしい。政治的思想の根本を養うことは、バークに限るように思われる。

英吉利においては、バークの勢力のために、仏蘭西革命の余波が、思想上英吉利の思想に入らなかった。けれども、何しろ、十八世紀の末から十九世紀の初めのことであって、英吉利の政治も今日のようにデモクラチックでも、リベラルでもない。ずいぶん弊害の多かった時である。今からいうと百三十年前だ。故に、この思想が当時の若い人々、殊に詩人や文士の間に相当な反響を起し、熱烈なる青年というものは、みんなルソーの説などを歓迎したものである。だから思想としては、プラクチカル・ポリティックス以前の政治には入らない。政治思想というものは、ルソー式のものが入った。そこで十九世紀の初《はじめ》に政治論をした人は、あれほど保守的な英吉利人でありながら、ルソー式の自由主義を加味した思想を抱いている。

その中で、最も勢力のあった学者はベンザムであるが、彼は頻《しきり》にインデビヂュアル・リバティを説いた。ところがベンザムという人は、頭はよいが、文章の下手な人で、ずいぶん読み難《にく》い。私なども若い時にはずいぶん苦労して読んだものだ。英人が読んでも読み難いのだから、もし彼に傑《すぐ》れた弟子がなかったならば、これほどにベンザムの個人自由主義は興らなかったのであるが、幸いにして、吾々のよく聞いているジョン・スチュアート・ミルの父にあたるジェームス・ミルという人が、ベンザムの崇拝家であって、ベンザムの説をそのまま採《と》って、本を書いた。さほど名文章ではないけれども、ベンザムよりは遥《はるか》にスタイルが面白く書けている。頭の極く明瞭な人であるから、ベンザムの意を汲《く》んで、その説を大《おお》いに拡《ひろ》めたのである。

ところが、このジェームス・ミルの息子に、恐ろしい早熟の子供で、何でも四ツか五ツ位から大概の本を読みこなし、五ツ六ツで論文を書く。十歳になるかならぬ中《うち》に、ホーマーでもバーゼルの詩でも読むというような、恐ろしい脳髄の化物みたいな子供が出来た。これを見込んだ父のスミスは、これは有望な子供であると思って、なるべく感情《エモーション》を抑圧し、何事も感情的にしないように、一々考察して理論的に考え、一時の感情に動かされないような人間に仕立てようとし、一方《ひとかた》ならぬ骨折《ほねおり》をして、すべて理窟詰に教育した。これが成長して後《のち》のジョン・スチュアート・ミルになった。

ちょっと見ても、長細い顔をした、頭の長い、梟《ふくろう》をみたようなあの中に、どれほどの脳味噌が入っているだろう、と思わせる顔である。それなら頭ばかり大きくて、他が悪いかというと目もあれば鼻もあれば、口も備《そなわ》っている。品のよい学者であるが、熱の方は甚《はなは》だ尠《すくな》い。かの人の自《じ》叙伝《じょでん》を見てもよくわかる。

ミルの自由説

ジョン・スチュアート・ミルは、仏蘭西革命に非常な興味を持ち、彼が自由論等を書く時に、仏蘭西革命の歴史を書きたいと思った。ところが、カーライルがその材料をたくさん集めていることを知って、カーライルの処《ところ》に借りに行った。カーライルは貸してやった。貸してやったがカーライルは自分でも書くという。

「そうか、それでは私は見合せよう」といって書くことを止《や》め、「その代りに君の書いた原稿を見せてくれ」というので、カーライルが仏蘭西レボリューションの草稿を貸してやった。然るに、彼はちょっとした粗相でそれを焼いてしまった。カーライルの伝を見ると、もう天も地も割れて裂けたが如く悲しみ、一時は非常に気落したけれども、勇気を奮って、また筆を執直《とりなお》したということが書いてある。

あの二人の人が、同じ材料を使って、仏蘭西革命の歴史を書いたなら、どんな異《ことな》ったものが出来ただろう、惜しいことをしたと、今の時代の人は思っているくらいである。一方はエモーションだらけの人であり、他方は感情を全く抜きにした人であるから、どんなにか面白いものが出来たろうと思う。さてそれはそれとして、カーライルのところに、ミルが己《おのれ》の書いた自叙伝を送った。カーライルこれを見て批評したことに、「今日はミルが送って来た自叙伝を見たが、蒸気機関《スチームエンジン》の伝を見ているようだ」……と。実に彼は何事にも理窟詰であった。

ここに面白いことがある。人によってはそれを悪評して、ミルという男は、個人の自由を主張しながら、社会主義みたようなこともいっている。また有名な宗教三論というものを書いて、宗教を忌《い》むようであるが、なお神様を拝みたがるような様子もある。すべて彼のいうことは矛盾が多い、くっつけ合せである、糞《ふん》だか味噌《みそ》だかわからない、とこう評した人もある。私自身がそういうようなブレーンであるから、同情するのかも知れぬが、ここが彼の偉いところである。理論としてはそうであるけれども、実際はそう行くものではない、ということを始終思っている。個人の自由はあくまで尊重しよう。しかしながら、人間はただ一人で世の中を渡れるものではない。他《ほか》にも人間がいるから、他人の自由を妨《さまた》げないように、というようなわけで、理論としては弱くなった。

例えば、彼の説によると、物によっては、共同的にやらねばならぬものもある、その共同ということを推《お》して行くと、国家はソシアリズムになって来る、かくて文化はだんだん進んで行く……というように説いて、生産を盛んにするようなことを論じている時に、急に筆を止めてさればといって、一国内の地面が、どこからどこまで畑続きであってもいけない。人間は、無作法になっては、人間たる価値を失うであろう。生産も結構だが、それだけでもいけない。やはり公園みたようなものがあったり、不生産的な庭が出来たりして、緩和されるものである。山の絶頂まで畑にして耕作するよりも、むしろ山には山の風致《ふうち》を存し、詩人あるいは美術家がこれを喜ぶようにしなければ、人生の真の発達は出来まい……こんな言い方である。

だから、人によっては徹底しないといっている。生産はどこまでも生産で行かなければならぬ、といっておきながら、生産にも程度があるという。これは矛盾だ。風致と生産とは正反対である、という人もあるが、そこがミルのミルたる所以《ゆえん》である。また宗教においても、理窟からいえば、今日の基督教《キリストきょう》は理窟では解《と》けない、吾々《われわれ》は基督教の教会などで教えるような神様は崇《あが》めることは出来ない、もし神というものが、こんなものであるならば、私は喜んで地獄に行く方がよいといわぬばかりに極言しておきながら、こんどは、神ということについての有難い心理状態を説き、人間は自分より以上のものに対する敬虔の念があるから、まアそうしておく方がよい、といったような論法である。だから全体に考えが行渡るけれども、一方だけに考えている人は、とかく彼の議論は徹底しないと批評する。けれどもそれはミルについての全体の評ではない。

百年前の英吉利と今日の日本

前にも述べた通り、日本に自由論という思想の最も拡がったのは、ルソーの説が直接入ったというよりも、あるいはベンザムの説が手伝ったというよりも、ミルの書物のために入ったといえる。近頃ミルの翻訳が出たが、幸いにして私の手に入った。大へんよく出来ている。翻訳者は深沢由次郎《ふかざわよしじろう》氏で、早稲田の英語の先生をしていられるそうである。この深沢氏の訳されたミルの自由論も、私は原文と較《くら》べてみたわけではないが、ミルよりは確《たしか》にやさしいと思う。私はミルの原文を読む時に大分苦しんだ。しかも英語は随分ひどい英語であり、札幌の学校を出たばかりの時であるが、その時分にこんな本があったら、よほど今より利口になっていたろう。

私は、何故この本のことを吹聴するか。私は深沢さんから頼まれもしなければ、広告料を取るわけでもない。また賄賂《わいろ》をもらったからでもない。私は寺内内閣の時分、寺内さんのすることを実に憤慨した。ちょうどその時分に、どうか寺内さんにこのミルの新自由論を読んでもらいたいということを言った。当時いわゆる軍閥思想の盛んな時分に、この本を偲《しの》んだのであるが、昭和の今日、今の内閣諸公にもこれを読ませたいということを、一層深く感ずるのである。

殊《こと》にかく感ずるのは、日本の現状を、欧羅巴《ヨーロッパ》に――欧羅巴の中でも国がたくさんあろうけれども、いわゆる最後の欧羅巴――英吉利、仏蘭西、独逸あるいは海を越えて亜米利加《アメリカ》をも入れてこれを一口にいう欧羅巴――に較べれば、種々《いろいろ》なる点について、熟している点と未熟な点とが、大へん違う。社会問題という点になったならば、恐らく六十年くらい日本がまた幼稚である。経済その他一般の点からいうならば、二百年も違いはしまいか。日本は教育制度の開けただけに、一般の思想ということについては、非常に進歩をしている。しかし政治の点になったならば多分百年は違うだろう。政治の遣方《やりかた》——言葉を換《か》えていうと、今日の日本の議会と、英吉利の百年前の議会とあまり変りはないと思う。議会にいる人をかれこれいうわけではない。議会という一種の動物園が、百年位は違っておりはしないか、即ち憲法政治というものの方式を論ずれば百年位は違う。また普選《ふせん》を布《し》いたとはいいながら、一般国民の政治的思想は百年ほど違う。

そういう風に考えれば、ちょうどミルがあの本を書いた時分には、今日の日本の国民の、政治思想と同じくらいではないかと思う。あれは御維新前十年頃に出来た本である。文久元年位に出来た本であるが、その時分に英吉利人はこれを新しいとして、大いに識者間に歓迎されたものである。吾々が今これを読返すということは、最も相応《ふさわ》しいことではないだろうか。これは六十年前の陳腐な説かというと、そうではない。さすがにミルは学者であり、理想家であったがために、ただその時代に適応するようなことばかりいったのではない。永遠に守るべきプリンシプルが入っている。六十年前の陳腐の学説とは思われない。傍《かたがた》もってミルの本を御覧なさいと若い人たちにお薦《すす》めしたい。

ところでスペンサアになって来ると、政府なんていうものは、殆《ほと》んどなくてもよいというような論である。それまではいっておらぬけれども、政府が社会共存生活に、手を触《ふ》れなければ触れないほどいいのだというような、立前《たてまえ》で説いてある。それもそのはずで、当時の英吉利政府は、選挙があれば、悉《ことごと》に干渉した。勝手放題に金を使い、買収や誘惑をしたものである。金でいうことを聞かぬものには名誉を与えたり、勲章をやったりした。あるいは暴力を用いて圧迫した。実業についてはどうかというと、ちょうど資本の勢力が非常な勢いで興った時分である。インダストリアル・レボリューションより少し前のことであるから、印度《インド》や植民地から金がどんどん英吉利に入って、溢《あふ》れているような時であった。資本の力で労働者を圧迫する等、面白くない事態がたくさんあった時である。それ故に、政府のする事なす事が、碌《ろく》でもないように見えたのである。随って、その考えで、ミルなりスペンサアなりが、議論をしたものであるから、政府は不必要だというような世評になったのは、無理もない。

自由の法則

話がまた仏蘭西革命前のことに遡《さかのぼ》るけれども、かのアダム・スミスの如きも、頻《しき》りに自由を主張した。当時アダム・スミスに亜《つ》ぐ人はなかった。リカードとかマルサスという人は、よほど後《あと》から出たもので、今でいう経済論というものは、殆んど競争者がなく、アダム・スミスの独《ひと》り舞台《ぶたい》であった。そこへ放任主義が入って来たので、十九世紀の半頃《なかばごろ》から終へかけて、英吉利の思想は、絶対にリバティに委《まか》し、政府は何事にも手を出すなというやかましい議論が、非常に盛んに行われて来た。

これは英吉利ばかりではない。仏蘭西革命の余波は、独逸にも及んで、カントなどという人が頻りにこれを説いた。またカントの弟子といってよいか、フィフテの如きは、経済上にも政治上にも思想上にも、極端に個人の自由を説いている。しかもこれを遡れば、ルソーの賜物《たまもの》とでもいうべきであろう。ただささすがにカントだけあって、個人の自由は尊重するけれども、他人の自由も尊重しなければならぬ。吾々社会に生きている間、俺一人で何でもよいというわけには行かぬ。他人との間に常に聯絡《れんらく》があって、切っても切れない関係があるという、対他関係を忘れることはなかった。

が、ルソーになって来ると、対他関係がしばしば忘れられている。自分たった一人――動物が山の中で独りで暮しているような思想が、しばしば現れている。動物は言語不通で、独りでもよいが、人間には言葉があるから独りで生きていられるものではない。私は常にそう思う。ルソーの説は、いわば社会を看做《みな》すのに、籠《かご》か桝《ます》の中に豆を入れたが如きものである。ある一定の地域に豆が一緒にある。これをもって彼は社会という。そして社会と国家を区別しない。社会即ち国家であると。その社会なり国家なりは、何だというと、同じスペイスの中に一緒にいるというだけで、各々の豆が勝手放題に、くるくる廻りながら踊ることをもって、自由としている。

　カントになって来ると、同じ豆でも、重箱の中に入っている納豆《なっとう》みたようなものである。互《たがい》に引張《ひっぱ》り合っていて、ひっくり返っても、ばらばらになるのではない。これがカントとルソーとの差異かと思う。ルソーは人間を豆視し、カントは人間を納豆視する。それだから独逸にはカントあるいはフィフテの思想も、仏蘭西革命の如き結果を見せずにすんだ。否《いな》、こんどはカントの納豆説が、一層力を入れて味噌汁になった。納豆を摺《す》って滅茶苦茶《めっちゃくちゃ》にしてしまった。個人というものはなくなった。摺鉢《すりばち》の中で摺って一緒にしてこれを国家と称した。これがヘーゲルだ。即ち国家あって個人なし、といわぬばかりの説が現れた。だからこれが正反対の結果を来《きた》して独逸は一種反動的な傾向を見るようになった。

　英吉利や仏蘭西では、やはりルソー式が長く続いていた。その後ニヒリズムが唱導されるようになり、ダーヴィンが優勝劣敗の説を唱え出し、政府が干渉しないのを幸いとして、強い者が弱い者を喰《は》むのは、何も悪いことではないというようになり、個人個人で優勝劣敗が行われるようになった。その結果が、後のインダストリアル・ストライクになった。殆《ほと》んど無政府の状態を呈するようになった。

　ここにおいて、ある事には政府が干渉しなければなるまい、絶対に何もかも、個人に任しておくことは出来ぬ、ということになって、いわゆるリバティをいくらか束縛するようになった。束縛するのは、かえってリバティを尊重する所以《ゆえん》である。ちょうど道路の普請《ふしん》みたようなものである。個人の歩行の自由を妨《さまた》げるが、その目的及び結果は、個人の歩行をもっと楽にさせるからである。政府が制裁するのは、各自の自由を一層ハッキリさせようがためである。個人で到底《とうてい》出来ないことは国家でやり、外《ほか》のことは国家は何もしないというのでいわゆる自由にも制限が出来た。かのバイブルの中に自由の法則、法則の自由という言葉がある。法則といえば、必ずしもリバティを束縛するものではない。個人の自由を尊重する法則もある。そういうような法則は、国家に任してやってもらわなければならない。

現に、今日の東京の有様を見ればわかる。政府の威厳も何も行われていない。この五百万にある大都会も、警察力が十分に行われていないために夜中《やちゅう》に人がコッソリ来るではないか。強盗や窃盗《せっとう》は、こんな有難い世の中はないといっているだろう。「警察はこういうことを許してくれる。奨励《しょうれい》はまさかしまいけれども、俺が何をやっても、こういうようにして許してくれる。時には警察まで引張《ひっぱ》って行って逃してくれる。実に自由は、我が東京においては今日その絶頂に達している」と。

そうなって来ると、私も自分のリバティを保護するために、夜も起きていなければならぬ。随ってよく眠らない。何も仕事が出来ない。私が他《ほか》に用いようと思った自由が、まったく束縛されてしまう。そこで政府なり警視庁《けいしちょう》なりに頼んで、泥棒の番をしてもらい、私は小なる自由を犠牲にして、より大なる自由を獲得する。

新自由主義の使命

かつて私のところへ強盗が入った。その僅《わず》か四、五時間前に、私は青山会館で満蒙《まんもう》における朝鮮人のために演説をしていた。満蒙という語は近頃禁物だ。議会でも満蒙というと、ある人の顔色《がんしょく》が変る。むろん僕は、何も政治の事などは解らないから、満蒙をどうしようなんていうことは言わない。満蒙に朝鮮人が行って、行先で大いに悩んでいる。朝鮮人が満蒙に行くのは、日本人が朝鮮に行くから、朝鮮人が故国におられないで、逃出して行くのである。かのゴールドスミスの本にもあるように、一家離散して、墳墓の地を去り、幸い行先で栄えればよいが、栄えないで非常に苦しむと同様に、彼らが満蒙に行くのも、ある意味においては、直接に日本人に責任があるのであって、少くとも吾《われ》ら国民として、日本民族として、一滴の涙なかるべからずといったような、極く簡単な人情味ぐらい示すべきである。

市民の生命や財産はどうでもよいか。満蒙の問題はどうでもよいか。この五百万の生命財産は非常に迷惑をしている。何で自由がある。言論の自由は妨げる。財産や生命の自由はあるか。ここにおいて、新自由主義はどんなものかということを、為政家《いせいか》に読んでもらいたい。自由とは、泥棒するの自由をいうのではない。そうかといって、泥棒を押えるために、良民さえも苦しめるというのでもない。新自由主義というのは、個人の自由を尊重する。しかしながら隣人を害するような自由は抑えて、個人の自由も、およそ己《おのれ》の欲するところに従う道を開き、五箇条《ごかじょう》の御誓文《ごせいもん》にもある通り、吾々の望むところを得る道を拓《ひら》いてやるという、頗《すこぶ》る簡単なものである。

吾々は独《ひと》りが生きていられるものではない。政府はなるほど悪いこともあるが、善《よ》いこともある。政治をすることは政府に委す方が、かえって自己の自由を十分に発展させる途《みち》があることもある。要は、いかなることに政府は干渉しないで、個人の自由に任すとか、またいかなることは個人が与《あずか》らないで、政府に委せるという、ここの分別をするのが、新自由主義者の主張するところである。

こんなことは、一向読者に取って珍しいことでもなかろう。議論は根本的の自由ということではない。それを一段下したところにあるのである。個人の自由というものはインデビデュヤル・プライマリイ・プリンシプルである。このプライマリイ・プリンシプルでは、社会は決して存在出来ない。銘々《めいめい》勝手に、俺もそうだ俺もそうだでやるのではいけない。ルソーの誤ったのはそこにある。彼はプライマリイ・プリンシプルに惚《ほ》れ込《こ》んで、人間を豆化した。そうではない。実際の人生を見渡すと、この方に自由があるが、その代りに、かの方に横の関係が納豆のように繫《つなが》っている。だからプライマリイの高いところの原理を下して、アキシォ・マアタア・ミィデヤム〔Axiomata medium〕のところまで進めて来て、それで始めて、社会的あるいは国家的、または政治的の存在が出来るのである。

個人の自由は、どこまでプライマリイ・プリンシプルで行けるか。行けないところはセコンダリイ・プリンシプルで、いわば実際的に、なるだけ新自由の幸福と安全を図るためには、どれほど譲らねばならぬかという、そこを論ずるのが新自由主義である、と私は心得ている。

ただに空理空論に原理を論ずるのは、マルクスでも何でもよろしかろう。けれどもいかにして今日を暮し、明日を暮して行くかという、実際的の立場からいう時には、原理では到底行けるものではない。これに修正を加え、アキシォ・マアタア・ミィデヤムの位置まで下げてやることが、政治家のなすべきことではないか、社会改良家のなすべき仕事ではなかろうか。今日英吉利が衰えたりといえども、なお世界各国で最も自由な国となり、最もデモクラチックで、また国民としては最も幸福な国民となっているのは、要するに、そこにあると思うのである。

〔一九二八年五月五日『内観外望』〕

人格の意義

西洋人は、パーゾナリテーを重んずる。パーゾン即ち人格である。日本では人格という言葉は極めて新しい。私らが書生の時分には、人格という言葉はなかった。パーゾンという字はただ「人《ひと》」と訳していた。しかし仔細《しさい》に調べると、メンという意味とは違って「人《ひと》たる」という字である。格といっても資格というような意味は毛頭持たない。人工的な、あるいは社会が拵《こしら》え上げる資格などとは、まったく違う意味である。孟子が度々《たびたび》いった「人は人たり我は我たり。」の意味を持つその人格である。

ところが日本では、この人格という意味がよくわからない。私の知っている人で、新しい頭を持った学士が、田舎へ引込んで村の改良を企《はか》ろうとした。然《しか》るに、その周囲の人々は、「お前さんも大学を出て学士になったのだから、東京でお役人にでもなったらどうだ。そして十分人格をつけて来い。」という、笑話《わらいばなし》にもならない実話がある。恐らくその人が役人にでもなったら、それこそその人は持前の人格を落すことになるであろう。そういう例を見ても、人格という言葉は、言葉それ自体すら十分わかっていないのである。

西洋では、基督教《キリストきょう》でいう三位一体《さんみいったい》――スリー・パーゾンス・イン・ワン、三人のパーゾンが一つの神なりとの、教義がある。この言葉の真意は、私にもよくわからないが、いわゆる三位一体なるものが、基督教の主なる教義になったがために、誰人《たれびと》も基督教を信ずる者は、パーゾンということについて、相当に知識を得なければならなくなった。中古の宗教論を見ると、必ずパーゾン論即ち人格論というものがある。仏教にも人格ということはあるようであるが、これはむしろ消極的である。

とにかく西洋では、宗教の関係上、パーゾンということを頻《しき》りに説いたものであるから、一般人にもその意味が薄《うす》ぼんやりとわかっていた。なおその上に、これが宗教から来たために、「神もパーゾン、我もパーゾン。」といって、非常に人間の位を引上げ、人格といえば、いつも神に対する言葉のようになっている。そして全智全能なる神と、何事にも至らない自分のパーゾンとを始終較《くら》べて、己《おのれ》をより向上させることに努めている。

ところが似而非《えせ》パーゾン論者や、野狐禅《やこぜん》などをやる人は、往々それを履違《はきちが》えて、無暗《むやみ》にその意味を脹《ふく》らますことがある。

「俺も同じ人間だ、何だ詰《つま》らない……」

というようなことをいって、世間を甘く見たがる。

「何だ総理大臣が……」

というようなのもある。それらの人は、パーゾナリテーということを、「俺も人なら彼も人だ。彼の方は幸《さいわい》にしてどこかから金を持って来て、政党の首領になったから、総理大臣になったのである。人格のためになったのではない。」

というように考え、いうことは随分勇ましく聞えるけれども、用うる言葉は乱暴である。これは主として野狐禅をやった人によくある。これに反して、パーゾンを神に比べるものは、パーゾンだといって威張《いば》り散らすようなことはなく、常に謙遜の態度になり勝《がち》である。つまり、神の性を持っていると信じ、しかもこの性を持っていながら、神々に比較して己《おのれ》を考える時、己はいかに不完全な存在であろう、というように考えて来るのである。

ベーコンが述べた言葉であったか、キリスト信者ほどプライドの高い傲慢《ごうまん》なものはない、と同時に、あれほどまた謙遜下《へりくだ》ったヒュミリテーの低いものはない、というのは、即ちそこをいうのである。孟子もいっている、「我も我たり。」と。王者王侯と比べても、何ら異《こと》なるところのない吾々は、同じ人格であるというのである。ただそれ故に、王者であろうが何であろうが……というように反抗的に出るのと、「我は神と同じ性格を持っているパーゾンである。」と、己を一先《ひとま》ず高く見て、しかも完全なる神と比べ、自己のいかに罪多く至らぬことよ……と非常に謙遜《へりくだ》る。強いところがあって、また軟《やわら》かくなり、高いところがあって、その反面低くもある。

つまり、東洋と西洋の考え方の違いは、パーゾンというものに根柢して、そこから起る差が非常に多いのである。パーゾンというものを深く認めればこそ、他人の権利も認めるのである。我も人なり、彼も人なり、自分が嫌だと思うことは、彼も嫌であろう。故に彼の自由は侵《おか》さない。彼の権利も侵さない。自由ということは何から起ったか。個人個人が自由を尊ぶところから起るのである。十万円で人間を買ったり売ったりしているうちは、この真髄がわかるものではない。人の自由も何もあったものではない。

〔一九三四年一月五日『西洋の事情と思想』〕

IV

真の愛国心

国を偉大にする一の方法

長く外国におり、しかも日本人と交わること少く、かえって日々多数の国の人々と交わっていると、各国の国民性をいくらか窺《うかが》うことが出来るように思う。我輩の勤めている役所〔国際連盟〕に来ている人々は公式にその国の政府から任命されたるものでないから、国家または政府を代表するものではないが、国民そのものはこれを代表せざるを得ない。政府はこれを任命しないとしても、これを推薦《すいせん》するのであるから自分の国民を辱《はずかし》めるような人を出すはずはない。従《したが》ってこの役所に集まって来る人々は、国民性の長所を備えているものであるというも過言であるまい。故に日々交わっていて不愉快と思うものは甚《はなは》だ少く、性質の善《よ》く、交り易《やす》い人が多く、仕事するにも自《おのずか》ら愉快である。他山の石以《もっ》て玉を磨《みが》くべしという教《おしえ》が世に伝えられているが、僕は各国人と交わり、各国人の長所を学びたい心持《こころもち》する。例えば某国人《ぼうこくじん》は頗《すこぶ》る勤勉である。ある国人は快闊《かいかつ》である、ある国人は機敏である、ある国人は耐忍が強いというが如く、他国人の長所を見るにつけても、自分の短所が一層明《あきらか》になると思う。かくいうたならば、あるいは謙遜《けんそん》に過ぎて卑屈になる恐《おそれ》もありとするものもあるであろうが、仮りに僕自身は個人としてこの過《あやまち》があるとしても、国民全体はなかなか謙遜の態度を執《と》る恐もないから、僕は寧《むし》ろ我国民性に如何《いか》なる欠点あるかを省るのが国を偉大にする一の方法でないかと思う。言葉を換えて言えば反省、自己の過を知ること、己の短所を自覚すること、これが大《おお》に伸びんとする前に大に屈せねばならぬという訓《おしえ》に適《かな》うことで、これがなければ国民は慢心するのみである。慢心は亡国の最大原因である。

米国詩人の無遠慮な詩

我輩の友人にアーヴィン〔Irwin, William Henry, 1873–1948. か〕という文士として相当に名を轟《とどろ》かした米人がある。この人が昨年の夏頃作った詩がある。これを読んで我輩は大《おお》に感服した。事は日本に関することであるから、必らずや我国語に翻訳せられ、または有識者の間には原詩が大に広まれるものと思い、これを友人間に質《ただ》したが、更に伝わっていないと聞いて大に残念に思うた。

詩の題は「隣邦の日本よ、しばし待て」(Wait neighbour Japan)というのである。しかしてその要点は世界の歴史を繙《ひもと》けば、国が亡びんとする前には、国が富みその兵が強くなる。国民が慢心して終《つい》には亡ぶるものである。米国は今まさにその轍《わだち》を踏まんとしている。隣邦の人よ、しばし待て、汝《なんじ》に無礼するものは自《おのずか》ら亡ぶというので、このことを無遠慮に詠じている。我輩はこれを読んで非常に驚いた。彼がその同胞なる米国人を警戒するに親切であることは、彼の従来の著書に現われているが、かくも露骨に、しかも外国人にあてて自国人の欠点を忌憚《きたん》なく述べた彼の勇気は実に敬服の至りである。またも一歩深く立ち入って彼の心情を窺えば、彼の真意はその同胞を警戒するにありとはいえ、言葉として外に現われたものは、殆《ほとん》ど同胞を侮辱《ぶじょく》するが如き烈《はげ》しい用語を以《もっ》てする必要を彼が感じた心持に強く同情せざるを得ない。同時にまたかくの如き言をなせる彼のこの詩を読む米人の心持にも感激せざるを得ないのである。もし地を替《か》えて、同じ詩を日本人が書き、これを日本の新聞か雑誌かに掲げたなら、如何《いか》なる非難を受けるかと思えば、僕はかえって隣邦米人の心持の広きを羨《うらやま》しく思うのである。

予言者あって国は偉大となる

僕はこの詩を読んで、その作者の奇抜にして国を愛するとともに人道を重んずるに感じ、同時にかくの如き人が何《いず》れの国を問わず国民の中《うち》にあったならば、それこそいわゆる国の師ともいうべきものであって、旧約全書に現われた猶太《ユダヤ》の予言者というものも即ちこういう人であったろうと推量する。彼はその国を愛するためにその国の短所を指摘して、彼らの執《と》るべき道を教えかつ彼らを導いてくれたのである。ただ惜むらくは予言者は自国に名誉を得ない、とかく彼らはいわゆる愛国者のために排斥せられ迫害され、その予言の的中するまでは無視され勝《がち》なものである。けれどもこういう人があって始めて国家は偉くなるものと思う。自分の一身を顧みず、道のために動く人がなければ、国は愛国者と称するデマゴーグの口に乗せられて、国運の傾くのを寧《むし》ろ助けるような始末になる虞《おそれ》がある。

この種の人は必らずどの国にもあるものと思う。現に僕は伊国《いこく》に於ても仏国にでもかくの如き人あることを知っている。また独逸《ドイツ》にも同様の人が今は追放同様の身になっているのを知っている。露国の如きに至ってはこういう人が数多《あまた》あって、何《いず》れも外国に流浪し、寒天に着るものもなく窮居している。

真の愛国者の態度

せんだって某国人《ぼうこくじん》と談話を交えている間に、その人曰《いわ》く、我国が貴国に言語道断の態度を執《と》ったのは、決して国民の大多数の意志を表わしたものでない、少数の政治家が選挙運動の都合からかの挙に出たものである。しかしいやしくも国家の大責任を有するものがああした態度に出たことは、そもそも我国の大に恥とするところである。自分は自分の国ながらも愛想がつきて、その国内に住むを屑《いさぎよ》しとせぬというた。これは一応我輩に対する言訳《いいわけ》のお世辞であるとのみ思うていたが、この人はその後、自国の家を引払って仏国の南部に家を構えた。爾後《じご》二ケ月たったかたたぬ間に同様の話を他の人から聞いた。その人は当時外国にいたのであるが、そのまま其所《そこ》に住んで本国に帰らぬというていた。

あるいはこの人々の行為を以て非愛国の人と称する人もあるか知らぬ。しかし自分の政府の為《な》したことは、何事にもあれこれであるが如く認め、これに賛同しこれを助けることが果して真の愛国心であろうか。理非曲直の標準は一国に止まるものでなく、人類一般に共通するものである以上、寧ろ是《ぜ》は是《ぜ》、非は非と明《あきらか》に判断し、国が南であれ北であれ、はたまた東であれ西であれ、正義人道に適《かな》うことを重んずるのが真の愛国心であって、他国の領土を掠《かす》め取り、他人を讒謗《ざんぼう》して自分のみが優等なるものとするは憂国でもなければ愛国でもないと僕は信じている。

西洋にも現在伯夷叔斉あり

僕は右に挙《あ》げた二の例に接した時、直《ただち》に心に浮んだことは伯夷叔斉《はくいしゅくせい》の話である。この兄弟は国を愛すること熱烈で、周の武王が木像を載せて文王と称し、主君の紂《ちゅう》を討つ時、彼らは父が死んで葬《ほうむ》らぬ間に干戈《かんか》を起すは孝行でなく、臣が君を弑《しい》するは仁でないといって武王を諫《いさ》めたが用いられなかった。その国を愛するの情は武王自身または太公望《たいこうぼう》呂尚《ろしょう》にも譲らなかったろう。彼の眼《め》には憂国より一層高いものがあって、その高いものに法《のっと》って始めて愛国が意義をなすのである。不正の方法を以て勢力を得るはかえって己の国を弱くするものであるとなし、義、周の粟を食わずといって首陽山に隠れた。あるいは彼らの見識が過《あやま》っていたこともあろう、現に周の時代は八百余年の久しい間続き、その政治は今日も模範として賞《ほ》められているに見ると、両人の識見にも遺憾《いかん》の点があるかの如く思わるるも彼らの隠れた動機に至りてはなお今日大に学ぶべきことであって、孔子が伯夷叔斉の如き善人と謂《い》うべきものと称賛したのも無理ならぬことである。前に述べた二人の某国人《ぼうこくじん》の心持の如きは、取りも直さず伯夷叔斉の心持を以て、自国の粟を食わずといって他国にその居を転じたので、そのやり方は同じである。伯夷叔斉の時代に海外に渡る大船があったなら、恐らく首陽山に隠れないで、日本辺《あた》りに来たのであったろう。

愛国心の現わし方

我国には国を愛する人は多くあるが、国を憂うる人は甚だ少い。しかしてその国を愛するものも盲目的に愛するものがありはせぬかを慮《おそれ》る。かつてハイネの詩の中に、仏人が国家を愛するは妾を愛するが如く、独逸人は祖母を愛する如く、英国人は正妻を愛するが如くであるというた。妾に対する愛情は感情に奔《はし》ることが多く、可愛い時には無闇に愛するが、ちょっと気に入らぬ時にこれを擲打《ちゃくだ》するに躊躇《ちゅうちょ》せぬ。祖母を愛するのは御《ご》無理《むり》御尤《ごもっとも》一天張《てんば》りである。正妻を愛するのは、妻の人格を重んじ、自己の家と子供との利害を合理的に考え合せて愛するので、妻に過《あやまち》があればこれを責めて改悛させるその愛情は一時的の感情に止まらぬのである。世人はよく国際の関係には道徳なく、正義人道が行われないというものもあるが、我輩の見る所では、決してこれらのものが皆無であるということはない。今日はいまだ何事もこれらの標準によりて決せらるるとは言い難いのであるが、しかし早晩国の地位を判断するには正義人道を以てする時が来るのである。近頃は何《いず》れの国でもその心事を隠すことが出来ない、国民の考えていること、政府の為《な》したことは、殆《ほとん》ど総て少時間の後に暴露し、列国環視の目的物となる。そこで世界の各国が一国を判断する時には、その言うこと為すことの是非曲直を以て判断する、あるいはその代表者が如何なる言を発したか、如何なる行動を執《と》ったかによりて判断する、またある国が卑劣であり、姑息《こそく》であり、陰険であり、または馬鹿げたことをすれば、それは直《ただち》に世界に知れ渡るのである。従《したがっ》てある国が世界のため、人道のために如何なる貢献をなしたかは、その国を重くしその威厳を増す理由となる。国がその位地を高めるものは人類一般即ち世界文明のために何を貢献するかという所に帰着する傾向が著しくなりつつある。

〔一九二五年一月一五日『実業之日本』二八巻二号〕

国際聯盟とは如何《どん》なものか

国際聯盟とその加盟国

国際聯盟というものに就ては分ったようで分らぬものが多い。英国は聯盟を創設する当時、あれほど熱心に主張した国でありながら、同国人中にはいまだにその性質を充分に理解せぬものが多い。国際聯盟の本場ともいうべき瑞西《スイッツル》のジュネーヴに於てさえもこれを知らぬものが多いのであるから、日本では分ったようで分らぬものの多いのは不思議でない。

国際聯盟とは英語のリーグ・オブ・ネーションスまたは仏語のソシエテ・デ・ナチョンを翻訳した言葉で、我国には全く新しいものである。数多《あまた》の国がその代表者を出して共通的に利害関係あることを討議し、国際正義の確立、世界平和の助成、人類協力の増進という三大使命を行わんとするものである。これを国家の機関に譬えれば議会の如く、万国のための議会のようなものである。詩人〔テニソン Tennyson, Alfred, 1809–92〕が歌った The Parliament of men 即ち The Federation of the World が実現されたものである。代表を送る国は年々に増加し、聯盟規約の作られた時は原聯盟国が三十二国、加盟を招請せられた国が十三国で、米国大統領は聯盟創設の主張者でありながら、議会が規約を批准せなかったから合計四十四国であったが、今は五十五ケ国となり、加盟せぬ国は極めて少数しかない。我輩今回帰朝の途次、上海《シャンハイ》に上陸したので、同地在留の外国人に対し国際聯盟に関する講話を試み、世界の大国中でいまだ加盟せぬのは米、独、露である、露国は公使のようなものを送って聯盟を研究させており、独逸も加盟を希望して片足位は入ったようなものであるが、全く入ろうとしていないのは米国、メキシコ、土耳古《トルコ》、アフガニスタン等であると述べた時、在留の米人中には「私共の国はアフガニスタン等と同列にあるのか」と面《おもて》を掩《おお》うているのを見た。ともかく大国中で加盟せぬのは右の三国だけである。

我輩は大正八年九月、国際聯盟がいまだ公然成立せぬ時入ったので、いわば聯盟の歴史以前《プレ、ヒストリック》の人である。後藤子爵〔後藤新平。一八五七―一九二九〕の一行と欧米視察の途に上り、英国に滞在中、ふとしたことから聯盟の事務局に入らぬかとのノッピキならぬ勧《すすめ》を受け、九月に帰朝する予定の身を以て八月から入ったのである。従《したがっ》て聯盟に関する出来事は、その歴史以前のことより我輩が出発した十月末までのことは大概知っているはずである。この関係に基き、聯盟の目的、事業等に就きやや詳細に説明してみたい。

聯盟総会とその組織

国際聯盟の機関は大体四種より成っている。聯盟総会、聯盟理事会、聯盟事務局及び諸種の委員会である。

聯盟総会は聯盟国の代表を以て組織せらる。代表は各国一人ないし三人で、外に三名までの代表代理を出席させることが出来る。総会の出席者は時によりて異《ことな》るが、大概四百名内外である。

代表者として出て来る者は前大臣が三分の一位、外交官が三分の一位、しかして残りの三分の一は大学教授という状態である。第一回の総会の時、英国の某氏《ぼうし》が紙片に「教授が多過ぎる」(There are too many professors)と書いて次ぎ次ぎに廻わした時、某博士かが「プロフェッサース」を「ポリチシアンス」に改刪《かいさん》したので大笑となったことがある。それほど教授の肩書を持つものが多い。欧洲の新興小国には前大臣、前外交官というものがない、従て大学教授を挙げるの外ないのであろうが、その間には有為の人物が多いのである。

国際会議に於て各国の席順を決めるということは非常に重大な問題であって、外交史上にも席順の上下を争い席を蹴って退去した例もある。個人としてはともかく、自分の代表する国家の威厳ということを思うからである。今より二百五十年も前に英国の政治家宗教家なるウイリアム・ペンが国際会議の計画を描いたときに、会場につき詳細な設計を作っている。それによると、国際会議に争の起るのは席順の上下である。この争を絶つためには席順に上下の区別をなくするに若《し》くはない。しかして上下の区別なからしめるためには円形の卓子《テーブル》とするがよい。さすれば上もなければ下もない。しかし入口に近い方は下で、遠い方は上のように見られるから、入口を各所に設け、建物そのものも円形となし、何処《どこ》からでも入り、何処にも上下の区別なからしめたことがある。席順はかく重大であるので、聯盟総会でもこれを如何《いか》に定めるかは一の問題であった。結局国名のＡＢＣによることに決した。しかしＡＢＣ順とするも、英国語を以てするかまたは仏語を以てするかによって上下の別が分れる。英語にすれば英国は England でＥの席となるが仏語を以てすれば Angloterre のＡになる。結局仏語のＡＢＣ順によることとしたからアルバニヤ国は一番上席にいる。

議長は毎年の会議に新に選ぶので、小国より選ぶことが慣例となっている。例えば第一回は白耳義《ベルギー》、第二回は和蘭《オランダ》、第三回は智利《チリ》、第四回はキューバ、昨年の第五回は瑞西《スイッツル》というが如《ごと》し。

会期と用語

総会は毎年九月に開会し、会期の長短は議案によって多少異るも、大体四週間ないし五週間である。議事の方法は各国の議会と大同小異である。ただその異る点は議会に於ける如き醜弥次もなければ、聞き苦しい皮肉もなく、極めて静粛である。反対意見を発表するにも怒号せず、徐《おもむろ》に某国代表の御意見は御尤《ごもっと》もであるが、しかし他方にはまたこういうこともあるから、御再考を願いたいというような、婉曲に対手《あいて》の感情を害せぬように叮嚀《ていねい》に争うのである。

用語は英仏語を以てすることにした。これを決定する場合、伊太利《イタリー》は自分の国語はラテン語の系統を引いているものであるから、これを使用せよと主張し、西班牙《スペイン》もまた同国語は南米十ケ国に行われ、使用の範囲が広いからこれを採用せよといい、一時はやかましい問題であったが、老巧なバルフォーア卿〔Balfour, Arthur James, 1848–1930. イギリスの政治家〕がいて円滑にこれを捌《さば》き、結局英仏語を公用語 official language とするのでなく、便利のためにこれを使用語 Language in use としよう、後日不便があればこれを改めてもよいが、今は差当《さしあた》り便利上英仏語にすると決し、仏語は英語に翻訳することになっている。通訳者は非常に熟達したもので、自由自在、自国語を操ると異ることなく、従て他より借りに来ることもある。

国粋論者は何故日本語を会議の用語に認めさせなかったかと青筋をたてて憤慨するものがあるかもしれぬ。無論英仏語は公認用語というのではないから日本人が日本語で述べることは少しも差支ない。今日まで日本語で述べたものが幸にして一人もなかったから善《よ》いが、もしやれば、それはかえって日本の損となり、日本の威観はかえってこれがために下《さが》ることになる。それに就て想い起すことは西班牙の総理大臣が西班牙は歴史的の国家であり、その文字は豊富であるというので、大にその立派さを発揮するために美辞佳句を連ねて滔々《とうとう》として述べた。最初の二、三分間は議場も緊張して聞いていたが、間もなくがやがやと騒がしくなり、これを英語と仏語とに翻訳する時は議場は空席のみとなり、折角《せっかく》の大演説も各国人に徹底するを得ずしてかえって大に損したことがある。故に我々としては日本語を使用したい感があるとしても、実際には日本語を遠慮するのがかえって我国のために得策となるのである。

聯盟理事会

聯盟総会で決議した事を実行に移す機関として聯盟理事会(Council)というのがある。これは十ケ国の代表者によりて構成されている。その内、英、仏、伊、日の四国は常置理事国で、あとの六ケ国が年々の総会で選ばるるのである。現在の選出理事国は白〔ベルギー〕、ブラジル、西班牙《スペイン》、ウルグワイ、瑞典《スエーデン》、チェッコ・スロバキヤとなっている。総会を議会とすれば、理事会は政府の如きものである。内閣会議は毎週一回開くのが常であるが、理事会は定期は三ケ月に一回開き、一ケ年四回で、会期は一週間位である。最初はより頻繁に開いたこともあり、今後も必要に応じて随時開くが大体は上記の如くである。日本の代表は巴里《パリー》駐在の石井《いしい》菊次郎《きくじろう》大使で、大使に差支《さしつかえ》ある場合、白耳義《ベルギー》の安達峰一郎《あだちみねいちろう》大使が代って出席する。

会場は巴里とか羅馬《ローマ》（昨年十月は同市）とかに開くことあるも、そは例外にして、普通はジュネーブに開く。

会議に於ける用語その他のことは総会に於けると同じである。理事席の傍《そば》に二、三人の書記官の席があって、理事の参考に供する。また事務局の人々も出席していて、各種の質問に応ずる。

理事会の決議は総会と同じく原則として同会一致を必要とする。表決は一国一票で、議決すればこれを事務局に廻わして実行に当らせる。事務局の総長はこれを関係の部に送りて、実行に必要な方法を立案させ、それが再び総長の手許《てもと》に帰って来《きた》り、それにより実行するのである。

聯盟事務局の組織

聯盟事務局には一人の事務総長がいる。ジェームス・イーリック・ドラモンド卿がその人である。卿は英人――というよりも蘇蘭《スコットランド》の最高貴族の一人で、いわゆるクラン〔clan. スコットランドの氏族〕の大なるもので、兄が家長で、マークィス〔Marquis. 侯爵〕を称している。マークィスには子がないから兄百年の後は卿がその後を嗣《つ》ぐことになるであろう。しかし卿が総長に挙《あ》げられたのは無論家柄のためでない。巴里の講和会議の際、卿も英国の委員として出席し、頗《すこぶ》る機敏に活動しかつ公平な人であったので、大統領ウィルソン氏の厚き信頼を受け、第一次の事務総長に推《お》され、その他の事務局員は卿の選任に任ぜられたのである。総長の下《もと》に三人の次長がある。仏、伊、日の三国から出ている。これらの人々はその本国を代表するものでなく、一種の国際人《インターナショナル・マン》であって、本国の利害を離れて国際事務を処理している。従てまた本国より俸給その他の手当も受けないのである。各国人にしてジュネーブに来り、聯盟を研究する者さえこの点を諒解するに苦《くるし》み、やはり事務局員を各国の代表者と思っている。

　事務総長及び次長の下に十人の部長がある。経済財務、軍備縮少、社会問題、保健、交通、情報会計等の各部に部長があり、英、仏、伊、日、蘭、波蘭《ポーランド》、和蘭《オランダ》、加奈陀《カナダ》、諾威《ノルーウェー》、等の国人より成り、毎週一回二時間位の部長会議を開き、各種の問題を打合せまたは討議する。用語は総会と同じく英仏語であるが、いずれも英仏語に熟達しているので、前の人が英語で話せば、次の人もそれに釣られて英語で話すが、ちょっとつかえると自分の仏語に戻り、次の人もそれにつれて仏語で話し、つかえるとまた英語に戻るというような風《ふう》である。

部長の下に事務官、書記があって、それぞれの事務を執《と》っている。事務局の局員総数は四十ケ国、四百七十人より成っている。従来国際会議の事務所というものが設けられてあるが、その事務員は少きは二、三人、多くも五十人に上らぬ少数で事務を処理しているが、国際聯盟の事務局はこれに比すれば堂々としたものである。この内英国人は六、七十人、仏人は五、六十人、瑞西人《スイッツルじん》は本国であるだけに四、五十人もいる。日本人は我輩の外《ほか》に三人あるのみである。

事務局の重要地位地

過去の歴史を繙《ひもと》けば国際聯盟のようなものを案出したことは少くなかったのである。各国間の戦争を防止せんとする計画は百年前に学者がこれを説いたことあり、また前記ウィリアム・ペンの案の如きもその一である。しかし戦争防止を実行せんとした最も有名なものは前世紀の初頭に於ける神聖同盟である。各国の国王や総理大臣が出席して、列国の君主は互に同胞のように交り、永く相親睦して争わぬことを誓った。しかもその誓約は日本でいえば弓矢八幡、八百万《やおよろず》の神々というが如く天に在《ま》します神の御名《おんな》に於て厳格に約束したのである。然るに会議して帰国すれば直ちに軍備を修めて戦争の用意をしていた。従来列国の間に戦争を防止し平和を保つために相集まって議論を交え約束に調印しても、散会すれば忘れてしまう、記憶していても、進んで約束を履行《りこう》しようとしない。列国会議の成功しなかったのはただ決議または約束するだけで、これを督促《とくそく》し実行せんとするものがなかったからである。再度集まることは面倒であるから、結局決議のしばなしということになった。故に国際聯盟が出来た時も、世人の多数は従来と同じく失敗するものと信じていたのであるが、しかし聯盟には事務局というものがある。総会でも理事会でも一定の時に開会するだけであるが、事務局は常置の局で、ある決議を総会が行ったとすれば、局からその実行を督促する。あの決議は何時《いつ》から実行するか、あの仕事の成績はどうであったかと、局は常に各《めいめい》加盟国の政府に督促している。例えば国際司法裁判所を構成する時の如き批准の催促状を各国政府に出すことが局の重要な仕事であったことがある。局が催促するから加盟国政府も実行せざるを得なくなる。要するに事務局は国際聯盟を成立せしめ、その効果を発揮せしむる重要機関の一である。

昔の国際会議はこれを欠いた故に失敗し、今の国際聯盟はこれを有するために成績を挙《あ》げている。事務局を常設したことは国際問題を解決する上に最も大なる発明の一である。

〔一九二五年二月一五日『実業之日本』二八巻四号〕

東西相触れて

あるいは東、あるいは西といえば如何《いか》にも両者の間に懸隔《けんかく》あるように聞《きこ》ゆる。文章家はかくの如き文字を用いて相容《あいい》れざる差《さ》を示す。かの有名な詩篇《しへん》の内にも西と東の隔《へだ》たる如く云々《うんぬん》とある。この言に限らず総《すべ》ての対照的文字は濫用《らんよう》され易《やす》い。近頃世間に用いらるる左傾右傾の如きもまた同じである。しかしこれらは何れも実在するものを指すのでなく、二者の関係を示すに過ぎない。東なくして西はない、西なくして東はない、右があればこそ左があり、左の存在は右を認むるようなもの。しかし少し高き見地より窺《うかが》えば、何れも反対の観念を示すものでなくして、寧ろ両者の間に共通点あることを教うるものと思う。如何にも左傾右傾といえば右の指の尖端と左の指の尖端と、両極端を聯想せしめるけれども、この両極端とても、人間が両腕を拡《ひろ》げた時にこそ隔りの大なるを知るが、合掌《がっしょう》したり両手の指を組む時は極端が相合う。また両腕を拡げた時にも、左右の腕は胴によりて結びつけられているではないか。胴があればこそ左右の区別が起る。思想に於て左傾と右傾とを区別するも、中庸《ちゅうよう》があればこそ両者間に差別が起るのである。

故に中道を歩むものから見れば、両者共に区別ある如くして区別がない、共に中庸を維持するものと見べきである。

東西もまた然り、誰人《たれびと》も知るかのキップリング氏〔Kipling, Joseph Rudyard, 1865–1936. イギリスの詩人〕の「東は東、西は西、両者永遠に相逢《あいあ》うことなし」の一句を聞けば、前の詩篇の句の如く東西は全然反対の位地にあるものの如く聞ゆれども、そもそも東西を別つ標準は何にあるかと質《ただ》せば、これ実に独断的のものにして、各自の立っているその場所を以て基点とする位なものである。地理学者が東西を論ずる時、何処《どこ》を起算点となすか、決して未だ一定してはいない。ただ普通には倫敦《ロンドン》の近郊グリーニッチを以て起算点とするが、それはこの村に天然に起算点とすべき物が備わっているためでもなく、天啓によりてこれを定《き》めたわけでもない。たまたま此所に相当完備した天文台があったからかく定めたので、仏人はこの地を択んだことを喜ばないで、自国に便利なる場所を主張する。独逸人も寧《むし》ろ伯林《ベルリン》を以て起算点としたいと論じ、米国人はワシントンその他何れにても相当に完備した自国の天文台の所在地を以てこれに当《あ》てんとしている。十五世紀の頃にはアレキサンダー法王が世界を二分して西は西班牙《スペイン》に与え、東は葡萄牙《ポルチュガル》に分けた。しかしてその時の起算点はアゾーレス群島の近傍であった。かくの如く東西なる語は単に相対語であって、しかもこれを測る標準さえも確定していない有様である。まして東邦とか西国とかいうが如き区域を指すにはあまりに茫漠の言葉である。

我々幼少時代に読んだ西遊記の如きは支那人が印度に旅行した記事であって、印度を西国といったのである。西洋人がこの表題を見たら理解に苦《くるし》むであろう。元来関係語である以上、同じ国土を東の人は西と称し、西の者が東と称するは、猶太《ユダヤ》の例を以ても知らる。即ち欧洲人は猶太の国を東国と称し、波斯《ペルシャ》人は彼らを西人と呼んでいる。もっと著しい例は彼の比律賓《ヒリッピン》群島である。前述の如くアレキサンダー法王の分割により西班牙人は西方を我が領土として進んだがために米国に渡り、その後なお西漸《せいぜん》して太平洋を横切って比律賓群島に達した。その時、この群島を西ケ島と命名した。殆どこれと同じ時代に葡萄牙人は東方を領土と心得てその方角に進み、亜弗利加《アフリカ》に国旗を建て、なお東漸《とうぜん》して印度に渡り、遂に比律賓群島を占領し、この群島を東の島と名づけた。されば比律賓は西島とも呼ばれ東島とも称された。かくては「東は東、西は西、両者永遠に相逢うことなし」の面目は何処《どこ》にあるか。寧ろ西も東、東も西、両者永遠に別るることなしというもまんざら詭弁《きべん》ではなかろう。

然らば一体どういう理由で東方西方、東洋西洋などいう言葉が今日の如く盛《さかん》に用いらるるようになったか。我輩思うにこの区別の起りは最初は羅馬時代であったと。羅馬はその範図を拡張するに当り、西方は渺茫《びょうぼう》たる大西洋に遮《さえぎ》られ、その間僅に西班牙、仏蘭西、英吉利等あるのみであるが、東方に於ては欧洲の大部分を征服し、更に足一たび亜細亜《アジア》に向えばそこに茫漠たる大陸を占むるの余地あり、少しく南方に向えば同じく大陸として亜弗利加を領するを得たが故に、羅馬帝国は制限なしに東方に進展するを得た。また、ところが羅馬に最も近き所に希臘《ギリシャ》あり、その文化は羅馬に比べて遥に優っていた。また小亜細亜よりアラビヤ、埃及《エジプト》に進めば、これまた本国羅馬に優るとも劣らぬ文化があったために、羅馬人はこれらの国を治むるに到底本国と同じ筆法を以てするの不可能なるを察し、始から特別の行政機関を設けて、政治的には羅馬人は優秀であるが、文学技術その他文化の大体に於ては東方が遥に羅馬に優れているので、羅馬人はこれらの諸国を治むるに少なからざる尊敬を払うていたらしい。しかしてその制度は本国を治むるのと大分に異《ことな》っていた。ここに於て東西の区別を明《あきらか》にし、その後羅馬人は帝政を建てるに及んで、西帝国、東帝国の起ったのもこれが故である。これが伝統的に当年まで続いて、西といえば欧羅巴、東といえば亜細亜というように大体区別がつくようになった。その以前を考うればかくの如き分割法は当を得たものでない。欧洲と亜細亜との境界は山でも海でも判然としたものでない。陸にはウラル山が境をなしているが、この山はその長さこそ百四十哩《マイル》もあるが、幅は拾六哩ないし六拾六哩にして、最高点は僅か五千呎《フィート》位なるを見れば、如何にその傾斜の緩なるかが分る。お互に西伯利亜《シベリア》鉄道で欧洲に行くものは何時《いつ》の間にこの小山脈を越えたか気づかぬ位である。欧亜間の海に至っては五拾哩で、南路の広い所を迂回しても弐百哩位なもので、その間は幾多の島つづきであって、小舟を以て自由に来往される。ダーダネルの海峡は遠い所で五哩、近い所は拾四町。

ただに地理上欧亜の区別なきのみならず、民族関係に於てもまた両者の間に明瞭な区別が存していない。欧洲人が誇りとしている希臘文化を建造した人種は果して何者か、未だ学術上の調査は審《つまびらか》でないが、仮りに彼らは北方より来たアキアン民族であったとしても、小亜細亜との関係の密なるものあることだけは確《たしか》らしい。よし同地には別な人種が住居していて、両者の間に区別があったとしても、その文化は複雑し密接しており、仏国のある地理学者が亜細亜の西の端を「ノーダル・ポイント」(結紮点《けっさつてん》)といい、東方文明と西方文明とが結びつけられ、何《いず》れともつかぬ所もしくは両方についた所ともいい得べき場所柄だと称しているが、実にその通りであって、東西の相融和しないという説の如きは甚だ疑わしく、両者は融和するのみならず、その元は一なりともいいたいほどである。

＊

中古時代、土耳古人が勢威を振うに及び、折角《せっかく》アレキサンダー大帝の苦心にかかる東西結び着けの計画も全く破壊され、小亜細亜に一大城壁を築いて、西から東に来るものを禁じ、また東から西に来るものを止め、鎖国政策に似たる政策を行うて東西の関係を阻隔《そかく》してしまった。これがために文化的交通は行われず、商品さえもその輸出入の自由を欠き、東西はいよいよ分離した。丁度我国に於て鎖国を行ったために曲りながらも自国の文化がある程度まで発達した如く、中古時代になって西洋は西洋で独立《どくりつ》の文化を営み、東洋は東洋で固有の発達をなすことになり、相互に補う便利がなくなった。あるいはこれがために各民族が各々固有の文化を発揮し、かえって独得の美術、思想等を涵養《かんよう》し、大体に於て人類一般の進歩に貢献するようになったと思われようが、ある事に就てはそうであろう。しかし他の方面に於てはこれがために何れも円満なる発達を阻止された憾《うらみ》も大にあると思われる。現に我国の鎖国制度の下に我国固有の文化が奨励されたとはいいながら、我民族の精神的に圧迫されねじけた結果は決して喜ぶべきものでない。芸術はために進んだとしても、科学と政治思想はために畏縮《いしゅく》した。由って広い世界の空気を吸い損《そこ》ない、人間が大きく太り兼ねたこと、また大志大望あるものが世界を相手に競争の出来なかったこと等を想《おも》えば、ある小さな技芸に於て繊細な手先の仕事は発達したとしても、差引勘定して利害は果して如何あろう。それと同じく東西の交通の切断されたために東も西も共に精神的に少なからぬ損害を蒙《こうむ》って片輪になったのではなかろうか。

プラトーの物語に人類はもと真円《まんまる》の球形をしていた。顔は両面あり手も四本、足も四本あり、両性を兼ねていた。そして各人間は完全円満なものであった。然るにその完全円満を誇った罰としてそのまま二にぶち割られてしまったために、脊《せ》には五感の機能もなく、一方のみを見る存在《ビーイング》となった。かつ性も分れて男性女性となって今日に至った。然るに昔の夢恋《ゆめこい》しきために男性は女性を慕い、女性は男性を慕うに至ったという。この有名な話は一種の滑稽談《こっけいたん》に過ぎぬとはいいながら、人間の性質のもと円満なりしものが今日の如く一方に偏するに至った説明としては教訓多き物語である。人間の説明としては疑わしいが、これを全世界にあてはめてみれば、この教訓は一層興味を加える。円満なる地球には東も西もなかったが、前に述べた土耳古人の障害物によりて地球は二に割られ、ここに始めて東と西とに分立し、互に敵視していたが、爾来星霜幾変遷《せいそういくへんせん》するに従い、自分個人のみにては完全ならざることを悟り、近来真面目に人生を考うるものは、西洋人で東洋を憧《あこ》がれ、東洋人は西洋を慕《した》う有様にある。ただしこの景慕の情がまだ充分に成熟せずして東洋人中には西洋人を忌《い》み嫌うものあり、西洋人中には東洋人を劣等視するむきもあるから、理想家が望むが如き融和を見るに至らぬけれども、しかし今日ではたしかに両者相接近する傾向あることだけは否まれぬ。この傾向の人々は今なお少数の個人に止まれるも、しかもその説教、学説、あるいは文章、あるいは芸術、あるいは政策によりて東西の益々近づくものと信じている。この任に当るべき個人は未来の世界の構造者であり先駆者である。ただ惜むらくは先覚者あるいは予言者たるものが自己の時代に名誉も名望も得難いことは歴史のよく示すところである。近頃誰人も口ずさむキプリング氏の「西は西、東は東、両者永遠に相逢うことなし」の一句が不幸にして各国に拡がっているが、同詩の次の句中に、「されど二人の強き者ども相直面して立つ時は、両者の間国境も種族も系統の差なし、ヨシ彼らは世界の端と端より来るとも」とある。

ここだ、二人の強き個人が互に直面して互の顔を見合い、互の心を打明けて相接する時は、両者は純然たる人間として交わることなれば、その間に何の蟠《わだかまり》もなく、相手が外国人なるか自国人なるかの差までも消え失せるのである。我々もしばしば知人の口より聞くことであり、また外国人よりも同じことを耳にするが、卓越した人が相逢う時は国籍や人種の区別なく、碌々言語が相通ぜなくとも、一見旧知の如く愉快に数時間の会見をして別れることは、我輩の多く目撃したことである。これらは何れも人間として普通の性質を遠慮なく発露するからである。朋《とも》遠方より来るまた悦《よろこ》ばしからずや。

キプリング氏のこの詩句は大に味うべき所がある、ただに美辞というに止まらない、その根柢的思想は、東西の別は風俗習慣あるいは思想に於て大差を見るが、境遇に捉われない、進んだものの中には共通点あるを意味するのであって、風俗習慣あるいは民俗を支配する思想から姑《しばら》く脱すれば、西人東人の共鳴する所が多い。これ即ち国民外交の基ともいうべきものであって、かくの如き心柄の個人が益々多くなればなるほど東西の親睦の強度が加わる。東西の諒解を図るに当って、勿論国家の斡旋は欠くべからざる条件であるが、これは寧《むし》ろ形式、法理の上のことであって、事実上、精神的にこの目的を遂行するには高き人道の立場あるいは深き学理に基いて、理由もなきに常に他国を敵視するが如き、狭小なる国家主義を脱したものの力によらざれば、実現は不可能である。個人としても国民としても自ら悪意や猜疑心《さいぎしん》を以て暗雲を立て、東西の方角までも朦朧《もうろう》たらしむるに代え、善意と友情によりて碧空《へきくう》一点の雲翳《うんえい》を止めざる所まで昇るを要する。

雲よりも上なる空に出でぬれば
　雨の降る夜も月をこそ見れ

誰かこの雲上の高きに昇るものぞ。横なる東西の関係を理解するものは、縦《たて》なる上下乾坤《けんこん》のそれを会得してしかして後に初めてなし能《あた》うものであるまいか。分け登る麓の途こそ東西南北の差あれ、達する末は高嶺なる如く、種々に分かるる人種、互に敵視する数多《あまた》の国家の使命も終局の点に於て一に帰するであろう。現代の将来に貢献すべき事多き中にこの終局に向って一条なりとも光明を放ち、あるいは一歩なりとも進むのが第一の任務である。殊に昔より日本人は国外の思想や文化を鑑識する事を以て得意としている。現に我国の今日あるは外国に負うこと多きに見ても明《あきらか》である。近頃メーソン〔Mason, Joseph Warren Teets, 1879–1941〕という米国人が『東方の光』の題の下に一小冊を公にした。その中に印度は宗教霊的の天恵に富み、支那は礼儀芸術の道に篤《あつ》いけれども、両民族とも功利活用の才能に乏しい。独り日本人のみが人類に欠くべからざる三徳と称すべき、霊妙の作用と美的観念と応用の能力を平等に兼備すると歎賞している。ウッカリ人の誉詞《ほめことば》には乗れないが、同氏の言は確かに我民族の特長を挙《あ》げたものと思わるる。この活力と才能を有すればこそ、メーソン氏のいう西洋の功利的文化を咀嚼《そしゃく》し得る東洋人は同胞のみなのだ。西洋人は到底日本人ほど印度の霊妙、支那の技芸の蘊奥《うんおう》を研《きわ》め得ぬから、結局東西の文化を悉く咀嚼し世界的完全なる発達を遂げる者は大和民族ならんか。

〔一九二八年一〇月二九日『東西相触れて』〕

民族優勢説の危険

右に述べた歴史の長短と聯想されて起る問題は大和《やまと》民族の立場である。我々が新聞や演説に常に天孫民族ということを聞くは、あたかも排外的米人がアングロ・サクソン民族とかノールディックとかを振りまわすように、耳ざわりとなるほど多いのである。果して大和民族という純粋な民族があったかすら未だ判然せぬ。かく呼《よ》び做《な》す如き民族は政治上の目的のために作った一種の仮装談《かそうだん》であるならば、その用い所を選ばねばただに効果が少いのみならず、かえって弊害《へいがい》あるを怖る。米人がハンドレッド・ペルセント米人といえるに対し、他邦民は大分反感を抱いている。今こそアングロ・サクソンは景気がよいから、かかる人種が実際に現存していることを信じたいものが沢山あるが、研究の結果、どれほどかくの如き純粋の人種があるか、その道の人は大にこれを疑《うたが》っている。然るに総て秀でたものはアングロ・サクソンなりと言うに至っては抱腹絶倒の至りである。一体英吉利《イギリス》の国土にアングルス人種がどれほどいたかと尋ねたら、その数たる甚だ少く、また英国に於て有為あるいは有名な人々を列挙して、その中にアングルス人種に属するものが何人あるかといえば、その割合の寥々《りょうりょう》たるには一層驚かざるを得ない。米国に於てはなお更のことである。近頃米国の代表的詩人として名高きホイットマンの如きアングルス種でもなければサクソン種でもない。大戦争前に独逸《ドイツ》の御用学者らが揃《そろ》いも揃《そろ》って政治的人類学という雑誌を編纂《へんさん》して、仏人ゴビノー〔Gobineau, Joseph-Arthur, 1816–82〕という曲学者より聞いた独逸民族優勢説をかつぎ出し、世界に最も優秀なる民族はゲルマン人種であると力説し、一歩を進めてゲルマン人の外にこれに匹敵する民族なしと断言し、更になお一歩を進めてたまたまゲルマン人にやや匹敵し得るものありとすれば、その血脈中には必らずゲルマン人の血が幾分か混っていると主張した。今日でもこの説が幾分か残っている。現に今春伊太利首相ムッソリニーは独逸種だと発表したものがある。その論拠は薄弱だと思うが、恐らく彼の筆法を以てすれば老子も独逸人なり、何となれば彼の頭髪は少しく赤味を帯びていたといい、しかして彼は西に行ったからというであろう。独逸人のことは別とし、大和民族の優勢を論ずるものは逆上《のぼ》せぬよう、冷静なる学術上の研究に土台を据《す》えてかからねば、徒《いたず》らに国の旧《ふる》きを誇ると同じように、威張った甲斐なく、否な威張ってかえって恥をかく結果となるも計り難い。

我輩近頃古事記を再三読み返して見て疑を懐くことは、日本古代の文化はどれほど純粋の大和民族の頭脳《あたま》から出たものか、奈良朝の美術を誇るものは、その作者が如何なる点まで大和民族であったかということである。なるほどその後の天平時代になってはこの点に関しよほど確実なる証拠も出るそうだが、それは天平以前の作物《さくぶつ》にして誇るものは、我祖先の作物でないということを含むのではあるまいか。一体祖先とはだれをいうのか、大古より中古に至るまで朝鮮人だの支那人だのが日本に土着し帰化したものが何万人か何十万人かある。彼らは特にその部落を作ったこともあるが、一般人民と混って住み、丁度アングル人、サクソン人その他ピクト人、ブリトン人らが今日英国と称する島に共に住して段々血も混り、今では彼らは、一種確定せる特別な民族たることを誇るに由《よし》なく、かえってよく他の長所を吸収する包容力あることを自慢せると同じである。誇りとすべきことは必ずしも人種の純粋なる点ではない。また国家の勃興《ぼっこう》し隆盛となるは人種や血の単一なるによるとも思われぬ。欧洲の諸国を見渡しても、如何なる国でも人種的に統一された純粋な所は一もない。故に我々の系図の中に朝鮮人や支那人の入っているのを寧ろ誇とする時代が来るであろう。しかして極東民族の間に親密を保つ情愛も今日より一層深くなるべき理由も新に発見さるるであろう。何れにしても事実に基いた説でないものを、あたかも学説であるが如く政略的に用うることは、方便としても長く続くものでなく、また我々が良心に省みて快しとすることでもない。

〔一九二八年一〇月二九日『東西相触れて』〕

国際的教育の設備

近頃の如く国籍を異《こと》にする人々が多数雑居するようになれば、児童の教育に就て特殊の機関を必要とする。現に我東京に於てさえ数多《あまた》の外国居留者があるために、彼らの国語を以て教育する機関を設備せねばならぬというので、東京では英米人を本位とし、専《もっぱ》ら英語を用いて教育する学校が一ある。同校で教ゆる科目は英米、殊《こと》に米式に則《のっと》っている。これは決して英式を排するわけでなく、寄附金が専ら米国より来るのと、在学者の多数が米国人であるからである。仏国人や独国人は自国語を用うる学校がないために、日本の小学校に入れるよりは将来に於て便利が多い関係から、この米国式学校に入れている有様である。なおこの学校には日本の各地に散在せる外国人がその子女を送るがために寄宿舎の制度も設けている。

この一例を見ても、如何に世界各地に各国人が集まっていれば、直に学校問題の起るかは見易《みやす》いことである。現に瑞西《スイス》国の如きは従来英国人が避暑や冬間遊戯《ウインタースポーツ》のため、及び生活費の本国より低廉《ていれん》なるために、隠居連中が数千、否《い》な数万人住込んでいた関係上、英国人を本位とする学校が各市に設けられている。就中《なかんずく》仏国語を用うる瑞西の一部に在ては、英国の堅気な家では仏国風の生活に染むるを避けんがために、その娘どもを瑞西の学校に送るのが普通であった。故にロザーンヌ市の学校の如きは英国の娘さんたちが夥《おびただ》しく多い。

ジュネーヴ市の如きは従来国際的都市と称せられ、その人口の統計を見ても四割は外国人よりなる。特に近来国際聯盟の本部及び国際労働局の所在地となって以来、益々国際的色彩が濃厚となったために、子供に国際的教育を授くるを必要とする議論が大《おお》いに行われている。もっともこれに反対する説も相当に強い。即ち教育は国民を造るを目的とすれば、各自の国籍によって教育すべきもので、何《いず》れの国ともつかぬような教育は根柢に於て誤れりという議論は勿論尊敬に値する。けれども少数の和蘭人《オランダじん》の家族が和蘭語の学校を設けることも事実上出来ない相談だ。葡萄牙《ポルチュガル》、希臘《ギリシャ》その他の小国の人々は到底臨時に派遣されている国先《くにさ》きに於て自国の教育設備をなすことは到底不可能である。幾分《いくぶん》かかくの如き設備を為《な》し能《あた》うものは米国人のみである。これは一には同国人が到る所に多数居住していると同時に、金に不自由がなく、実行力を有するからであって、米国人が主義に於て他国民よりもこの説を維持するという理由ではない。

＊

ジュネーヴ市には三十種近くの各種の国際的団体の本部がある。その最大なるは国際聯盟の事務局、次は国際労働局で、その他赤十字社なり何々会と称するものが多数ある。しかして各団体には小なるのも二、三名、大なるものは六百名の、国籍を異《こと》にする役員がある故に、国際的学校の必要が深く感ぜられるのである。ここに於てジュネーヴに在留する有志者が相図り互に醵金《きょきん》して国際的学校を設立し、我輩は学校に校長たりし実験があるという点やら、年長者である理由やら、また事務局に於ては相当の位地を占めていた関係上、推されて創立に参加しかつその校長たることを頼まれた。校長は断ったけれども理事だけは勤めた。

しかし役人の寄附金位では到底学校の永続が覚束《おぼつか》ないために、米国の有力な財団から補助を求めた。爾来《じらい》大に発展して、教師もそれぞれ相当な人を聘《へい》して従事させているが、何より面倒な問題は知識の方面でなく、心持《こころもち》の養成である。学科に付ては難題とすべきものはないが、少しく油断すると国際的紛擾《こくさいてきふんじょう》がこの小さい社会の中に起りがちである。現に在留米国人が多い関係上、米国種《べいこくだね》の子供たちが例の米国のお国自慢を始め、我々は貧弱なる移民の来る欧洲の国籍の者だちと一緒になるを好まない。しかし他に学校がないから、学問だけは一緒にしても、その他の事は米国人だけが別になろうという議論を唱え、米国人の倶楽部《くらぶ》を組織する意見が出た。もっともこの事は教師に相談なしにやったことで、生徒間に話は段々進行しつつあったが、生徒中の一人なるやはり米国の少年が強硬にこれに反対して曰く、「一体この学校の目的は国際心の養成にあるのではないか、それに特殊の国別的倶楽部を造るのは、学校の趣旨に反《そむ》くから自分は反対である。独《ひと》り自分が反対なるのみならず、強《し》いてこれを行わんとするものがあるなら、我々はあくまでもこれを排斥《はいせき》し、学校の目的を貫徹させる。もしこの種の議論をするものがあるならば退校するのが当然で、在校中にこんな運動を行うことは獅子身中《しししんちゅう》の虫の如きものである」と論じた。僅に十二歳の少年の主張であったが、米国優勢論者もこれに辟易《へきえき》してその計画を中止したことがある。この時我輩はつくづく思うた。この事は小なりといえども能《よ》く米国の現状を現わしていると。何となれば近頃米国では百パーセント・アメリカンと称し自国自慢の声が到る所に聞え、それと同時に正義の論を唱うる人士も甚だ少くない。米国国粋論の主張に相対して国際協力を楯《たて》に取る団体もあれば、個人としてこの説を抱く者も万を以て数えるほどあるからである。

また国際学校の経営にはなかなか容易ならぬ面倒がある。特に教師に相当な人物を得ることが頗《すこぶ》る困難にして、教師の心掛によりては、あるいは教壇に於て、あるいは教科書によりて排外的思想を鼓吹《こすい》し得る。この点に付き我輩はその弊を感じたことがあるから、国際学校の話ではないが、教師の選択に関する例を挙げる。

瑞西のある小学校に於て地理を教ゆるに当り、先生は教科書にある事柄を一通り説明した。それまでは何の不審もなかったが、この教員は如何なる理由であったか米国に対して非常な反感を有《も》った人であった。故に教科書を補足して教ゆる言葉に、「この書にあることは古い、大分修正を要することが多い。一体米国という所は教科書にある如く立派な国ではない、富んではいるが、人間の頗る劣等な、ただ金《かね》を以て生命とする如き拝金奴《はいきんど》で、詩人もなければ美術家もない、実に卑《いやし》むべき国民で、現に我国に多数漫遊客として来るものを見ても、如何に下卑《げび》た人間であるかが分る」云々と説いて、子供の脳中に反米精神を鼓吹した。かくては如何に教科書が良くても何の効をなさない。いわんや教科書そのものがある国に対して面白からざる記事を掲《の》せてあるに於てをや。

教科書に外国の記事を書くことは頗《すこぶ》るデリケートな問題であって、編纂者《へんさんしゃ》は深い注意を払わねばならぬ。今日なお米国の学校で用いらるる歴史の教科書には革命時代の精神をそのままに挙《あ》げて英国人を悪《あし》ざまに描き、英国国王は今もなお暴戻《ぼうれい》なる専制君主の如く陳《の》べたものもあるという。また支那の教科書には日清戦争の際、日本人は乱暴を逞《たくまし》ゅうしたが、勇敢なる支那兵のために皆追出されたと書いてあると聞いた。

近来のように国際精神の涵養《かんよう》を必要とする時代に於て、一方に排外的思想を奨励《しょうれい》するについては、何らかの防遏法《ぼうあつほう》を案出せねばなるまい。然るに前にもいうた如く何れの国に於ても、教育は国家の事業としてあれば、何事を教えても、なお自国の利益あるいは同胞の愛国心を向上すれば事足るげに思うている。たまたま教科書を変えたところで、前の瑞西の教員の如き心持ちでは十巻の教科書も一言の下にその効果を奪わるる。

国際聯盟に知的協力委員会というものがある。これは各国の大学者あるいは美術家あるいは小中学程度の教育家あるいは芸術家の利益と便宜とを図って、彼らの思想、作品、研究等を国際的に交換し、これらの表現に世界的奨励を与うることを目的とする。教科書に付ても相当に熟慮して、もし甲国の教科書に乙国の悪口を書いてあれば、この国際知的協力委員会に於てその誤謬の訂正を行わしむるように図っている。これも勿論相当に有効な方法ではあるが、なかなかこれしきのことでは各国自他の知識感情が向上されない。直接事業に与《あずか》る教師その人の啓蒙に待つの外あるまい。

*

ある時ジュネーヴから倫敦《ロンドン》に用達《ようた》しに行ったことがある。その滞在中、ある日曜日に教会に行った時、年の頃五十に近い婦人が我輩に近づいて来て、相談事ある旨《むね》を告げた。度々いう通り英国では如何に年老《としと》っても、婦人が紹介なしに男子に話かけることは稀《まれ》である。さすがに因襲に囚《とら》われないクェーカー宗〔キリスト教の一教派。新渡戸稲造はその信徒〕の信者であると思いながら、その用向を質《ただ》すと、婦人曰く、

「私は幼少の時から児童の教育を楽《たのし》みとし、中等教育を卒《お》わると直に学校の教師となって務《つと》めて参りましたが、その後学力の不足を感じて倫敦《ロンドン》大学に入りました。相当に自信もつき、再び教員になる時、友人どもは折角学位を得たことなれば中等学校に従事しては如何と勧《すす》められましたけれども、私の楽は少年教育にありますので、また小学校に奉職することに致しました。然《しか》るに戦争という念は少年男児の心にないことをつくづく感じ、かつ大戦争の惨酷《ざんこく》なる経験を体験したために、私は戦争中に平和主義を主張することに決心しまして、それには子供らを国際的に養成せねばならぬと思うて、予《か》ねて独立に自分の教育主義を試みたい念慮から、二十歳台、初めて教員になった時から、薄給の中より、月々僅の金を貯蓄して、漸く本年で恩給を受ける年に当りますので、これより小規模ながら自分の思い通りの趣旨を徹底するために自営の学校を開きたい。就てはこれを中立国である瑞西のどこかに設けたいと思う。」

「まことに結構なお考であるが、あなたは全く自力のみで為《な》さるる積《つもり》なるか、それとも誰《たれ》人かあなたを補助する人があるのですか。失敬ながら恩給で学校を創《はじ》めることは、あなたの恩給の額は無論知らないが、なかなか困難の事業でありませんか。」

この質問に対し彼女は恩給額の甚《はなは》だ少いことを述べ、同時に他よりは僅に五十磅《ポンド》の寄附あったことを大に力としていることを述べたから、資力の甚だ微弱なることを我輩は直《ただ》に察した。そこで我輩は教師は何人雇うか、その俸給はどうかと質すと、予《か》ねての育て子の内三名ばかりの若い女子が献身的に彼女を助けるということであった。申さば家塾《かじゅく》の組織で、ここに収容するものはなるだけ国籍を異にしたものとし、以て国際心を子供に鼓吹せんとするにあることが分った。そこで我輩は彼女に如何なる方法であなたに御援助出来るか、具体的に何を私に要求さるるかを尋ねたるに、瑞西に行くことであり、殊《こと》にジュネーヴ近くに土地を選定せんとするから、今後万事につけ相談相手になってくれというにあった。これに対し一応の承諾を与えなお奨励の言葉を残して倫敦を去ったが、その後数ケ月ならずして、ジュネーヴ附近に土地も家屋も求めた、二、三週間内に三名の助手を連れて出発するからよろしく願うという手紙が来た。それに続いてまた書面が来た。それによると同行すべき二人の教師の旅券は得たが、三人目の女性は露国の国籍にあるために倫敦駐在の瑞西領事が旅券の裏書を拒むので、旅行の準備が皆整えるも、出発出来ず当惑せる旨を告げたから、その頃瑞西の中央政府に外事部長(外務大臣)たるモッター氏がジュネーヴにいたのを幸い、この旨《むね》を同氏に述べたところ、即座に承諾してくれ、電報を以て倫敦駐在領事に訓令を発し、件《くだん》の女性は恙《つつが》なく入国することになった。

いよいよ開かれた学校は僅に二十名内外の生徒を収容していたが、国籍からいえば六、七ケ国よりなっていた。頻《しき》りに日本の子供を収容したい、月謝なしでもよいから、是非一人世話してもらいたいという。その理由はなるべく遠方の子供がいれば、生徒全体の心持もいよいよ広くなる、また人種が違えば違うほど人種的僻見に打克《うちか》つ程度も強まって、国際心を養うに最も有効であるというにあった。その頃ジュネーヴにいた日本の一家族はその長男〔前田多門の子供陽一〕をこの学校に入れた。傍観していた我輩はその結果如何《いかん》につき気遣《きづ》かった。何となればこの学校は菜食主義であり、それに寝室には火の気がない、朝起きれば子供たちが総がかりで拭《ふ》き掃除《そうじ》をして中々激務に従事する。いわゆる勉強の時間なるものが甚だ少い。それに子供のこととて、半分無意識に自国の自慢をし合うて争うこともあらんなどと思えば、国際心を養う代りに敵愾心《てきがいしん》を増長することになりはしまいかと、その辺のことを心配して折々この学校を視察し、また経営者には毎週一回ずつ逢うて学校の成行を質《ただ》した。しかし我輩の心配は杞憂《きゆう》であった。それは日本の児童の成績を両親より聞くに、家庭にいた頃より健康が益々良くなった、肉食は絶対禁物なるにかかわらず全体の生徒の健康は良好である。冬は火の気もない、アルプス颪《おろし》を凌《しの》ぎ、夏は園芸に従事したり、あるいは湖水に游泳し、身体の健康はたしかに良くなったようだ。勿論これは特に虚弱な子供に耐えられるとは思わぬが、普通平均の児童には何の苦もなかったようである。また学問に付ていえば仏語を標準語としているが、英語も独逸語も平行して教えられ、もし日本の児童が五人もいたなら恐らく日本語もこの小世界には相当に普及したろう。学科を修むるには、数学、博物学等は共通的(仏語を以て)に教ゆるが、各生徒の国の歴史は、個人教授としてその国語で教ゆることに努めている。学校全体の気風からいうと傍観者たる我々の目には誠に羨《うらや》しく映った。我輩も何か事あれば全生徒――というても僅に二十名前後であったが――を我家に招待して饗《もてな》したこともある。その時彼らの様子を見るに無邪気なことはいうまでもないが、互に国籍の区別を設けないで親しく交わる有様は経営者の精神がよく吹込《ふきこ》まれたことを証明したし、されぱとて各自が自国を忘れていわゆる世界的《コスモポリタン》になったかといえば、なかなかそういう傾向は見えなかった。各自が自国に対する尊敬と愛情は明に有《も》っている。しかも国旗に対する観念の如きものは普通の大人よりは強くあったように見受けたが、同時に合理的で、他国を軽蔑《けいべつ》する観念の少きことは確《たし》かに経営者の目的が実現されつつあることに敬服した。またこの創立者が三十年間もその目的を達せんがために毎週毎週小額の金を貯蓄して爰《ここ》に至ったことを思えば、その人物に確信あることをも合せて推称せざるを得ない。

Man kann nicht stets das Fremde meiden,
Das Gute liegt uns oft so fern,
Ein echter Deutscher Mann mag keinen Franzen leiden,

Doch ihre Weine trinkt er gern.　Goethe.

〔一九二八年一〇月二九日『東西相触れて』〕

太平洋問題京都会議 開会の辞

この度の大会を開くに当りまして我が太平洋問題調査会の名に於て太平洋に臨む各国を代表する各位を歓迎致しますことは私が最初にとる最も愉快な義務と存じます。かつて地中海沿岸にその花を咲かせておりました内海的文明は遠の昔に太平洋沿岸の大洋的文明に移り行いたのでありまして、今や太平洋諸国は世界に於けるあらゆる人種と文化の相接触する舞台とならんとしております。吾らはこの接触の真に一致調和せんことを期しております。希臘《ギリシャ》に始まりました西洋文明は西に向ってその進路をとり、アカデヤまたはスメリヤの何処《どこ》かに端を発した東洋文明は東を指して進み、吾らの岸をたたき今日は西の文化に相会わんとし、かくして人類発展の一つの円を描かんとしております。もしカールリヒター〔Ritter, Karl, 1779–1859.ドイツの地理学者〕が今日に在《あ》ったならば大洋の文化という分類に止ってはいなかったと思うのであります。恐らくは今日の時代を陸地が大洋よりも更に顕著な要素となっている航空時代の中に加えたかも知れないのであります。しかしながら人類の交通文化の上に於て太平洋のとる役割は決してその重要性を減ずることはないと思うのであります。というのは古き民族と新らしき民族とが互に手を握るべき共通の根拠を見出すことを以て任としている吾らにとりては時機到来せりの観があります。その理由は航空に代うることの出来ない海上航海の幾多《いくた》の特徴があるからであります。かくして永く相別れた東西は相接近せんとしており、しかもこれは時を得ていると思うのであります。今日かく此処《ここ》に集合致しておりますように互に研究するために、吾らの将来に持つヴィジョンを大ならしむるために、吾らの精神を向上せしむるために、吾らの魂を養うためにまた心を同じゅうする者の相交わるために相会することが出来るのであります。吾らのかく会合することは相争い相競う精神に依ってではなく、諒解と平和への意志を以て相会するのであります。国民というものは戦闘の単位であり、商売の競争を営むものであるとの古い考は棄てられてあるのであります。戦わずとも技を比ぶることも出来相排撃せずとも商業は成立ちジンゴイズムなくとも愛国心はあり得るのであります。

他人の祖国を憎むことなく、己が祖国を愛することも出来、他人の利益を害《そこな》うことなくとも外国人と貿易することが可能であります。即ち他人の力を卑劣なる手段で害うことなく同じ競争をすることが出来るのであります。究極の目的に於て人類は一つでありますす。吾らの努力はつとめて一致に向けなくてはならないのであります。これなくては永遠の平和も幸福も繁栄も得ることは出来ないでありましょう。

吾らにしてなおこの望ましき目的より隔《へだ》ること遠いとしても、今日の時代に現わるる幾多の兆候は吾らの理想に於ては謬《あやま》っておらないことを示しているのであります。

地上の国民は何か一つの協同体の実現を翹望《ぎょうぼう》しております。ただしあるいは一つの合成した国家組織ではなく、人類の議会を有する世界の聯合ともいうべき緩《ゆる》やかな結合体であるかもしれないが、全欧州の聯盟を企画していた人は決してブリアン氏〔Briand, Aristide, 1862-1933. フランスの政治家〕のみでなく、他に幾多の思想家があったのであります。

なおこの上アウグスト・コントの考えた生物同盟より少しは小さいが、これらの人よりはもっと大きい聯合の幻を見ていた夢想家たちがあるのである。イタリアの宗教家スツルツォー・ドン〔Sturzo, Don Liugi, 1871-1959〕は最近かような理想的な機構、一つの有効な国際的協同社会に必要なあらゆる特質と力とを具えたるものを考えてこれを雄弁に語っているのであります。

私は国際平和協力のメッカであるかの世界の首都国際聯盟の置かれたゼネバの地に七年の歳月を過した者であります。過去十年間年々集会があって、約五十四ケ国の人々の非常に重要なまた利害関係の色々異《ことな》った問題を討議する会合があったのであります。ポーランドとリツアニア、チリーとペルー、中華民国と日本、ドイツとフランス、ブルガリアとギリシャ、フィンランドとスウェデン、ハンガリーとルーメニヤとは皆正規の代表者としてこれに参加したのであります。これらの国民は時あっては互にその隣人に対して色々重大な問題を持っていたのであります。希臘《ギリシャ》に於てその相戦うた州がデロスの島に寄ってその解決を計ったように、今日諸国民(総ての国民といいたいところですが)はゼネバにやって来てその色々な問題を提供し、またその反対国の意見に耳を傾けるようになったのであります。私は一つの驚くべき事実しかも驚くべき発見をなしたことの証言が出来るのであります。それは国家にもまた良心があるということなのであります。

哲学者中国家の有機的性質を論じた人々にして、例えばスペンサーの如き、シャッフル〔Schäffle, Albert Eberhard Friedrich, 1831-1903. オーストリアの社会主義者〕の如き、またその御弟子たちの如き、国家はその中に良心の刺戟を持っている道徳的存在であるとまで言った人がどれだけあったでしょうか。トーマス・ヒル・グリーンは言っております。「如何なる個人も自ら良心を造る能わず、これを造るには常に一つの社会を必要とす。」と。もしこれが真実(私は真実と信ずるのですが)であるとするならば、国家が今日まで永い間不道徳であったという理由は、国家の絶対独立絶対主権といったような誇張的な考に捉われて国家が聯合の可能性を認めないとしたことに依るということは出来ないでしょうか。国際聯盟が少くとも私の考では吾ら人類の将来にとって欠くべからざるものであるというのは世界が結合しているこの点、即ち相共通した普遍的な正義の観念を現わし、これを培《つちか》って行くという点にあると思うのであります。政治組織として国際聯盟に対して敢て強く反対の態度をとる人といえども、この道徳的団体制度の漸次力を得つつあることを満足に思うことでありましょう。僅か十年前には血に染《そ》んだ人類の歴史の中からやっと芽を出した弱々しい芽であったのでありますが、今日は成長してかなりの大きさになって来たのであります。空の鳥がその枝に来て巣くうまでになっていないとしても、傷ついた鳥がその羽を休むる場所たることには役立っているのであります。ゼネバのことを長々しく申しましたことを御許し頂きたい。しかし私は世界的のコンフェレンスの中心に今更の如く心が惹《ひ》かれ行くのでありまして、それには三つの理由をもっております。

第一、国際聯盟はあらゆる国際的協力に対してその関心を示していることであります。今日この場合、前回の大会の場合と同じくこの京都会議に傍聴者を送ってこの調査会に関心を現わしておられるのであります。私は太平洋問題調査会中央理事会の名に於て、国際聯盟事務局のこの好意に感謝の意を表したいと思うのであります。吾らの会合の中にあって如何なる国にも公に属せずして、しかも国際会議に経験があられる方々の出席せられたことは、非常な助けであると思うものであります。

第二、私が国際聯盟を掲げました理由は我が調査会の外的価値に関する点であります。

国際聯盟がその構成する加盟国と地理上の発展をなすに随って、恐らくその事務の幾分は地域的に分けた会議に於て行わねばならないことになるでありましょう。というのは理論的にまた観念的に一国の問題は全世界の問題といえるのでありますが、実際は国際問題はある限られた地域にのみ関係するからであります。

かくの如き性質を有《も》った問題はその地域的の会合に於て関係諸国間に於て、また中央の団体の指揮監督の下にあって良く討議することが出来るのでありまして、今日此処《ここ》に開かれるこの大会の如きは、かかる地域的集合の手本またはその核子となり得るものではないかと申せば、それはあまりに楽観的な考でありましょうか。勿論私はこのインスティチュートの特異な内面的重大性を奪わんとして言っているのではありませんが、それどころか私の信ずるところではインスティチュートの組織及び機能は国際聯盟に参加していない諸国に広い影響を及ぼし得るということであります。

ゼネバとこの会合との性質の比較を考うべきなお一つの理由があります。それは「国際聯盟は政府関係の団体」であり、吾らの団体は「自発的団体」である点でございます。かれは政治的であり法律的であり、これは科学的であり啓蒙的であります。一方を国家政策の喚起の場所であるとすれば、こちらは練られた思想、思慮のつんだ意見の交換所であるといいたい。もしゼネバがその議場に於て政界の諸星を誇りとするならば、吾らは更に勝りたる理由を以てこの議場には科学、実業にたずさわる偉大なる指導者を有することを誇り得るのであります。国際聯盟が行為を求むるならば吾らは理性に訴えるのであります。

今日の世界はこの二つの種類の会合を必要としているのであります。しかして相互に唇歯《しんし》輔車《ほしゃ》の関係にあります。しかしもしいずれを選ぶかという場合は、もっと根本的な会合である吾が会が先ず第一に挙げられねばなりませぬ。

何故に自発的団体をもっと根本的だというのか。国際協調の歴史または非公式な団体が創立して経営して来た多くの国際的諸団体の歴史を読んでみれば、明かに公の国際的聯合の起りは大抵私の団体から起ってるということが解るのであります。大抵の場合これは何か共通の問題に関心を持った異った国々の人たちが集まって来たのであります。そして互の意見を陳《の》べ、智識を交換するために集ったのでそこには智識の外に何らの権威はなかったのであります。しかし彼らは良く精通していたが故に、その意見も判断も尊敬の的となり、時には政府に依っても採って用いられたのであります。かくして諮問機関となりその助言が当を得ていることになると今度は協議機関に移されるようになり、一歩一歩最初は専門家の団体に過ぎなかったのが国事を決する機関にまで発達して来たのであります。国際聯盟といえども決して一日にして成ったのではありません。戦争廃止のために尽していた多くの人は、米国にも英国にも仏国にも白国にもその他の国々にもありました。そして最後の聯盟規約を造り上ぐる基礎を準備したことになるのであります。未だ比較的に成長し始めただけの組織である吾らの団体の将来の発達を思うと、吾らの前に置かれたる事業の如何に宏大であるかに驚くのであります、と同時に単なる組織のみにては不充分であることを恐れるのでありまして、その理由は、組織は往々にしてこれを構成する有機体を殺してしまうからであります。

言うまでもなく一体国際的機関というものは、その中に国際精神なるものが吹き込まれない限りはあってもなきが如きものであります。

今日ではあらゆる種類の国際団体が三、四百にも達しておりますが、この中多くのものは死物同然であります。お化の如きやり方で型の如き会合を開き、舞台の上に現われて何か格言的な決議をしたかと思えば何時《いつ》しかそれは消えて影を認めないのであります。しかしあるものは本当に生々としており、その声は地の極まで響き渡っているのであります。国際会議をバベルの塔とするか、ペンテコステの火とするかは全くこれに参加する人々の精神的態度に依るのでありまして、ここに開く吾らの大会の如き企てに於て、必然それに伴うべき成功条件というべき精神的態度は国際精神であります。これは一国の利己心から離れてあらゆる国際問題を公平に客観的に科学的に観《み》んとする精神であります。国際的精神といってもこれは国家精神に相対立する対義語ではなく、それかといって国家的基礎を欠いている宇宙精神と同義語ではありません。国際精神とは国家精神の延長ともいうべきものであたかも博愛慈善が家庭に始まるというが如きものでありす。勿論この場合の博愛慈善は距離の自乗に正比例してこの精神を増すといったような種類のものではありません。真の国際精神は愛国の精神を含み、真の愛国の精神はまた国際精神を含むものであります。国際精神の対義語は愛国心でもなく外国崇拝でもなく、盲目的愛国心と外国恐怖心とであります。サムエル・ジョンソンは国際精神を指して次の如くいっています。

「マラソンの野に立ちてその愛国心喚起されず、アイオーナの聖地の廃墟に立ちてその敬虔の心燃えざる人、吾らはこれを羨《うらや》むに当らず。」吾らは今ここに吾らの愛国心を傷つけることなく、また敬虔の念を強いらるることなき事情の下に相会しているのでありまます。他人を裁《さば》かんためでなく、吾らの信念のプロパガンダのためでなく、一国の問題に対して激越な訴をなさんためでなく、あるいは係争事件の解決のためでなく、寧ろ太平洋に一つの暗影を投ぜんとする問題ありとせば、これを協議整頓せんがためにここに相会しているのであります。ここに会する国々の人々の間には、今日なお未だ解決を待ちもうけている重大問題のあることを知っております。しかしここは敢て解決を求むべき場所ではありません。否《いな》吾らの会合していることはかくの如く如何なる政治的または経済的問題であってもそれを無理強いに解決せんとするが如きことを避けんがためであります。大道演説、プロパガンダ及びボイコットの如きことは、吾らのとる方法ではないのであります。これらの暴力手段は吾らの会合以外の場所に於ても国際的諒解に対しては害をなすものであります。吾らはもっと有効な方法を選ばねばなりません。孔子の教うるところに依れば「もし争う場合ありとせば、その争や君子の争たるべし」といっております。吾らは国際精神を働らかせ、公平に客観的に何人に対しても悪意を抱くことなく、全ての人に愛の心を持ち、この大会のプログラムを遂行して行かねばなりません。百年以前ウォーズウォースは「山の霊、海の霊は自由独立の精神を鼓吹するものだ」と歌っております。今吾らの周囲の山々湖水の霊は互の交誼依存を導びくものと見ることは出来ないでしょうか。ロカルノの精神はかくの如きものであり、その美くしきジウラ・セレーヴの山々に囲まれたレマンの湖畔に於てその精神が養われたと言われております。吾らは今この京都の旧都、昔その名を平安と称えた尊き都、比叡の麓、琵琶湖の近くに相会しているのであります。かくして我が日本は国際関係の平和的討議に必要な地理的条件を備えているのであります。諸君が充分にまた満足するように御利用あらんことを望みます。諸君の御骨折に対する遠大の希望を以て、私は今ここに第三回太平洋問題調査会大会の開会を宣言する光栄を有するものであります。

〔一九三〇年九月一三日『太平洋問題　一九二九年京都会議』〕

新渡戸稲造略年譜

一八六二(文久　二)年　九月一日、盛岡に南部藩士新渡戸十次郎、せきの三男として生まれる。

一八六八(慶応　三)年　父十次郎死去。

一八七一(明治　四)年　叔父太田時敏の養子となり上京。

一八七三(明治　六)年　東京外国語学校入学。

一八七七(明治一〇)年　札幌農学校入学。

一八七八(明治一一)年　六月二日、M・C・ハリスから受洗。

一八八〇(明治一三)年　母せき死去。

一八八一(明治一四)年　札幌農学校卒業、開拓使勧業課に勤務。

一八八三(明治一六)年　東京大学に学ぶ。

一八八四(明治一七)年　渡米してジョンズ・ホプキンス大学入学。

一八八七(明治二〇)年　札幌農学校助教に任ぜられドイツに留学、ボン、ベルリン、ハレの諸大学に学ぶ。

一八八九(明治二二)年　兄の死去により新渡戸姓に復帰。

一八九一(明治二四)年　一月一日、メリー・エルキントンとアメリカで結婚。帰国。札幌農学校教授に任ぜられる。

一八九二(明治二五)年　長男トーマス(遠益)、生後まもなく死去。

一八九四(明治二七)年　札幌に遠友夜学校設立。『ウイルリアム・ペン伝』刊。

一八九七(明治三〇)年　札幌農学校を病気により辞任。

一八九八(明治三一)年　アメリカで静養。『農業本論』刊。

一九〇〇(明治三三)年　*Bushido*(武士道)刊。ヨーロッパに行く。

一九〇一(明治三四)年　台湾総督府技師として赴任。

一九〇三(明治三六)年　京都帝国大学法科大学教授を兼任。

一九〇六(明治三九)年　第一高等学校校長兼東京帝国大学農科大学教授に任ぜられる。

一九〇七(明治四〇)年　『随想録』、『帰雁の蘆』刊。

一九〇九(明治四二)年　実業之日本社編集顧問に就任。

一九一〇(明治四三)年　柳田國男らと郷土研究(郷土会)を始める。『ファウスト物語』刊。

一九一一(明治四四)年　日米交換教授として渡米。『修養』刊。

一九一二(明治四五・大正元)年　*Japanese Nation*、『世渡りの道』刊。

一九一三(大正　二)年　第一高等学校校長を辞し東京帝国大学法科大学教授専任。『随感録』刊。

一九一四(大正　三)年　岩手県で自動車事故。『折にふれ』刊。

一九一五(大正　四)年　『一日一言』、『人生雑感』刊。

一九一六(大正　五)年　東南アジア諸国に行く。『自警』刊。

一九一七(大正　六)年　東洋協会殖民専門学校学監に就く。『婦人に勧めて』刊。

一九一八(大正　七)年　東京女子大学創立され学長に就く。

一九一九(大正　八)年　後藤新平とともに欧米に行く。国際連盟事務局次長に就く(ロンドン)。『一人の女』刊。

一九二〇(大正　九)年　ジュネーヴの国際連盟本部に移る。

一九二四(大正一三)年　一時帰国。

一九二五(大正一四)年　帝国学士院会員に任命。

一九二六(大正一五)年　国際連盟事務局次長を辞任。貴族院議員に任命。

一九二七(昭和　二)年　帰国。*Japanese Traits and Foreign Influences* 刊。

一九二八(昭和　三)年　女子経済専門学校校長、新自由主義協会会長に就く。『東西相触れて』刊。

一九二九(昭和　四)年　大阪毎日新聞社編集顧問に就任。太平洋問題調査会理事長になり京都で開催された第三回太平洋会議の議長。

一九三一(昭和　六)年　第四回太平洋会議(上海)に出席。『偉人群像』刊。

一九三二(昭和　七)年　軍部批判の発言問題化(松山事件)。アメリカに渡り満州問題に関する日本の立場につき講演。

一九三三(昭和　八)年　第五回太平洋会議のためカナダに行く。現地で一〇月一五日(日本時間一六日)死去。『内観外望』刊。(翌年『西洋の事情と思想』、『人生読本』、*Reminiscences of Childhood* 刊)。

解説

新渡戸稲造(一八六二―一九三三)というと、一般には『武士道』の著者または五千円紙幣の顔になった人物として知られている。ところが、『武士道』以外、どういう考えの持ち主であったかとなると、ほとんど知られていないのが実情である。

職業となると、やはり一言では決めがたい。教育者、社会教育家、学者、外交家、役人、評論家、著述家などなど、いずれも通用する。それで一向に構わないけれども、あえて一つ選ぶとするならば教育者になるかもしれない。札幌農学校、北鳴学校、遠友夜学校、京都帝国大学、第一高等学校、東京帝国大学、東洋協会殖民専門学校、東京女子大学、女子経済専門学校、早稲田大学など、教育者歴がもっとも長い。

新渡戸は、近代日本の教育のありかたを憂い、人間ひとりひとりの人格の価値を執拗に説いた。知識の詰め込み、試験のためだけの勉強、受身的な国家の器械のみを作る型にはまった教育に対し、知識よりも品格、理屈よりも実行、受動的人間よりも自発的人間の育成を目指した。

そのためには、まず教育者の側に課題を見出し、小手先の教育技術を身につけるのではなく、広い教養、人類的視野、高い理想を繰り返し語っている。新渡戸の教育観は同時に教育者観でもあった。あえて加えるならば教育行政者観でもある。その教育理念は、親しく影響を受けた人々により、戦後の教育基本法の制定となって結実する。

新渡戸には一三、四歳のころ、直接、慶応義塾で福沢諭吉の話を聴いた思い出がある。中身は忘れたようだが、その日、福沢が聴衆にせんべいを配ったことだけは鮮明に覚えている。先生と生徒の間の魂と魂の交わりを学んだという(「教育の真義」、『慶応義塾学報』一四一)。

それがあってかどうか、第一高等学校の校長になった新渡戸は、学校の隣に一軒の家を借り、学生たちと語らいの時を持った。新渡戸校長とせんべいを食べながら語ったという思い出が多くの学生に残されている。新渡戸が大切にしたのは、教師が高壇から威圧的に生徒と対するのでなく、身近に接して語り合う姿勢であった。

その姿勢は書いたり語ったりする言葉にも表れる。新渡戸の文章は、だれにでも分かりやすい平易な言葉からなっている。さらに文よりも講演、講演よりも座談にサービス精神が生きていた。子供のころ好んで聞いた講談の影響があるかもしれないが、やはり少年時代に読んだ福沢の書物や演説の語り口も念頭にあったであろう。札幌農学校の後輩である志賀重昂は、現在の教育者が福沢ならば、未来の教育者は新渡戸であるとも評している。

本論集では、便宜上、Ⅰ（教育論）、Ⅱ（人生論）、Ⅲ（デモクラシー論）、Ⅳ（国際関係論）と、本文をテーマ別に分けて収録したが、ここでは全体に共通する思想の特徴として、次の四つを挙げたい。

第一は、すでに述べたような人格の尊重である。個々の人間を、それだけで価値のある存在とする見方を、とりわけ日本に欠けている思想として機会あるごとに述べている。近代の日本に多くの思想家、教育者が現れたが、人格の価値と尊重を新渡戸ほどしつこく説いた人をほかに知らない。それが国際間の人間関係においては国際協調の原則になる。

第二は、人格の尊重を根拠づける「天」の観念である。新渡戸の文章を読んでいて、しきりと出会う言葉に「天」「天道」「天帝」「天命」「天職」「天意」「天性」など、一連の「天」を冠した言葉がある。「天」を相手にせよと言った西郷隆盛も、「天」が平等に人を造ったと述べた福沢諭吉も、ともに新渡戸の尊敬する人物だった。陽明学的な「天」と「良知」の思想は、キリスト教のクエーカー信徒であった新渡戸にとり、その「カミ」と「内なる光」とも通じる親近性のある思想であった。

第三は、「中道」思想と包容性である。「新自由主義」のなかに、すべてを「プライマリー・プリンシプル」で突き進むのでなく「セコンダリー・プリンシプル」を重視する考えがみられる。晩年の『大阪英文毎日』への寄稿文にも'Golden Mean'(黄金の中道)の題名のものが一度ならずある。「中道」というと結局は、「左」と「右」、「多」と「一」のいずれでもない代わりに、どちらかに解消してしまう傾向がある。それに反し新渡戸の「中道」は、もっと積極的に三本道の中の一つとして、堂々と存在を主張している道であり哲学だった。この道の上に包容性があった。

第四は、「修養」である。「修養」というと普通には、簡単に腹を立てることなく、世間の型に順応する心の養成のように受け取られている。しかし、新渡戸が何度も繰り返し青年たちに語っている話には、「読書」はもとより「黙想」「水浴」などが出てくる。すなわち体を通して心へ働きかけ、心を練り上げる方法である。その意味で「修養」というよりは「修行」に近い。それにより「天」の声にしたがう「良心」を築き、その「良心」に応じて何よりも行動することを大切とした。

ところで、実際に現れた新渡戸の思想となると、その評価は必ずしも一定しているわけではない。それを述べるに先立ち、あの名高い新渡戸の若き日の名句を紹介しておこう。

札幌農学校を卒業後、一時、開拓使勧業課に勤めた。しかし、東京大学で学ぶために一年後に上京、入学の面接試問があった。面接した外山正一教授から何を勉強するかを問われ、農政学だけでなく英文学希望も告げると、即座に外山から切り込まれた。

「英文やつて何します」僕は笑ながら「太平洋の橋になり度《たい》と思ひます」と云ふと、先生独特の軽々しい調子で、少しく冷笑的に「何の事だか私は解らない、何の事です」、其所《そこ》で不得止《やむをえず》説明して、「日本の思想を外国に伝へ、外国の思想を日本に普及する媒酌になり度のです」と述べた(『帰雁の蘆』弘道館)。

いわゆる「太平洋の橋」である。よく見かける「太平洋の橋とならん」の言葉は、後に、大阪毎日新聞社の顧問になるにあたって述べた文の中に出てくる。英語では'A Bridge across the Pacific Ocean'である。

東京大学での勉強にあきたらず、その後、アメリカ、ドイツをはじめとするヨーロッパで研学を重ねること七年、さらに度重なる外遊経験をへて、文字通り日本を代表する国際通になった。若き日の「太平洋の橋」となる大志は、英文の『武士道』以下数多くの日本を紹介する著書、逆に日本へ西洋諸国のことを紹介する著書、あるいは国際連盟事務局次長としての活躍になって実現する。

しかし、晩年には、軍部批判の発言で苦境に立たされる場面があった。その結果「太平洋の橋」にも日本寄りの傾きが認められた。たしかに新渡戸は、在野の一私人として生涯を送った旧友内村鑑三とは異なり、官僚、公人として過ごす境遇に置かれた。そのうえ、長い外国生活から帰国した直後に経験した出来事は、「不敬事件」で極度に神経を痛めつけられ、おびえたような内村の姿であった。この体験は、新渡戸に国家主義、あるいは過激な愛国主義に対する恐怖心と警戒心を植えつけたにちがいない。

他方、早くからカーライルの著書に親しんでいた新渡戸は、その著『フランス革命』の影響を受け、暴力的な革命についても、同じような、生理的な不快感、恐怖感を抱いたものと思われる。そうした経験と時代とが、急進的社会主義に対して一定の距離を置く生き方を選ばせたのではなかろうか。

なかでも「国体」観や植民地観については、現代の目からみると新渡戸の思想をそのまま肯定できる人は少ないかもしれない。女性観にしても、当時としては先駆的であったが、現代では時代遅れの考えが目立つ。しかし、それだからといって、新渡戸の思想を、まるごと否定してよいとは思わない。今でも、あるいは今だから生きる思想が、否定すべき思想とくらべて新渡戸にはずっと多いのではなかろうか。課題は、新渡戸の思想のなかの肯定すべきものと否定すべきものとの間にある。

新渡戸は、あの英文『武士道』のなかにも「武士道は、我々の良心を主君の奴隷となすべきことを要求しなかった」、「女子は男子のために己れを棄て、これによりて男子をして主君のために己れを棄つるをえしめ、主君はこれによって天に従わんがためであった」(矢内原忠雄訳、岩波文庫)と述べている。この順序に問題はあるにせよ、究極的には「主君」の上に「天」(Heaven)を置いている。一九二八(昭和三)年には早稲田大学で「東西王道の比較」と題して講演、大嘗祭《だいじょうさい》を述べた文章において、はっきりと「私は、天子様を普通にいふ神様だとは思はない」と述べている。

ただ、そのような「天」や「カミ」観念が、新渡戸においては、どこまで超越性を保ったか。くりかえし強調する人間の人格観が、はたして、どこまで普遍性をもったか。第一には、その理念を、新渡戸があくまで「プライマリー・プリンシプル」として心の奥に保ち続けたかの問題であり、第二には、その徹底が困難なとき、新渡戸のいう「セコンダリー・プリンシプル」の道は、いかなる程度とかたちでゆるされるかの問題である。これらは今なお、われわれの課題でもある。

Ⅰ

今世風の教育(8)

『青年界』は、金港堂書籍から刊行されている青年、学生、受験生向きの雑誌である。

「論評」欄に竹越与三郎の「人を観るの明」とあわせて掲載された。ほかの記事として「職業の選択」の題のもとに、鳩山和夫、田健治郎、黒岩周六、片山潜、渡辺千春の意見、「講話」欄には笹川臨風、与謝野鉄幹の名がみられる。また「文芸」欄に、押川春浪の小説「武士道」が載っているが、押川は、のちに新渡戸の中傷記事を雑誌『武侠世界』に書いてさかんに攻撃する人物である。本篇は「教育家の教育」と同じく教育の重要課題として教師を取り上げている。

我が教育の欠陥(14)

当初'A defect in our education'の題で『英文新誌』(*The Student*)一巻一七号(一九〇四年三月一日)に掲載された。同誌は新渡戸を編集顧問とし、桜井鷗村らを編集主任として刊行された雑誌『英学新報』(*The English Student*)の後身である。英学生を対象にし、英文には訳文もしくは訳注が付されている。新渡戸の本文には桜井鷗村による訳注と「我が教育の欠点」と題された訳文が掲載されている。のち『随想録』への収録にあたり題名の「欠点」を「欠陥」と改めたほか、訳文にも新渡戸本人とみられる手入れが認められる。したがって後者を本文とした。人間を「器械」に化すのみの教育に対して「品格」の教育を力説する。

女子教育に就て(18)

卒業講演を行った梅花女学校は、大阪の土佐堀町に梅本町公会(のち大阪教会)と浪花公会との協力により一八七八(明治一一)年に創設されたキリスト教主義女学校である。講演筆記の収められた『基督教世界』は日本組合基督教会の機関紙で週刊。新渡戸は、前年秋から台湾総督府糖務局長であると同時に京都帝国大学法科大学教授に就いていた。新渡戸は女子教育においても実学でなく「理想」の養成を重視した。

教育の目的(21)

『随想録』は、前掲「我が教育の欠陥」のように『英文新誌』に書かれた短文が中心になっているが、「講演」も数編収められている。本篇もその一つ。新渡戸は前年から第一高等学校校長に就任、とかく世間を低く見て弊衣破帽をよしとする一高生の「籠城主義」の気風に対し、「社会性」(sociality)を強調した。教育の目的として職業教育から始まり、最後に「人格修養」に行き着くが、その具体的な内容として、「何事に就いても何かを知っている」ことを通じ、他者とも理解しあえる「社会性」の育成を指摘する。

教育家の教育(55)

一九〇七(明治四〇)年、東京府勧業博覧会を契機に、帝国教育会、東京府教育会、東京市教育会の三者が共催して、五月一二日、全国教育家大集会が開催された。『帝国六大教育家』は、その記録集である。内容は二部から成っている。最初に明治の教育に貢献のあった六名、すなわち大木喬任、森有礼、福沢諭吉、中村正直、新島襄、近藤真琴に対し、沢柳政太郎、三宅雄二郎らによってなされた「追頌演説」、ついで「諸大家」とされる新渡戸稲造、大隈重信、尾崎行雄、島田三郎、嘉納治五郎、渋沢栄一らの一般演説である。日本の師範学校で教えられている教育技術偏重、受身的な生徒の養成でなく、自ら働く人間を養成する「修養的教育」、それも教師による率先実行を語る。

教育の最大目的(70)

『精神修養』は加藤咄堂(熊一郎)による精神修養社発行の月刊誌。本号は暑さを忘れるために「熱殺号」と銘打たれている。新渡戸の論文を巻頭にして、以下、大内青巒、後藤新平、与謝野晶子らが寄稿している。「世界人類に貢献」する「実行的活動的の人物」を育てるべしという言葉で結んでいる。

教育の基礎は広かるべし(74)

キリスト教出版社である警醒社編輯局編『現代世界思潮』に収録されたもの。同書には成瀬仁蔵、浮田和民、大隈重信、森村市左衛門、姉崎正治、三宅雄二郎、中村吉蔵、ギュリックらの文が掲載されている。このうち、成瀬、浮田、森村、姉崎、ギュリックは、同年七月に発足する帰一協会の発起人の顔ぶれとも重なっている。同会の「規約」に記された目的を見ると「精神界帰一ノ大勢ニ鑑ミ之ヲ研究シ之ヲ助成シ以テ堅実ナル思潮ヲ作リテ一国ノ文明ニ資スルニ在リ」となっている。まもなく新渡戸も同会に入会、翌年一月一〇日に開催された第五回例会では「米国の宗教的観察」と題して講演した(『帰一協会会報』第二、一九一三年七月)。狭くて「権柄とか束縛」しか頭にない教育者を作っている師範学校を非難、「如何なる職務にも適応する人を造る」広い教育を説く。

人本位の教育(78)

掲載された『丁酉倫理会倫理講演集』は、一八九七(明治三〇)年、横井時雄、大西祝、岸本能武太、姉崎正治によって丁酉懇話会が設立、その改名した丁酉倫理会の講演集である。新渡戸の講演は、同年五月三〇日に神田の学士会館で行われている。同日の講演は、ほかに高島平三郎の「性格の基礎」と下田次郎の「精力主義」があった(『丁酉倫理会倫理講演集』一四二、同年六月一〇日)。人間を人間というだけで差別せずにみる教育を「忠君愛国」にまさる大切な教育とみる。

道は何処にありや(91)

『道』は、松村介石により設立された日本教会(のち道会)から一九〇八(明治四一)年に創刊された機関誌。慶応義塾の道の会は、慶応の学生間に結成されていた道会の組織であろう。日本の教育が、すでに出来ている道を歩ませるのに対し、「自分の行くべき道は自分が造る」ことを教える教育を訴えている。

新女子大学の創立に当って(99)

日本のプロテスタントのミッションが連合して日本にキリスト教女子大学を創設する計画は早くからあり、ようやく一九一八(大正七)年四月三〇日、東京女子大学として開校式を迎える。新渡戸は以前から設立に協力、最初の学長に就任した。「リベラル・エヂュケーション」の強調が目をひく。なお、新渡戸は『新女界』一〇巻一号(一月一日)にも「基督教主義の女子大学」を寄せている。

Ⅱ

人格の養成(108)

大日本女学会発行の『をんな』の「論説」欄に掲載された。同欄には、ほかに幸田幸子「戦争美に就いて」、横井時雄「成功の必要条件」、菊地大麓「女子教育の主義方針」が収められている。四月一日に津田梅子の女子英学塾第三回卒業式で行われた演説筆記である。新渡戸が好んで用いた言葉「此処だな」が出ているし、「どうせ世の中というものはジャン拳」という人生観もうかがわれる。新渡戸は津田梅子と親しく、津田の英学塾では「アンクル・ニトベ」と呼ばれ、たびたび講演をしている。

武士道の山(119)

『随想録』に収められた本篇は、前掲「我が教育の欠陥」と同じく、はじめ 'Ascent of Bushido' の題で『英文新誌』三巻一七号(一九〇六年三月一五日)に発表された。同号には「武士道の登高」と題した訳文も付されていて、文末に「(二月二十八日台南にて)」とある。京都帝国大学教授の専任に就きながら、まだ台湾総督府嘱託の仕事は継続していた。英文 *Bushido* は一九〇〇年に発行され、『英文新誌』の前身『英学新報』には桜井鷗村により *Bushido* の「注釈」が連載された。武士道にも五段階があって、粗野で獣力をふるうのみの低い段階から、「基督の徒と共」なる高い段階まで分けている。著書の *Bushido* では、ここでいう最後の段階は、これから訪れる武士道の高められた段階としていた。

イエスキリストの友誼(122)

『明治の女子』は一九〇四(明治三七)に創刊された日本基督教女子青年会の機関誌。一九〇八(明治四一)年七月一四日から二一日まで、青山女学院で同会の第三回夏期修養会が開催され、新渡戸の話は七月一七日に行われた。同誌には新渡戸と同じ「講演集」欄に河井道子、山本邦之助、元田作之進、井深花子、丹羽清次郎、山室軍平の講演も記載されている。真の友人を「天父の意志」を解する関係に見出すが、たがいに弱点を認めあうことも加えている。

ソクラテス(137)

本篇の掲載された『中学世界』には、浮田和民「ダルキン」、山路愛山「源頼朝」なども収められている。新渡戸の『中学世界』に寄せた文章は、「美しき母校」「英米の学生」「学生と夏季休暇」「青年の心」など数多い。文中に記されているように新渡戸がもっとも尊敬する人物はソクラテスとリンカーンであった。

「死」の問題に対して(145)

前年(一九一二)、乃木大将夫妻の「殉死」があり、新渡戸は同じ『中央公論』(同年一〇月一日)のアンケート「乃木大将の殉死を評す」に回答を寄せている。そこでは乃木大将の遺書をそのまま受け取り理解する立場がみられた。

信仰と慰安(150)

『新女界』は、主幹海老名弾正、主筆安井哲により一九〇九(明治四二)年に創刊されたキリスト教女性雑誌である。三年後の一九一八年、東京女子大学創立に際し、新渡戸学長のもとで安井哲は学監をつとめた。内村鑑三に『基督信徒の慰』(一八九三)という著書があるように、新渡戸にとっても宗教的「慰安」は、「運命」でなく「使命」とされる。

人生の勝敗(159)

キリスト教の全国協同伝道は一九一四(大正三)年から三年計画で開始された。一九一五年五月には大阪協同伝道が行われ、新渡戸の演説は、五月二日に大阪基督教青年会館でなされた。「人生の勝敗」を世間の標準ではなく「天意」の視点でみる。

読書と人生(165)

国際連盟の事務局次長を辞して一九二七(昭和二)年に帰国した新渡戸は、翌一九二八年一月から早稲田大学講師として科外講義を担当する。一九三三(昭和八)年六月、大隈講堂で「わが読書観」と題して一四日には「読書とその方法」、二〇日には「読書と人生」を講演した。まもなくカナダの太平洋会議に出席するが、帰国することなく一〇月一五日に同地で世を去った。この講演は、おそらく最後の「科外講義」であったと思われる。両講演は『読書論』と題して東京中央講演会から刊行された。本篇は「昭和八年九月二十五日印刷／昭和八年十月一日再版」となっている本から「読書と人生」の部分を採った。一九三六年には同書を『読書と人生』と改め、付録として「諸家の読書論」を加えたものが普及社から刊行されている。

Ⅲ

人格を認知せざる国民(188)

松村介石の道会の雑誌『道』については「道は何処にありや」のところで述べた。アメリカに日米交換教授として派遣され、六大学を中心に一四四回もの講演をこなして前年帰国したばかりであった。アメリカで改めて人間観の根底に人格観念のあることを痛感、それが新渡戸のデモクラシー観の基礎になっている。

デモクラシーの要素(195)

『実業之日本』を出していた実業之日本社に新渡戸は一九〇九(明治四二)年以来編集顧問として迎えられていた。当時は第一高等学校校長の身であったから非難も浴びたが、同誌に寄せた文章をまとめた『修養』はベストセラーになった。一九一六年には吉野作造が民本主義を唱え、デモクラシー運動が高まると、新渡戸は自分なりの理解でデモクラシー思想に共鳴した。それは本篇でわかるように、政治形態というよりは自由のありかたであった。しかし、その自由には「社会の秩序、法律の完備」を前提条件とした。

自由の真髄(206)

「デモクラシーの要素」の続論といってよい。デモクラシーの最大要素を自由としたが、その「内部の矩」と「外部の矩」との衝突のケースを論じ、ここでは「自己の内部の自由を得んがために外部の自由や権利を捨つる位の覚悟」をデモクラシーの指導者に求めている。

平民道(215)

『武士道』の著者とはいえ、その著書自体においても直後においても、新渡戸は、もはや武士道を新しい時代の日本の精神とはしていなかった。そのことは日露戦争中の一九〇四年四月二一日に『基督教世界』一〇七七号に「士道と民道」について論じ、世の風潮となった士道の昂揚を牽制、必要なものは「士道」でなく「民道」と説いた。「平民道」の名も直後の五月、『英文新誌』(一巻二二号)に載せた小文'Plebeianism'の訳文題として登場させている。武士道は「武」と階級性を帯びるために平民道といった方がよいとする一方、民本主義もしくは民主主義の表現に「国体」と抵触するおそれを見出し、その代案とする呼称であった。この時期の平民道もデモクラシーの遠慮した言いかえであり、そのデモクラシー理解は、やはり政体以前の相互の人格の尊重にとどまった。

新自由主義(223)

早稲田大学で行われた科外講義の一つ。同大学での講義をまとめて一九三三(昭和八)年、『内観外望』が発行された。新自由主義という言葉はさまざまな意味で使われるが、新渡戸自身が会長(副会長鶴見祐輔)をつとめた新自由主義協会の会則に掲げられた同会の「目的」を紹介しておきたい。

本会ハ人格ノ観念及ビ自由ノ思想ヲ鼓吹シ、寛容ノ精神ト中庸ノ徳操トノ普及ニ努メ、以テ日本ノ伝統的理想主義ト外来文化トノ調和ニヨリテ健全ナル立憲政治教育ヲ全国民ノ間ニ徹底セシムルコトヲ目的トス　本会ハマタ国際精神ノ涵養ニヨリテ、正義ニ基ク国際間ノ平和ヲ樹立センコトニ努力ス(機関誌『新自由主義』より)

新渡戸は自由主義につき、イギリスの個人主義、フランスの急進主義、ドイツの国家主義的な展開と比較しつつ、イギリス風の「小なる自由を犠牲にして、より大なる自由を獲得する」ありかたを説く。とりわけ本篇で注目される点は、どれを「小なる自由」とみて政府に任せるかの「分別」が大事とみているところにある。鶴見祐輔に推されて会長となった新自由主義協会の「目的」にもうたわれているように、「寛容」、「中庸」、「調和」、「健全」を強調する。

人格の意義(254)

『西洋の事情と思想』は刊行のため原稿に目を通していながらカナダで客死し、没後の一九三四年一月の出版になった。そのうちの「第三章　東西民族の性格」の一節である。本書の題名は一九二八年に開始された早稲田大学での科外講義の演題であった。福沢諭吉の『西洋事情』が新渡戸の念頭にあったことは、のちに『東西相触れて』(一九二八)の序文でわかる。デモクラシーの根底として新渡戸の説く「人格」のパーソンを、一歩深く「神」のパーソンと対照して語っている。

IV

真の愛国心(260)

一九二四(大正一三)一二月八日、新渡戸は、一九一九年以来五年ぶりに一時帰国した。国際連盟事務局次長の職は一九二二年までで終わる予定であったが、再任の求めに応じて任期を二年間延長していた。その延長期間も一九二四年末には切れるはずだった。それがドラモンド事務総長、日本の外務省双方に望まれて再々任することになった。そのため、二カ月ほどの出張帰国が認められた。ところが、この間、連日連夜の講演活動が続き、『実業之日本』へも、国際連盟の理解と国際社会における日本のあり方に関する執筆活動をエネルギッシュにおこなった。本篇でも「正義人道」にかなうことを真の愛国とし「他国の領土を掠《かす》め取り、他人を讒謗《ざんぼう》して自分のみが優等なるものとするは憂国でもなければ愛国でもない」と言い切っている。

国際聯盟とは如何なものか(268)

「真の愛国心」と同じく一時帰国中に『実業之日本』に寄せたもので、国際連盟につき事務局次長の経験を生かした要領を得た内容になっている。より詳細な説明は、帰国早々の一二月一六日から三日間、東京帝国大学で「国際連盟の組織と活動」と題して講演、『国家学会雑誌』三九巻三、四号(三月一日、四月一日)に掲載されている。

東西相触れて(279)

著書『東西相触れて』(実業之日本社、一九二八)は、一九二六(大正一五)年末で国際連盟事務局次長の任期を終え帰国した新渡戸が、在任時代の「観察の結果」をまとめたものという。その冒頭の一篇。

民族優勢説の危険(289)

新渡戸が、大和民族、アングロ・サクソン民族の単なる礼賛論者でないことがわかるし、「我々の系図の中に朝鮮人や支那人の入っているのを寧ろ誇とする時代が来るであろう」との言明もある。

国際的教育の設備(292)

日本の教育のみならず国際的教育においても、学校経営者、教師、教科書が重要な役割をもつことがわかる一文になっている。現在の日本における国際的教育のありかたに関しても十分役立つ見方である。

太平洋問題京都会議 開会の辞(303)

太平洋問題調査会(Institute of Pacific Relations)は、キリスト教青年会(ＹＭＣＡ)の提唱にもとづき、一九二五年、ハワイのホノルルで第一回会議を開催した。

第二回もホノルルで開催され、同地に本部が置かれた。一九二九(昭和四)年の第三回会議は京都で一〇月から開催された。新渡戸が議長として述べた「開会の辞」は、*Opening Address/Before the Third Conference/Institute of Pacific Relations* に原文が収められている。訳文は新渡戸稲造編『太平洋問題　一九二九年京都会議』による。

新渡戸稲造の養女ことさんが御健在のころであったから、二十数年は前の話になるであろうか、新渡戸稲造の伝記を執筆する必要にせまられて、資料を精力的に集めた時期がある。ところが、その過程で、実に多くの新渡戸の文章が、「全集」(教文館)には収められていないことが判明した。よくできた「全集」ではあるが、単行本中心に編まれていたためだった。こうして新たに集められた「全集」未収録の資料は相当な数に達した。

伝記の執筆自体は、ある事情で企画消えとなったが、集められたものの中には、今なお古びないどころか、今こそ意義があるように思われるものがあった。やがて精選して逸文集のようなものを作成する案が生じた。しかし、一方、新渡戸のものは『武士道』だけは広く読まれていても、入手しやすい新渡戸の文集のようなものとなると、皆無に近い状態であることがわかった。

そこで、編集部と相談の結果、逸文集でなく、「全集」にあるものも含めた一冊の文集を作成することになった。それには、新渡戸の思想理解の手がかりになるとともに、今日の日本、明日の日本に役立ちそうに思われるものを、大胆に取捨選択する必要があった。こうして、自分なりに判断基準を決め、手もとに集まった全資料のなかから、残されたものが本論集である。収めた文章の数からわかるように、採られたものより除かれたものの方がはるかに多い。そのうち「全集」にない資料が約半数を数えている。ただ、新渡戸には講演類がきわめて多いため、「文責」が新渡戸にない筆記文でも、比較的良質とみられるものは収録されている。

新渡戸稲造の資料調査にあたり、故新渡戸こと氏、勤め先の同僚であった故新渡戸彰敏氏、加藤武子氏のご激励と、盛岡の先人記念館、十和田の新渡戸記念館の御協力に心から感謝申しあげます。ジャン・ハウズ氏、佐藤全弘氏、内川永一朗氏からは頂いた新渡戸関係の御著書を通して多くのことを教えられました。御礼申し上げます。また、岩波書店の塩尻親雄氏には編集上のご厄介をおかけしただけでなく、適切な御示唆をいただき有難うございました。

〔編集部付記――底本には各々本文末尾に記した単行本・雑誌を用いたが、明らかな誤植は訂した。
また、読みやすさを考慮して、原則として、漢字は新字体を用い、現代仮名遣いに改め（外国人名・地名などは原文のままとした）、一部の漢字を平仮名に改めるなどの整理をおこなった。〕

新渡戸稲造《にとべいなぞう》論集《ろんしゅう》

2007 年 5 月 16 日　第 1 刷発行
2023 年 5 月 16 日　第 4 刷発行

編　者　鈴木《すずき》範久《のりひさ》

発行者　坂本政謙

発行所　株式会社 岩波書店
〒101-8002 東京都千代田区一ツ橋 2-5-5
案内 03-5210-4000　営業部 03-5210-4111
文庫編集部 03-5210-4051
https://www.iwanami.co.jp/

印刷・理想社　カバー・精興社　製本・松岳社

ISBN 978-4-00-331182-0　　Printed in Japan

読書子に寄す

——岩波文庫発刊に際して——

岩波茂雄

真理は万人によって求められることを自ら欲し、芸術は万人によって愛されることを自ら望む。かつては民を愚昧ならしめるために学芸が最も狭き堂宇に閉鎖されたことがあった。今や知識と美とを特権階級の独占より奪い返すことはつねに進取的なる民衆の切実なる要求である。岩波文庫はこの要求に応じそれに励まされて生まれた。それは生命ある不朽の書を少数者の書斎と研究室とより解放して街頭にくまなく立たしめ民衆に伍せしめるであろう。近時大量生産予約出版の流行を見る。その広告宣伝の狂態はしばらくおくも、後代にのこすと誇称する全集がその編集に万全の用意をなしたるか。千古の典籍の翻訳企図に敬虔の態度を欠かざりしか。さらに分売を許さず読者を繫縛して数十冊を強うるがごとき、はたしてその揚言する学芸解放のゆえんなりや。吾人は天下の名士の声に和してこれを推挙するに躊躇するものである。このときにあたって、岩波書店は自己の責務のいよいよ重大なるを思い、従来の方針の徹底を期するため、すでに十数年以前より志して来た計画を慎重審議この際断然実行することにした。吾人は範をかのレクラム文庫にとり、古今東西にわたって文芸・哲学・社会科学・自然科学等種類のいかんを問わず、いやしくも万人の必読すべき真に古典的価値ある書をきわめて簡易なる形式において逐次刊行し、あらゆる人間に須要なる生活向上の資料、生活批判の原理を提供せんと欲する。この文庫は予約出版の方法を排したるがゆえに、読者は自己の欲する時に自己の欲する書物を各個に自由に選択することができる。携帯に便にして価格の低きを最主とするがゆえに、外観を顧みざるも内容に至っては厳選最も力を尽くし、従来の岩波出版物の特色をますます発揮せしめようとする。この計画たるや世間の一時の投機的なるものと異なり、永遠の事業として吾人は微力を傾倒し、あらゆる犠牲を忍んで今後永久に継続発展せしめ、もって文庫の使命を遺憾なく果たさしめることを期する。芸術を愛し知識を求むる士の自ら進んでこの挙に参加し、希望と忠言とを寄せられることは吾人の熱望するところである。その性質上経済的には最も困難多きこの事業にあえて当たらんとする吾人の志を諒として、その達成のため世の読書子とのうるわしき共同を期待する。

昭和二年七月

《日本文学（古典）》〔黄〕

古事記　倉野憲司校注
日本書紀　全五冊　坂本太郎・家永三郎・井上光貞・大野晋校注
万葉集　全五冊　佐竹昭広・山田英雄・工藤力男・大谷雅夫・山崎福之校注
原文万葉集　全二冊　佐竹昭広・山田英雄・工藤力男・大谷雅夫・山崎福之校注
竹取物語　阪倉篤義校訂
伊勢物語　大津有一校注
玉造小町子壮衰書　―小野小町物語　杤尾武校注
古今和歌集　佐伯梅友校注
土左日記　紀貫之　鈴木知太郎校注
源氏物語　全九冊　柳井滋・室伏信助・大朝雄二・鈴木日出男・藤井貞和・今西祐一郎校注
枕草子　池田亀鑑校訂
更級日記　西下経一校注
今昔物語集　全四冊　池上洵一編
西行全歌集　久保田淳・吉野朋美校注
建礼門院右京大夫集　付 平家公達草紙　久松潜一・久保田淳校注
梅沢本古本説話集　川口久雄校訂

後拾遺和歌集　久保田淳・平田喜信校注
詞花和歌集　工藤重矩校注
古語拾遺　斎部広成撰　西宮一民校注
王朝漢詩選　小島憲之編
新訂方丈記　市古貞次校注
新訂新古今和歌集　佐佐木信綱校訂
新訂徒然草　西尾実・安良岡康作校注
平家物語　全四冊　梶原正昭・山下宏明校注
神皇正統記　北畠親房　岩佐正校注
御伽草子　全二冊　市古貞次校注
王朝秀歌選　樋口芳麻呂校注
定家八代抄　―続王朝秀歌選　全二冊　樋口芳麻呂・後藤重郎校注
中世なぞなぞ集　鈴木棠三編
謡曲選集　読む能の本　野上豊一郎編
東関紀行・海道記　玉井幸助校訂
おもろさうし　外間守善校注
太平記　全六冊　兵藤裕己校注

好色五人女　井原西鶴　東明雅校註
武道伝来記　井原西鶴　横山重・前田金五郎校注
西鶴文反古　井原西鶴　片岡良一校訂
芭蕉紀行文集　付 嵯峨日記　中村俊定校注
芭蕉おくのほそ道　付 曾良旅日記・奥細道菅菰抄　萩原恭男校注
芭蕉俳句集　中村俊定校注
芭蕉連句集　中村俊定・萩原恭男校注
芭蕉書簡集　萩原恭男校注
芭蕉文集　潁原退蔵編註
芭蕉俳文集　全二冊　堀切実編注
芭蕉自筆奥の細道　上野洋三・櫻井武次郎校注
蕪村俳句集　付 春風馬堤曲 他二篇　尾形仂校注
蕪村七部集　伊藤松宇校訂
蕪村文集　藤田真一編注
国性爺合戦・鑓の権三重帷子　近松門左衛門　和田万吉校訂
折たく柴の記　新井白石　松村明校注
近世畸人伝　伴蒿蹊　森銑三校註

排蘆小船・石上私淑言 ―宣長「物のあはれ」歌論　本居宣長／子安宣邦校注

雨月物語　上田秋成／長島弘明校注

宇下人言 修行録　松平定信／松平定光校訂

新訂 一茶俳句集　丸山一彦校注

一茶 父の終焉日記・おらが春 他一篇　矢羽勝幸校注

増補 俳諧歳時記栞草 全二冊　曲亭馬琴編／藍亭青藍補／堀切実校注

北越雪譜　鈴木牧之編撰／京山人百樹刪定／岡田武松校訂

東海道中膝栗毛 全二冊　十返舎一九／麻生磯次校注

浮世床　式亭三馬／和田万吉校訂

梅暦 全二冊　為永春水／古川久校訂

日本民謡集　町田嘉章・浅野建二編

芭蕉臨終記 花屋日記 付 芭蕉翁終焉記・前後日記・行状記　小宮豊隆校訂

醒睡笑 全二冊　安楽庵策伝／鈴木棠三校注

与話情浮名横櫛 切られ与三　瀬川如皐／河竹繁俊校訂

歌舞伎十八番の内 勧進帳　郡司正勝校注

江戸怪談集 全三冊　高田衛編・校注

柳多留名句選　山澤英雄選／粕谷宏紀校注

鬼貫句選・独ごと　復本一郎校注

井月句集　復本一郎編

花見車・元禄百人一句　雲英末雄・佐藤勝明校注

江戸漢詩選 全二冊　揖斐高編訳

《日本思想》〔青〕

風姿花伝（花伝書）　世阿弥 / 野上豊一郎・西尾実 校訂
五輪書　宮本武蔵 / 渡辺一郎 校注
葉隠　全三冊　山本常朝 / 和辻哲郎・古川哲史 校訂
養生訓・和俗童子訓　貝原益軒 / 石川謙 校訂
貝原益軒 大和俗訓　石川謙 校訂
町人嚢・百姓嚢・長崎夜話草　西川如見 / 飯島忠夫・西川忠幸 校訂
日本水土考・水土解弁・増補華夷通商考　西川如見 / 飯島忠夫・西川忠幸 校訂
蘭学事始　杉田玄白 / 緒方富雄 校註
吉田松陰書簡集　広瀬豊 編
島津斉彬言行録　牧野伸顕 序
塵劫記　吉田光由 / 大矢真一 校注
兵法家伝書　付 新陰流兵法目録事　柳生宗矩 / 渡辺一郎 校注
南方録　西山松之助 校注
長崎版 どちりな きりしたん　海老沢有道 校註
仙境異聞・勝五郎再生記聞　平田篤胤 / 子安宣邦 校注
茶湯一会集・閑夜茶話　井伊直弼 / 戸田勝久 校注

新訂 海舟座談　巌本善治 編 / 勝部真長 校注
西郷南洲遺訓　附 手抄言志録及遺文　山田済斎 編
文明論之概略　福沢諭吉 / 松沢弘陽 校注
新訂 福翁自伝　富田正文 校訂
学問のすゝめ　福沢諭吉
福沢諭吉教育論集　山住正己 編
福沢諭吉家族論集　中村敏子 編
福沢諭吉の手紙　慶應義塾 編
日本道徳論　西村茂樹 / 吉田熊次 校
新島襄の手紙　同志社 編
新島襄 教育宗教論集　同志社 編
新島襄自伝　―手記・紀行文・日記　同志社 編
近時政論考　陸羯南
日本の下層社会　横山源之助
中江兆民 三酔人経綸問答　桑原武夫・島田虔次 訳・校注
中江兆民評論集　松永昌三 編
憲法義解　伊藤博文 / 宮沢俊義 校註

日本開化小史　田口卯吉 / 嘉治隆一 校訂
新訂 蹇蹇録　―日清戦争外交秘録　陸奥宗光 / 中塚明 校注
茶の本　岡倉覚三 / 村岡博 訳
新撰讃美歌　植村正久・奥野昌綱・松山高吉 編
武士道　新渡戸稲造 / 矢内原忠雄 訳
キリスト信徒のなぐさめ　内村鑑三
余はいかにしてキリスト信徒となりしか　内村鑑三 / 鈴木範久 訳
代表的日本人　内村鑑三 / 鈴木範久 訳
後世への最大遺物・デンマルク国の話　内村鑑三
宗教座談　内村鑑三
ヨブ記講演　内村鑑三
足利尊氏　山路愛山
徳川家康　全二冊　山路愛山
豊臣秀吉　全二冊　山路愛山
妾の半生涯　福田英子
三十三年の夢　宮崎滔天 / 島田虔次・近藤秀樹 校注
善の研究　西田幾多郎

思索と体験	西田幾多郎
続思索と体験・『続思索と体験』以後	西田幾多郎
西田幾多郎哲学論集 I ―場所・私と汝 他六篇	上田閑照編
西田幾多郎哲学論集 II ―論理と生命 他四篇	上田閑照編
西田幾多郎哲学論集 III ―自覚について 他四篇	上田閑照編
西田幾多郎歌集	上田薫編
西田幾多郎講演集	田中裕編
西田幾多郎書簡集	藤田正勝編
帝国主義	幸徳秋水 山泉進校注
麺麭の略取	クロポトキン 幸徳秋水訳
基督抹殺論	幸徳秋水
日本の労働運動	片山潜
吉野作造評論集	岡義武編
貧乏物語	河上肇 大内兵衛解題
河上肇評論集	杉原四郎編
西欧紀行 祖国を顧みて	河上肇
中国文明論集	宮崎市定 礪波護編

中国史 全二冊	宮崎市定
大杉栄評論集	飛鳥井雅道編
女工哀史	細井和喜蔵
奴隷 ―小説・女工哀史1	細井和喜蔵
工場 ―小説・女工哀史2	細井和喜蔵
初版 日本資本主義発達史 全二冊	野呂栄太郎
谷中村滅亡史	荒畑寒村
遠野物語・山の人生	柳田国男
木綿以前の事	柳田国男
こども風土記・母の手毬歌	柳田国男
海上の道	柳田国男
蝸牛考	柳田国男
野草雑記・野鳥雑記	柳田国男
孤猿随筆	柳田国男
婚姻の話	柳田国男
都市と農村	柳田国男
十二支考 全二冊	南方熊楠

津田左右吉歴史論集	今井修編
特命全権大使 米欧回覧実記 全五冊	久米邦武編 田中彰校注
日本イデオロギー論	戸坂潤
明治維新史研究	羽仁五郎
古寺巡礼	和辻哲郎
風土 ―人間学的考察	和辻哲郎
和辻哲郎随筆集	坂部恵編
倫理学 全四冊	和辻哲郎
人間の学としての倫理学	和辻哲郎
日本倫理思想史 全四冊	和辻哲郎
宗教哲学序論・宗教哲学	波多野精一
「いき」の構造 他二篇	九鬼周造
九鬼周造随筆集	菅野昭正編
偶然性の問題	九鬼周造
時間論 他二篇	九鬼周造 小浜善信編
復讐と法律	穂積陳重
パスカルにおける人間の研究	三木清

古代国語の音韻に就いて 他二篇　橋本進吉
漱石詩注　吉川幸次郎
吉田松陰　徳富蘇峰
林達夫評論集　中川久定編
新版 きけ わだつみのこえ —日本戦没学生の手記　日本戦没学生記念会編
新版 第二集 きけ わだつみのこえ —日本戦没学生の手記　日本戦没学生記念会編
君たちはどう生きるか　吉野源三郎
懐旧九十年　石黒忠悳
武家の女性　山川菊栄
覚書 幕末の水戸藩　山川菊栄
忘れられた日本人　宮本常一
家郷の訓　宮本常一
大阪と堺　三浦周行 朝尾直弘編
新編 歴史と人物　三浦周行 林屋辰三郎 朝尾直弘編
国家と宗教 —ヨーロッパ精神史の研究　南原繁
石橋湛山評論集　松尾尊兊編
湛山回想　石橋湛山

手仕事の日本　柳宗悦
工藝文化　柳宗悦
南無阿弥陀仏 付 心偈　柳宗悦
柳宗悦 民藝紀行　水尾比呂志編
雨夜譚 —渋沢栄一自伝　長幸男校注
中世の文学伝統　風巻景次郎
平塚らいてう評論集　小林登美枝 米田佐代子編
日本の民家　今和次郎
倫敦《ロンドン》！倫敦《ロンドン》？　長谷川如是閑
原爆の子 —広島の少年少女のうったえ 全二冊　長田新編
臨済・荘子　前田利鎌
『青鞜』女性解放論集　堀場清子編
大津事件 —ロシア皇太子大津遭難　尾佐竹猛 三谷太一郎校注
幕末遣外使節物語 —夷狄の国へ　尾佐竹猛 吉良芳恵校注
極光のかげに —シベリア俘虜記　高杉一郎
古典学入門　池田亀鑑
イスラーム文化 —その根柢にあるもの　井筒俊彦

意識と本質 —精神的東洋を索めて　井筒俊彦
神秘哲学 —ギリシアの部　井筒俊彦
意味の深みへ —東洋哲学の水位　井筒俊彦
コスモスとアンチコスモス —東洋哲学のために　井筒俊彦
幕末政治家　福地桜痴 佐々木潤之介校注
フランス・ルネサンスの人々　渡辺一夫
維新旧幕比較論　木下真弘 宮地正人校注
被差別部落一千年史　高橋貞樹 沖浦和光校注
花田清輝評論集　粉川哲夫編
新版 河童駒引考 —比較民族学的研究　石田英一郎
英国の文学　吉田健一
英国の近代文学　吉田健一
明治東京下層生活誌　中川清編
中井正一評論集　長田弘編
山びこ学校　無着成恭編
考史遊記　桑原隲蔵
福沢諭吉の哲学 他六篇　丸山眞男 松沢弘陽編

政治の世界 他十篇　丸山眞男　松本礼二編注
超国家主義の論理と心理 他八篇　丸山眞男　古矢旬編
田中正造文集 全二冊　由井正臣　小松裕編
国語学史　時枝誠記
定本 育児の百科 全三冊　松田道雄
大西祝選集 全三冊　小坂国継編
哲学の三つの伝統 他十二篇　野田又夫
中国近世史　内藤湖南
大隈重信演説談話集　早稲田大学編
大隈重信自叙伝　早稲田大学編
人生の帰趣　山崎弁栄
通論考古学　濱田耕作
転回期の政治　宮沢俊義
何が私をこうさせたか ―獄中手記　金子文子
明治維新　遠山茂樹
禅海一瀾講話　釈宗演
明治政治史　岡義武
転換期の大正　岡義武
山県有朋 ―明治日本の象徴　岡義武
近代日本の政治家　岡義武
ニーチェの顔 他十三篇　氷上英廣　三島憲一編
伊藤野枝集　森まゆみ編
前方後円墳の時代　近藤義郎
日本の中世国家　佐藤進一

岩波文庫の最新刊

幸徳秋水著／梅森直之校注

兆民先生 他八篇

幸徳秋水(一八七一―一九一一)は、中江兆民(一八四七―一九〇一)に師事して、その死を看取った。秋水による兆民の回想録は明治文学の名作である。「兆民先生行状記」など八篇を併載。〔青一二五―四〕 **定価七七〇円**

グレゴリー・ベイトソン著／佐藤良明訳

精神の生態学へ(上)

ベイトソンの生涯の知的探究をたどる。上巻はメタローグ・人類学篇。頭をほぐす父娘の対話から、類比を信頼する思考法、分裂生成とプラトーの概念まで。(全三冊)〔青N六〇四―二〕 **定価一一五五円**

カール・ポパー著／小河原誠訳

開かれた社会とその敵 第一巻 プラトンの呪縛(下)

プラトンの哲学を全体主義として徹底的に批判し、こう述べる。「人間でありつづけようと欲するならば、開かれた社会への道しか存在しない。」(全四冊)〔青N六〇七―二〕 **定価一四三〇円**

佐々木徹編訳

英国古典推理小説集

ディケンズ『バーナビー・ラッジ』とポーによるその書評、英国最初の長篇推理小説と言える本邦初訳『ノッティング・ヒルの謎』を含む、古典的傑作八篇。〔赤N二〇七―一〕 **定価一四三〇円**

……今月の重版再開……

ガーネット作／安藤貞雄訳

狐になった奥様

定価六二七円 〔赤二九七―一〕

アンドレ・ジイド著／渡辺一夫訳

モンテーニュ論

定価四八四円 〔赤五五九―一〕

定価は消費税 10% 込です　　2023. 4